JN074122

論証の教室

〔入門編〕

インフォーマル・ロジックへの誘い

Introductory Lectures on Argumentation

An Invitation To Informal Logic

Kurata Tsuyoshi

倉田剛

新曜社

はじめに

論理は重要なのか

「論理学を学んでいったい何の役に立つのか。」「論理的であることはそんなに重要なことなのか。」

大学や専門学校で「論理」と名の付く授業（「論理学」、「論理的思考」、「論理トレーニング」など）を担当してきた者にとって、学生さんたちから頻繁に寄せられるこの手の疑問は悩ましいものです。

いまや大学をはじめとする高等教育機関だけでなく、高校や中学校においても「論理教育」の必要性が叫ばれる時代になりました。（小学生向けの参考書にも「論理国語」と題されたものがあるそうです！）また、ビジネスマンのあいだでも、「論理」は説得力あるプレゼンのための必須スキルと考えられているようです。

それだからこそ――やや逆説的ですが――冒頭の疑問に答えることはなおさら難しくなります。こうした状況においては、ついつい「役に立つのは当たり前ですよね」とか「みんなが重要だと言っているから重要なのです！」などと答えたくなってしまうからです。（それに比べると、みんなが軽視しているものについて、「実のところ、これは重要なのです」と説く方がよほど楽かもしれません。）

けれども、「論理学は役に立つ」や「論理的であることは重要である」といった主張は自明なのでしょうか。私自身、論理に関わる科目を教えながら、「論理学を履修した学生たちは、その知識を何に使うのだろうか」、「多くの人たちにとって、論理的になるって本当に大切なのだろうか」と、たえず自問してきました。

論理に関する本を書いておきながら、のっけからこうした「迷い」をさらけ出すのは、少し奇妙だと思われるかもしれません。しかし、私の論理に対する「スタンス」を前もって示しておくことは大事だと考えました。

私は、現代の「形式論理学」（ないし記号論理学）は――数学や計算機科学や哲学といった基礎的な学問に関心をもつ少数の人たちを除き――大多数の人たちにとってほとんど役に立たないと感じてきました。「役に立たない」こと自体を非難しているわけではありません。むしろ私は、形式論理学は、役に立たずともきわめてスリリングな知的刺激を与えてくれると信じていますし、それは人類の知的営為が到達しえた最高峰の一つであるとすら考えています。しかしながら、形式論理学の授業を履修した学生たちが、それを彼らの人生の中で実際に役立てることができるのか、言い換えれば、それを使って彼らが出会う様々な問題をうまく整理・分析し、適切に評価し、ときには問題を解決できるのかについて、私はまったく確信がもてないのです。私がフォーマル・ロジック（形式論理学）ではなく、「インフォーマル・ロジック」（非形式論理学）を主題にした教科書を書きたかった動機の一つはここにあります。

私は、論理が万能だと思ったことなど一度もありません。私は医療系の専門学校で「論理学」を教えるとき、きまって冒頭で伝えることがあります。それは「医療に従事する者にとって、論理的であることは、求められる能力の一つにすぎず、そしておそらくそれはもっとも重要な能力ではない」ということです。医療従事者が病に苦しむ人に接するとき、何よりも重要となるのは、他者に共感できるという能力です。それなくしてただ論理的であったとしても、決して患者の信頼は得られないでしょう。私は論理が重要でないと言っているわけではありません。なぜなら、その一方で、症状や治療方針について「根拠にもとづいた説明」を行うことのできない医師や看護師は、やがて患者の信頼を失ってしまうでしょうから。こうした説明をきちんと行うためには、論理的でもなければなりません。

ほとんどの職業において、論理的であることが物事を解決すると信じるのはあまりに楽観的ですが、「共感」だけで押し通すことにもまた限界があります。私は、多くの人たちに「いざというときに論理的になることができる能力」を身につけてほしいと考えています。そうした「論理力」は、他の重要な能力（共感する能力、誠実さ、正義の感覚、寛容さ、勇敢さなど）とともに発揮されるとき、もっとも大きな効果を生み出すはずです。

翻って学問の世界ではどうでしょうか。学問は論理をとても重視します。したがって、多くの職業について当てはまることは、学問には当てはまらないと考える人もいるかもしれません。そのまま当てはまらない点もたしかに存在します。けれども、学問をするに際して、論理的であることは最低限の条件ではあっても、それで十分であるとは言えません。私は、人文科学や社会科学の領域において、論理的には「完璧」であるにもかかわらず、内容に乏しい「理論」をたくさん知っています。それでもよいと開き直る研究者もいるかもしれませんが、私は決してそのように考えることができません。一方で、論理的には洗練されているのですが、端的に「間違っていること」や「ありきたりのこと」を述べる理論があり、他方で、若干の論理的な誤りを含みながらも、世界や人間に関する新たな視点や価値を提供してくれる理論があるとすれば、私は迷わず後者を選ぶでしょう。とはいえ、「斬新なアイディア」を何の論証もなく主張するような論考は読むに堪えないことも事実です。学問には最低限の「作法」というものがあるからです。ここでも私が言いたいことは「論理は過大評価されるべきではない。しかし、論理なくしては立ち行かないこともある。」ということです。

自然科学についても、いま述べたことは当てはまるでしょう。そこではある程度の論理的な「飛躍」があったとしても、いままでにはなかった結論が重視されます。それでも、論理が不要かと言われればそうではありません。たしかにある科学的仮説を発見する際には、論理は必要ありません。しかしそれを正当化する、あるいは検証するときにはどうしても論理の助けが要るのです。

執筆の経緯と本書の特色

この本を執筆した経緯についてお話ししておきます。

本書は2020年度前期に九州大学で行った講義「哲学と論証」の内容にもとづいています。実を言うと、その年度はこれとは別のタイトルで講義を行う予定でした。しかしながら、新型コロナウイルスの感染拡大の影響により、第1回目の講義が5月の連休明けにずれ込んだだけでなく、リモートの環境で授業を行う決定がなされたことで、授業計画の見直しを迫られました。私は、当初予定していた講義の内容（私にとっても「挑戦的」な内容）を不慣れなZoomを通して受講者に伝える自信がなく、また何よりも、まだ練れていない講義を一方的にパソコンを通じて聞かされる側も気の毒だと考え、以前から構想していた主題に変更することにしたのです。こうして本書の下敷きとなった講義「哲学と論証」はスタートしました。

冒頭でも触れましたが、私は専門学校や（本務校とは異なる）大学の教養課程で「論理」と名の付く授業を長いあいだ受け持ってきました。その経験の中で学んだのは、形式論理学を教えてもほとんどの学生たちはポジティブな反応を示さないということでした。そこで私は野矢茂樹氏の『新版 論理トレーニング』（産業図書、2006年）を教科書に指定し、インフォーマルな論理学を教えることにしました。この教科書はとっつきやすく、著者の鋭い洞察も随所に見られる良書だと思います。非形式論理学の分野では圧倒的な「シェア」を誇っているというのもうなずける話です。

しかし、いつの頃からか、しだいにこの教科書の「使いづらさ」を感じるようになりました。第一に、学生たちは例文の難しさに気を取られ、その論理を分析する手前でつまずいてしまうことがたびたびありました。第二に、不毛な「論理パズル」が多いという点も使いづらさの一因となりました。それらの中には、記号を使えば簡単に解けるにもかかわらず、自然言語だけで解くがゆえにややこしくなる例題や練習問題も含まれています。第三に、インフォーマル・ロジックの教科書としては、扱われているトピックがかなり少ないという点もやや気になっていました。

「そうした不平・不満を述べるくらいなら、いっそのこと自分で教科書を書いてしまおう。」そう思い立ったのはよいのですが、その後は別の仕事に集中せざるをえなくなり、メモ書き程度は取るものの、なかなか執筆までには至りませんでした。それから2年ほどが経過し、ようやく重い腰を上げて原稿を書きはじめようとした矢先に、コロナ禍によるリモート授業がはじまることになったのです。それを機に、私は講義内容を変更し、これまで断片的に集めてきたインフォーマル・ロジックに関する素材を、ある程度まとめて受講者たちに見てもらうことにしました。

私が目指したのは、基本的には野矢氏の『論理トレーニング』の路線を歩みつつも、インフォーマル・ロジックをもう少し網羅的かつ詳細な仕方で提示することでした。（できれば「よりシステマティックに」提示したかったのですが、それは断念しました。なぜならインフォーマル・ロジック自体が多くの技術の寄せ集めで、未だ体系化されていないからです。）また私は、代表的な論証タイプの背後にある基礎的な（哲学的な）アイディアについても、可能なかぎり明確にすることを目指しました。

各章の文献案内の中で紹介するように、英語圏ではこの分野の分厚い教科書がいくつも出版されています。私はそれらのスタンダードになるべく近いものを書き上げるという目標を設定しました。

こうした私の意図や目標が本書においてまがりなりにも実現しているかどうかは、読者のみなさんの判断に委ねる他ありません。もし実現されているならば、それらが本書の特色になるはずです。それはともかく、本書が、少なくとも日本においては、「ありそうでなかったインフォーマル・ロジックの教科書」であることは間違いないと信じています。

本書の構成

本書は全部で5つの「部」から構成され、さらに各部はいくつかの章あるいは補論から構成されています。

第1部「論証の基本」は、第1章「論証とは何か」、第2章「論証を評価する」、および第3章「代表的な論証形式」からなります。第1章では、まず論証を、ある条件を満たす命題の集まりとして定義したうえで、その構成部分についてやや詳しく見ていきます。次いで、論証の構成部分である前提が互いにどのような関係に立つのか、論証には明示的に現れない前提をどのように考えればよいのかといった問題を考えます。第2章では論証の評価について考察します。本書が扱うインフォーマル・ロジックにとって、論証の評価基準は一つではありません。演繹的な論証については「(演繹的な) 妥当性」、帰納的な論証については「帰納的な強さ」(確からしさ) が、論証の「よさ」(goodness) を評価する基準になります。これらに加えて、インフォーマル・ロジックでは「健全性」や「信頼性」といった基準も重要であることが論じられます。これらの議論をふまえて、第3章では代表的な「論証形式」の考察を行います。演繹論理からは「モードゥス・ポネンス」や「モードゥス・トレンス」といった妥当な論証形式、およびそれらと混同されやすい「誤謬推論」を解説し、帰納論理からは「アブダクション」、「仮説演繹法」、「帰納的一般化」(枚挙による帰納)、「類比による論証」といった形式を解説します。これらの論証形式の解説は、第II部以降の内容を先取りするものになっています。

第II部「仮説と検証」は、第4章「アブダクションあるいは最良の説明への推論」と第5章「仮説検証型論証」からなります。第4章では、「アブダクション」と呼ばれる推論、すなわち観察された事実を説明しうる複数の仮説を立て、その中からベストな仮説を選択するという推論を分かりやすく解説します。第5章では、仮説からテスト可能な命題、すなわち「予測」を導き、それを経験的に確かめることによって仮説の検証を行う推論 (「仮説検証型論証」) を論じます。そのうえで、「仮説演繹法」と対立する「反証主義」の立場を批判的に考察します。

第III部「演繹と定義」は、第6章「論理語――演繹論理の基本的語彙」、第7章「定義と論理」、および補論I「定義概念について」からなります。第6章では、演繹論理を学ぶうえで必須となる論理結合子 (「でない」、「かつ」、「または」、「ならば」)、ならびに量化表現 (「すべての」、「存在する」) を「論理語」と呼び、それらをまとめて解説します。続く第7章は、「定義」の論理形式を、第6章で学んだ論理語を使って分析します。「定義」という主題は、伝統的論理学の主要なトピックスの一つでしたが、現代の形式論理学の教科書ではほとんど見かけなくなりました。そうした意味では「珍しいもの」かもしれません。補論Iは、「定義」という主題をさらに掘り下げて考察します。そこでは6つのタイプの定義――規約的定義、辞書的定義、明確化定義、操作的定義、理論的定義、説得的定義――が、その目的と用途に応じて分類されます。

第IV部「帰納」は、第8章「帰納的一般化とその周辺」と補論II「権威に訴える論証と対人論証」からなります。第8章では、「帰納」という言葉ともっとも密接に結びついた推論、すなわち特殊な事実に関する命題から一般的な事実に関する命題を導く「帰納的一般化」とそのバリエーションを考察します。帰納的一般化が「部分から全体への推論」だとすれば、その次に論じる「比率的三段論法」は――その「逆向き」の推論――「全体から部分への推論」です。私たちはこれらのタイプの推論を考察するだけでなく、その問題点も指摘するつもりです。さらに、帰納と関連がある「類比（アナロジー）による論証」とその評価の仕方もやや詳しく論じます。補論IIは第8章の延長線上にあります。そこでは「権威に訴える論証」が、第8章で論じた「比率的三段論法」の特殊ケースとして分析されます。また、私たちは、「権威に訴える論証」と対になる「対人論証」に関しても、同様の分析を行います。

第V部「因果と相関」は、第9章「ミルの方法――原因を推論する」と第10章「記述統計学と論証――観測されたデータについて何事かを主張する」からなります。第9章では、19世紀のイギリスの哲学者ジョン・スチュアート・ミルが考案した、因果関係を正しく推論するための方法――いわゆる「ミルの方法」――を解説します。私たちは、ミルの方法（とくに「一致法」、「差異法」、「組み合わせ法」と呼ばれる3つの方法）を、必要条件と十分条件の概念を用いて理解するつもりです。あわせて、ミルの方法を簡素化した「消去テスト」についてもその有用性を明らかにします。第10章は、記述統計学の基礎概念を用いた論証を考察します。そこでは、平均や中央値といった「代表値」に関連する論証、分散や標準偏差といった「散布度」に関連する論証、そして相関係数に関する論証が解説されます。そのいずれも「観測されたデータについて何事かを主張する」タイプの論証として捉えられます。また、一般に、記述統計学は「因果」の問題を扱わないと考えられていますが、この章の最後で、私たちは「相関関係」から「因果関係」の推測へと至る方法についても短く検討します。この第10章は、いくぶん面倒な計算が出てくる厄介な章であるかもしれません。しかし、初歩的な統計学をインフォーマル・ロジックの一部として捉える本書の試みにとって、面倒な計算をすべて省略し、「イメージ」のみで満足するという選択肢はありませんでした。

なお、これらすべての章には練習問題が付いています。内容に関する理解を深め、知識を定着させるためにも、ぜひ解いてみることをお薦めします。最初はなるべく自力で解いてもらいたいのですが、各章末に解答（問題によっては解答例と解説）を載せていますので、どうしても分からなければ先に解答（例）を眺めてもらってもかまいません。また、本書を教科書として使う教員の方は――私の解答を批判的に吟味し――場合によってはご自身でよりよい解答を、あるいはよりよい問題を作って下されば幸いです。

最後に一言だけ。本書が「入門編」と名づけられていることから推測できるように、続巻（「基礎編」）がそれほど時間をおかずに出版される予定です。

さあ、これからインフォーマル・ロジックの世界へとみなさんを誘うことにしましょう。数々の困難が待ち受けているかもしれませんが、しっかりとついて来て下さい。幸運を祈ります！

目　次

装幀——荒川伸生

第Ⅰ部
論証の基本

この第Ⅰ部では、論理学の対象である「論証」に関する、もっとも基本的な事項を学んでいきます。第1章では、論証を、他の命題の集まりから区別する特徴(「前提」、「結論」、「支持関係」など)を解説し、さらに論証の内部構造について考察を行います。続く第2章において、私たちは、論証を評価する2つの基準、すなわち「演繹的妥当性」と「帰納的強さ」を導入し、それらとあわせて「健全性」と「信頼性」の概念も解説します。そのうえで、与えられた論証に対する「反論」を提出する練習を行います。第3章では、演繹論理と帰納論理のそれぞれから、代表的な「論証形式」を選び出し、なぜそれらの形式をもつ論証が妥当であるのか、あるいは確からしいと言えるのかを解説します。それと同時に、いくつかの「誤謬」と呼ばれる論理形式について、なぜそれらの形式をもつ論証が妥当でないのかを説明します。

第1章

論証とは何か

論理学は、**論証**（argument）を探求の対象とする学問です。**「論証」とは、ある結論とそれを根拠づける前提からなる命題の集まり**を指します。人間が行う**推論**（inference）、すなわち、ある結論を何らかの根拠（理由）から導く活動は、それが言語的に表現されることによって、はじめて論証になります。論理学は、論証を介して推論の探求を行う学問だと言ってもよいでしょう。

本書では様々なタイプの論証を扱います。それらは日常生活の中でよく見られるものであったり、科学的実践において使われるものであったりします。この章では、まず「論証」の定義を提示し、論証を**同定する**（identify）、すなわちそれを他のタイプの命題の集まりから区別する訓練を行います。次いで、私たちは、論証を適切に評価するための準備作業として、論証の基本構造を分析します。

1.1　論証を理解する

1.1.1　論証の定義

論証とは何か

「論証」とは何でしょうか。考察をはじめるにあたって、私たちは、論証を次のよう定義することにします。

論証（argument）

論証とは、1つの結論と、それを支持する、あるいは支持しようとする1つないし複数の前提からなる命題の集まりである。

この定義は、論証が（i）**命題**（proposition）の集まりであること、（ii）それらの命題の1つは「**結論**」（conclusion）と呼ばれ、残りは「**前提**」（premise）と呼ばれること、（iii）結論と前提とのあいだには「**支持する**」（support）という関係が成立しうることを述べています（図1.1.1）。

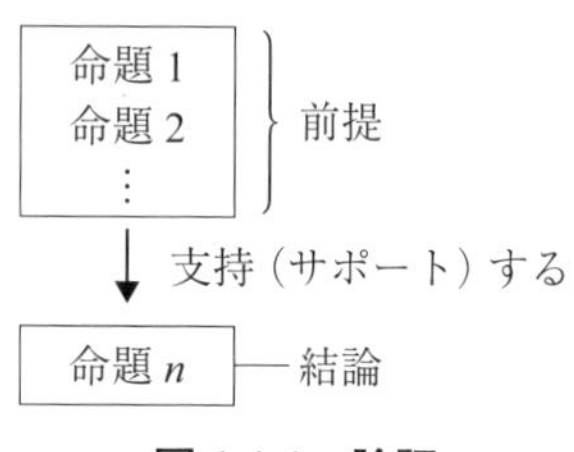

図 1.1.1　論証

命題について

定義に現れる「命題」についての解説からはじめましょう。**命題とは、その真偽が問われうる文のことをいいます**[1]。普段の生活の中で、**真**（true）／**偽**（false）という言葉づかいをすることは稀ですので、さしあたりは、**正しい**／**間違っている**と同じ意味だと理解して下さい。なお、真偽は**真理値**（truth value）と呼ばれます。

たとえば「火星は土星の衛星である」という平叙文は命題です[2]。なぜならそれは真偽が問われうる文だからです。（もちろんこの場合は偽です！）これに対し、「火星は土星の衛星であるのか？」という疑問文は命題ではありません。そもそも疑問文はその真偽が問われる文ではないからです。同様の理由により、「火星に生物がいる」という平叙文は命題であるのに対し[3]、「火星に生物がいたらなあ」という感嘆文は命題ではありません。

---

[1]「命題」は多義的であるだけでなく、形而上学的な意味を含むこともあるため、「**言明**」（statement）という用語を使ったほうが無難かもしれません。しかし、前者の語は後者の語よりも一般に知られているという理由から、「命題」という用語で統一することにしました。

[2] より正確には、「平叙文は命題を**表現する**（express）」と言わなければならないでしょう。命題は文の（抽象的な）意味内容だと捉えられるからです。同一の命題を複数の異なる文によって表現することができます。たとえば本文中の命題は、日本語の文のみならず、“Mars is a satellite of Saturn” という英語の文によっても表現されます。このことから、厳密に言えば、命題は文そのものではありません。しかしながら、本書では、命題に関する哲学的議論に深入りせず、命題と文との区別はしないことにします。

[3] いくぶん形而上学的な仮定ですが、すべての命題は、私たちがそれを知っているか否かに関わりなく、その真偽が定まっていると考えることにします。ここでの「火星に生物がいる」という命題は、実際に火星に生物が存在すれば真、存在しなければ偽です。この仮定のもとでは、私たちが現時点でそれを知っているかどうかは問題となりません。

命題（proposition）

命題とはその真偽が問われうる文である。命題は、私たちがそれを知っているか否かとは関わりなく、真であるかまたは偽であるかのいずれかである。

この「命題」の定義を満たすのはいったいどのような文でしょうか。次の例題を解いてみましょう。

例題1.1.1　次の言語表現のうち命題であるものはどれか。

(0) 日本の首都である東京

(1) $1+2=3$（1足す2は3である。）

(2) $1+2=5$（1足す2は5である。）

(3) $3+x=8$（3足す x は8である。）

(4) どんな実数 x についても、$x^2 \geq 0$。

(5) ドアを開けなさい。

(6) タケシは映画監督である。

◆ 例題1.1.1の解答と解説

(0) はそもそも文ではないので命題ではありません。（「東京は日本の首都である」という文は命題です。）

(1) は命題です。

(2) は偽ですが、立派な命題です。

(3) は命題ではありません。なぜならxの値が分からないので、真とも偽とも言えないからです。

(4) はxを含んでいますが、その真偽は完全に定まります。（真です。）したがって、(4) は命題です。このタイプの命題は「全称命題」と呼ばれ、(4) に現れるxは「束縛」されていると言われます。束縛された変項xはたんなる「ダミー」です。（詳しくは、この本の続巻（「基礎編」）で解説します。）

(5) は命題ではありません。命令文についてはその真偽を問うことができません。

本書では (6) を命題として扱います。なるほど「タケシ」が誰だか分からないので命題ではない（その真偽は問えない）という反論もあるでしょう。しかし、ここでは「文脈から分かる」と取り決めることにします。

補足しておけば、たとえ「タケシ」を「北野武」に書き換えたとしても、もし同姓同名の人物が存在すれば、その名前があの映画監督（かつ、お笑い芸人のビートたけしと同一人物）の北野武を指すことは確定せず、あくまでも文脈からの判断となります。本書ではこの種の命題が多数登場します。

通常、論証を構成する個々の命題は**主張**されています。しかしながら、命題がたんに**仮定**されるというケースもあります。次の（7）はその一例です。

（7）素数は有限個しかない（とする）。

この（7）は「真であると（真面目に）信じられている」わけではありません。したがって、ある命題の主張というよりは、仮定として捉えられるべきでしょう。（ふつうはこの仮定から矛盾を導き、「素数は無限個ある」という命題が主張されます。）

日常生活における論証においても、「今後、感染症対策を何もしなかったとする。このとき予想される感染者数は……」といったように、仮定は頻繁に現れます。

推論と論証

もう一つ用語に関する注意をしておきます。それは「**推論**」（inference）に関するものです[4]。しばしば「推論」と「論証」は同義語として用いられます。たとえば「演繹的に妥当な論証」を「演繹的に妥当な推論」と言い換えても大きな問題は生じません。本書でも、とくに断らないかぎりは、二つの用語を互いに置き換え可能なものとして扱います。

とはいえ、厳密に述べると、推論と論証は同じものではありません。その違いは次のようにまとめられます。推論は、**何らかの根拠**（evidence）**から結論を導き出す**（infer）**思考のプロセス**であるのに対し[5]、論証は、**結論およびその根拠としての前提からなる命題の集まり**である、と。推論は、とくにそれを人間が行う場

[4] “reasoning” の訳語にも「推論」をあてます。ただし、哲学の歴史においては、“reasoning” は “reason”（理性）による推論として、たんなる経験的な「推理」としての “inference” と区別するような用例も見られます。しかし、現代ではこうした区別がなされることは稀ですので、本書では “reasoning” と “inference” をともに「推論」と訳すことにします。

[5] 本書では、「根拠」は “evidence” の訳語ですが、文脈に応じて、「**証拠**」という訳語も使用することにします。最近では「**エビデンス**」という片仮名表記でいわゆる**科学的根拠**を意図することも多くなってきています。たとえば、「エビデンスにもとづく政策を！」はその一例です。なお、人間の意思決定や行為という文脈においては、「根拠」（「証拠」）よりも、「**理由**」（reason）という語のほうが相応しいこともあります。（この場合の “reason” は「理性」とは訳されません。）

合には、何らかの「**心的な活動**」(psychological activity) として捉えられます[6]。このように捉えれば、推論の主な構成部分は**信念** (belief) や**臆見** (opinion) だということになります。それに対し、命題を構成部分としてもつ論証は**言語的な対象** (linguistic entity) です[7]。

論理学は、第一義的には、論証に関する学問です。それは心的活動としての推論それ自体を探求する学問ではありません。論理学は、心理実験等にもとづいて、正しい推論とそうでない推論を判別する学問ではありませんし、正しい推論を実際に行っている人間の脳の血流をMRI等で観察することで、正しい推論の本性を明らかにする学問でもありません。

推論は、それが述べられる (stated) ことによって、すなわちその構成部分である信念等が命題で表現されることによって、論証になります。つまり心 (あるいは脳) の中で生じているプロセスを言語化することによって、推論は論証というかたちをとるのです。したがって、論理学は論証を介して推論を探求する分野であると述べることができるでしょう。

推論 (inference)

推論とは、ある結論を、何らかの根拠 (証拠) にもとづいて導き出すプロセスないし心的活動である。推論を言語によって表現したものが論証である。論理学は、論証の考察を通じて、よい推論の本性を探求する。

1.1.2　論証の例

具体例

やや抽象的な話が続きましたので、以下では論証の具体例を見ていきましょう。

〔例1.1.2a〕

前提1　フランス人の親をもつ人はみなフランス人である。

前提2　アンリはフランス人の親をもつ。

---

[6]　人間ではなく、コンピュータ (AIなど) が推論を行うこともあります。そうした場合には、推論を「心的な活動」と捉えることは奇妙でしょう。

[7]「推論」と「論証」の区別に関する明確な叙述は、著名な科学哲学者ウェスリー・サモンによる教科書『論理学』の第1章に見られます (Salmon 1984: Ch.1)。

結論　ゆえに、アンリはフランス人である。[8]

〔例1.1.2b〕

前提1　タカシの家族がCウイルスに感染しているか、または
　　　　タカシの同僚がCウイルスに感染している。
前提2　タカシの同僚はCウイルスに感染していない。

結論　ゆえに、タカシの家族がCウイルスに感染している。

例1.1.2aと例1.1.2bはいずれも論証です。それらは、1つの結論と、それを支持する2つの前提からなる命題の集まりだからです。ここでは見やすさのために、前提と結論とのあいだに実線「——」を引いています。

結論を「支持する」（サポートする）とは、別様に言えば、**結論の根拠ないし理由としてはたらく**ということです。例1.1.2aにおいて、「フランス人の親をもつ人はみなフランス人である」（前提1）と「アンリはフランス人の親をもつ」（前提2）は、「アンリはフランス人である」（結論）の根拠としてはたらきます。

次のように考えてもかまいません。あなたが「アンリはフランス人だ」と主張したとします。誰かがその主張に疑問をもっていれば、その人は、あなたの主張がなぜ成り立つのか、つまりその主張の根拠をあなたに尋ねるでしょう。そこであなたは、「なぜなら、フランス人の親をもつ人はみんなフランス人で、アンリの親はフランス人だからだ」と答えます。こう答えることで、あなたは自らの主張（結論）に根拠を与えます。例1.1.2aにおける2つの前提が結論を支持するとは、それらが根拠として結論をサポートするということです。

いま述べたことと同じことが、例1.1.2bについても当てはまります。ある疫学者はタカシがCウイルスに感染した経路を調査し、「タカシの家族がCウイルスに感染している」という結論を導き出したとしましょう。あなたはその結論の根拠を疫学者に尋ねることができます。その場合、疫学者は、論証というかたちで自らの結論をサポートする根拠を提出するでしょう。

まず何らかの調査から、タカシが接触した人たちを割り出し、「タカシの家族がCウイルスに感染しているか、またはタカシの同僚がCウイルスに感染してい

---

[8]　厳密に言えば、「ゆえに」という表現は結論の一部ではありませんが、見やすさのために挿入しました。こうした表現（結論表示語）については後述します。

る」（前提1）と確信します。次に、タカシの同僚のウイルス検査を行い、「タカシの同僚はCウイルスに感染していない」（前提2）という検査結果を得たとしましょう。これら2つの前提は、「タカシの家族がCウイルスに感染している」という結論をサポートします。

実際、2つの前提がともに真である（正しい）とすれば、その結論も真である（正しい）ことは疑いえません。というのも、これら2つの前提が真であるにもかかわらず、「タカシの家族がウイルスCに感染して**いない**」と結論したとすれば、前提の少なくともいずれかが偽である（成り立っていない）ことになってしまうからです。

論証の「正しさ」およびそれを評価する基準については、後で詳しく解説することにします。

例題1.1.2
次の命題の集まり（A）から（C）について、それが論証であるか否かを述べなさい。また、そのように判断した理由も述べなさい。

（A）
そのテストに合格した人がみな努力したわけではない。
――――――――――
∴ そのテストに合格した人の中で努力しなかった人がいる。

（B）
すべての人は死ぬべき運命にある。
ソクラテスは人である。
――――――――――
∴ソクラテスは偉大な哲学者である。

（C）
昨年ヒロコは厄年であった。
ヒロコは友人に勧められたお祓いをしなかった。
――――――――――
∴ 昨年ヒロコは大きな交通事故に遭った。

◆ 例題1.1.2の解答と解説

この例題の主な目的は、論証を**同定する**（見分ける identify）ことです。すなわち、論証を、**論証でないもの**から区別して取り出すことです。

（A）は論証です。（A）は1つの結論とそれをサポートする1つの前提からなる命題の集まりです

念のために補足しておきましょう。論証の典型例はいわゆる3段論法であるため、前提は2つなければならないと思い込んでしまう人もいますが、そんなことはありません。前提は1つ以上であればいくつあってもかまいません（ただし有限個）。

論証の基本形式を確認しておきましょう（図1.1.2）。

$$\begin{array}{l} \text{前提 } 1 \\ \text{前提 } 2 \\ \quad\vdots \\ \text{前提 } n \\ \hline \therefore \text{結論} \end{array}$$

図 1.1.2

（B）は論証ではありません。「前提」のように見える2つの命題「すべての人は死ぬべき運命にある」と「ソクラテスは人である」は、「結論」と称する命題「ソクラテスは偉大な哲学者である」をいかなる意味でも支持（サポート）していませんし、支持（サポート）しようとするものでもないからです。

（C）は論証です。2つの前提は、結論をサポートしようとしています。この解答は若干の解説を要するかもしれません。なるほど「昨年ヒロコは厄年であった」と「ヒロコは友人に勧められたお祓いをしなかった」という命題は、「昨年ヒロコは大きな交通事故に遭った」という命題を実際にはサポートしていません。つまり、その根拠としてはたらくものではありません。しかし、この（C）を作った「信心深い人」は、彼の推論プロセスの中で、最初の2つの命題を、最後の命題に結びつけています。言い換えれば、前者が後者をサポートすることを意図しています。

1.1.1節で示した論証の定義をもう一度よく眺めて下さい。そこで論証は、「1つの結論と、それを支持（サポート）する、あるいは**支持（サポート）しようとする**1つないし複数の前提からなる命題の集まり」であると定義されました。つまり、私たちが採用した定義は、前提が結論を実際にサポートすることを要求してはいないのです。

私たちは、（C）のような命題の集まりも、命題のたんなるリストから区別して、「論証」として捉えることにします。このことのメリットは、「うまくいって

いない論証」も論証として同定できることにあります。もし仮にそうした同定ができないのであれば、(C) はそもそも論証ではないことになるので、そのどこが——論証として見たときに——「うまくいっていない」のかを指摘することすらできなくなります。これは「論証の評価」という観点からはデメリットです。

1.1.3　結論表示語と前提表示語

接続表現を補う

私たちが日常的に見聞きしている命題の集まりには、前提と結論を隔てる実線「——」が引かれているわけではありません。また、最初に前提が書かれて（述べられて）、最後に結論が書かれる（述べられる）と決まっているわけでもありません。たとえば、次のような命題の集まりを見てみましょう。

〔例1.1.3a〕
日本の消費税率はさらに引き上げられるべきだ。
近い将来、社会保障費が足りなくなることは明らかである。

2つの命題の集まりである例1.1.3aが論証だとすれば、結論と前提はそれぞれどの命題でしょう。ここでは最初の命題を結論として捉えるのが自然です。これを明確にするために**日本語の接続表現を補って**みましょう。

〔例1.1.3b〕
日本の消費税率はさらに引き上げられるべきだ。（結論）
なぜなら近い将来、社会保障費が足りなくなることは明らかである**からだ**。（前提）

前提表示語と結論表示語

例1.1.3bで補った接続表現は「**なぜなら……からだ**」です。この接続表現は「**前提表示語**」(premise indicator) といわれます。この表示語の後に続く命題が前提です。前提は「根拠」と言い換えることもできるので、それを「**根拠表示語**」と呼んでもかまいません。このタイプの接続表現には「**というのも……からである**」(for)、「……**であるので**」(since) などがあります。（ときどき数学で見かける記号「∵」を使うこともできます。）

例1.1.3bの中の結論と前提の順番を入れ替えると、別のタイプの接続表現が必要になります。

〔例1.1.3c〕
近い将来、社会保障費が足りなくなることは明らかである。（前提）
ゆえに、日本の消費税率はさらに引き上げられるべきだ。（結論）

この例1.1.3cで補った接続表現「**ゆえに**」は「**結論表示語**」(conclusion indicator) といわれます。その名の通り、このタイプの語は結論を表示するために用いられます。すなわち、結論表示語の後に続く命題が結論です。同タイプの接続表現として、「**したがって**」(therefore)、「**だから**」(so)、「**これより……（が帰結する）**」(it follows that…）を挙げておきましょう。私たちが前節でそうしたように、記号「∴」を用いてもかまいません。
前提表示語と結論表示語は表1.1.3のようにまとめることができます。

表1.1.3

	代表的な表現	機能
前提表示語	「なぜなら（……だからだ）」、「というのも（……だからだ）」、「∵」	論証においてどの命題が前提（根拠）であるのかを表示する。一般に、この語の続く命題は前提（根拠）である。
結論表示語	「ゆえに」、「したがって」、「だから」、「∴」	論証においてどの命題が結論であるのかを表示する。一般に、この語に続く命題は結論である。

例題1.1.3
表示語を用いて、次の命題の集まりから、結論と前提（根拠）を見つけなさい。その際、命題を並べ替えてもよいことにする。

（A）
カジノを誘致すると税収が増える。
カジノを誘致するべきだ。

（B）
カジノはギャンブル依存症者を多く作り出す。
カジノは誘致しないほうがよい。
カジノは必ずしも地域経済を活性化するものではない。

◆ 例題1.1.3の解答と解説

（A）

「カジノを誘致すると税収が増える（前提）。**ゆえに**、カジノを誘致するべきだ（結論）。」

次のように解答しても正解です。「カジノを誘致するべきだ（結論）。**なぜなら**、カジノを誘致すると税収が増える**からだ**（結論）。」

（B）

「カジノはギャンブル依存症者を多く作り出す（前提1）。また、カジノは必ずしも地域経済を活性化するものではない（前提2）。**したがって**、カジノは誘致しないほうがよい（結論）。」

次のように解答することもできます。「カジノは誘致しないほうがよい（結論）。**というのも**、カジノはギャンブル依存症者を多く作り出し（前提1）、おまけに、カジノは必ずしも地域経済を活性化するものではない（前提2）**からだ**。」

ところで、前提1と前提2のあいだに挿入された「また」、「おまけに」という接続表現はどのようなはたらきをしているのでしょう。この問いは、複数の前提間の結びつきを分析するうえで重要となります。これに関しては次節で見ることにします。

■ **練習問題1.1**（解答は章末）

次の4つの命題から2つ以上の命題を使って自然な論証を作りなさい（複数個の論証が可能）。その際に、結論表示語または前提表示語を使うこと。

被害者は包丁で殺害されたと推測される。
ツヨシはその殺人事件の犯人である。
その殺人事件の犯行現場からツヨシの指紋が付いた包丁が見つかった。
ツヨシは被害者を憎んでいた。

1.2 論証の構造

1.2.1 複数の前提のあいだの関係

3つのケースの区別

論証の中に複数の前提がある場合、各前提は互いに何らかの関係に立ちうると思われます。任意の2つの前提 *i* と前提 *j* のあいだに成立する関係について、少なくとも次の3つのケースを区別できます。

(a) 前提 *i* と前提 *j* は互いに独立している。すなわち、前提 *i* 単独でも、前提 *j* 単独でも、結論をサポートしうる。
(b) 前提 *i* と前提 *j* は互いに独立しておらず、あわさって結論をサポートする。
(c) 前提 *i* と前提 *j* は、一方が他方の根拠となる。すなわち、それらは1つの論証の中に、もう1つの「論証」を作り出す。

これらを順番に解説していきます。

2つの前提は互いに独立している

まず (a) のケースについて具体例に即して考えましょう。前節の例題1.1.3で考察した論証は次のようなかたちをしていました。

〔論証1.2.1a〕
前提1　カジノはギャンブル依存症者を多く作り出す。
前提2　また、カジノは必ずしも地域経済を活性化するものではない。
―――――――――――――――――――――――――――――
結論　したがって、カジノは誘致しないほうがよい。

この論証1.2.1aにおいて、前提1と前提2は**互いに独立しています**。なぜなら、2つの前提は、**それぞれ単独で結論をサポートする**ことができるからです。これより、前提1と前提2とのあいだに付された接続表現「また」は、たんなる**付加**（他の情報を付け加えること）の役割を果たすだけです。

前提（根拠）が結論をサポートする（支持する）関係を「→」という矢印で表すとすれば、論証1.2.1aは以下のように図示されます。（「前提（根拠）→ 結論」とする。）

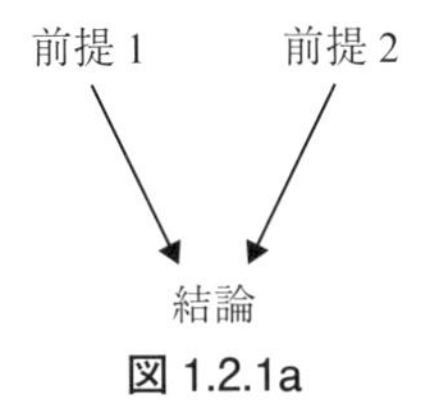

図 1.2.1a

2つの前提は互いに独立していない

次に (b) のケースについて考察します。例としては前節でも見た次の論証1.2.1bを使いましょう。

〔論証1.2.1b〕

前提1　カジノは犯罪の温床となりうる。

前提2　犯罪の温床となりうるものは誘致するべきではない。

結論　ゆえに、カジノは誘致するべきではない。

この論証2では、前提1と前提2は互いに独立していません。なぜなら、それらはそれぞれ単独で結論を導くというよりは、むしろ一緒にあわさって結論をサポートするからです。これを図示するときに、2つの前提の下に線を引くことにしましょう（前提1 前提2）。

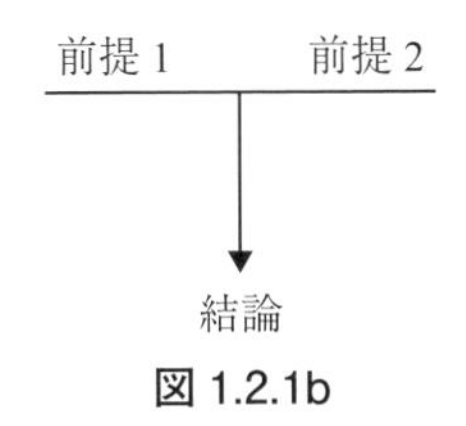

図 1.2.1b

このように図示することで、2つの前提が互いに独立していないことが明確になります。

一方の前提が他方の前提の「根拠」になる

最後に (c) のケースを考察します。ある前提Aは他の前提Bの「根拠」になることができます。このときBはAの「結論」になります。ある程度長い論証になると、こうしたことは頻繁に生じます。次の論証1.2.1cを見てみましょう。

〔論証1.2.1c〕
前提1　カジノ周辺の地域は経済的に潤うはずである。
前提2　なぜなら、カジノには海外から多くの富裕層が訪れるからである。

結論　ゆえに、カジノを誘致したほうがよい。

この1.2.1cは2つの前提と1つの結論からなる論証です。しかしながら、それら2つの前提のあいだには、いままで見てきた論証には見られなかった関係が成立しています。すなわち前提2は前提1の根拠になっているという関係です。実際、前提2「カジノには海外から多くの富裕層が訪れる」は前提1「カジノ周辺の地域は経済的に潤うはずだ」をサポートしようとします。

これより、前提1は前提2の「結論」だと述べることができます。ところが、論証1.2.1cの結論は「カジノを誘致したほうがよい」という命題だったのではないでしょうか。そうだとすれば、1つの論証の中に2つの結論が存在することになってしまいます。これは困った問題です。

そこで私たちは「**仮の結論**」という言葉を導入し、それを「**主結論**」と区別することにしましょう。そうすると論証は次のように図示することができます。

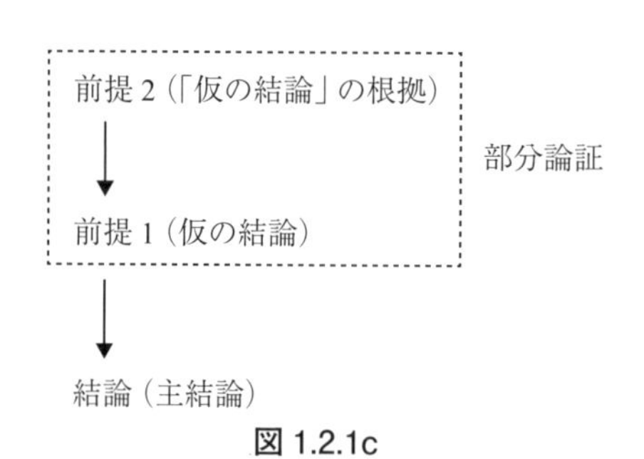

図 1.2.1c

図1.2.1cで示されるように、前提1は本来の結論（主結論）をサポートする1つの前提（根拠）であると同時に、前提2によってサポートされる「仮の結論」で

もあります。なお、仮の結論とそれをサポートする根拠（前提）は、それ自体1つの論証となっていることに注意して下さい。これを「**部分論証**」と呼びます（点線で囲んだ論証）。

1.2.2　暗黙の前提

暗黙の前提とは

論証の中に明示的に表れていない前提を「**暗黙の前提**」（implicit premise）と呼ぶことにします[9]。暗黙の前提は、論証を作る側が、実際の推論プロセスの中で思考していたにもかかわらず、意図的にそれを省略するケースもあれば、推論プロセスにおいて思考されていたわけではないが、論証を理解する側でそれを補うケースもあります。

〔論証1.2.2a〕

前提1　大学の敷地内に多くの監視カメラを設置することのメリットは、キャンパスのセキュリティーが強化されることだ。

前提2　他方、そのデメリットとして、学生や教職員のプライバシーを侵害する恐れがある。

結論　よって、監視カメラの設置には慎重になる必要がある。

この論証1.2.2aの前提は結論をサポートしているように見えます。実際、この論証に違和感をもつ人は少ないでしょう。けれども、この論証を作った人は、その推論過程では思考していた前提の1つをわざと省略した可能性があります。それは「**学生と教職員のプライバシー保護は、キャンパスのセキュリティー強化よりも重要である**」という前提です。「暗黙の前提」とはこうした前提を指します。

暗黙の前提を論証1.2.2aに挿入すると、よりきめの細かい論証になります。

〔論証1.2.2b〕

前提1　大学の敷地内に多くの監視カメラを設置することのメリットは、キャンパスのセキュリティーが強化されることだ。

[9]　これを "missing premise"（「欠けている前提」、「あるべき所にない前提」）と呼ぶこともあります。

前提2　他方、そのデメリットとして、学生や教職員のプライバシーを侵害する恐れがある。

暗黙の前提（前提3）**学生と教職員のプライバシー保護は、キャンパスのセキュリティー強化よりも重要である。**

結論　よって、監視カメラの設置には慎重になる必要がある。

異なる意見をもつ他者への想像力

暗黙の前提が省略されるのは、多くのケースにおいて、論証を作る者が、それを「自明だ」と捉えているからです。言い換えれば、あまりにも明らかであるので、わざわざ述べるまでもないと考えているからです。しかし、論証を理解しようとする者にとって、暗黙の前提がつねに自明であるとはかぎりません。たとえば、「セキュリティーや安心の方が、個人のプライバシーよりも優先されるべきだ」と信じている人もいるかもしれません。**異なる意見をもつ他者への想像力をはたらかせることは、独善的な論証に陥らないためにも重要となります。**

したがって、論証の作り手にとって、自らの論証をよりシンプルなものにすることは大切ですが、前提を異にする他者と対話するときには、暗黙の前提を明示することも必要です。また、後で解説するように、論証を評価する際に、明示されていない暗黙の前提に対して、反論を提出することも可能です。ゆえに、論証を理解する側も、つねに争点となりうる暗黙の前提を補いながら、他者の提示する論証を吟味する習慣を身に付けましょう。

論証1.2.2bを図示すると次のようになるでしょう。

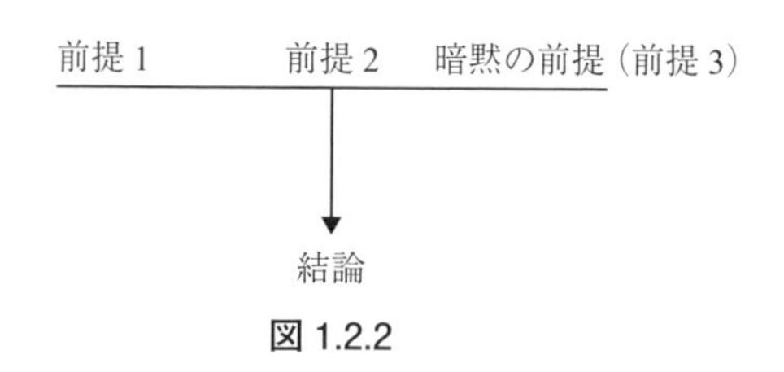

図 1.2.2

暗黙の前提は、独立してはたらくのではなく、すでに明示されている前提と一緒になって結論を導くので、図1.2.2では「前提　暗黙の前提」と図示されています。

> 例題1.2.2a　次の論証における暗黙の前提を明示しなさい。
> この半年で体重が10キロも増えた。
> だから、そろそろダイエットしなくちゃ。

◆ **例題1.2.2a の解答と解説**

「**急激な体重の増加は健康に悪い**」あるいは「**太ることは望ましくない**」といった暗黙の前提を指摘することができます。これは多くの人にとって「自明」であるかもしれません。しかし、たとえば体重の増加に取り組んでいるアスリートや、ふくよかな体を好む文化圏の人にとっては自明ではありません。だからこそ、論証を提示する文脈によっては、それらを明示することが求められるのです。

それに加えて、「**体重を落とすためにはダイエットが有効である**」という暗黙の前提も指摘できるでしょう。（ここでの「ダイエット」は食事療法を指します。）やはりこの前提も「自明」に見えますが、ダイエットは体重を落とすための唯一の手段というわけではありません。毎日運動をしてカロリーを消費することも、ダイエットと同様、体重の減少につながるからです。

1.2.3　論証の評価に向けて――2つのガイドライン

次章の主題となる「論証の評価」について短く予告しておきましょう。論証の評価とは、簡単に言えば、**論証がうまくいっているかどうかを吟味する**ことです。この作業において重要となるのが、この第1章で学んだ論証に関する諸概念（前提・結論・支持関係など）です。

論証を評価する際にポイントとなるのは次の2点です。それらを「ガイドライン」というかたちでまとめておきましょう。

> **論証を評価するときのガイドライン**
> ① 前提と結論との支持関係について：前提は十分な強さで結論を支持（サポート）しているのかをチェックせよ。
> ② 前提について：前提は本当に正しいのか、すなわち前提として用いられている命題は真であるのかをチェックせよ。

①と②の作業は互いに独立しています。ふつう論理学では①の作業だけが要求

されます。つまり、通常の論理学では命題のあいだの関係だけが重要なのであって、命題の「中身」はどうでもよいと考えられるのです。ですから、「前提は本当に正しいかどうか」という問いは生じません。

しかしながら、実際の場面で使われる論証について――それが日常的なものであれ、科学的なものであれ――その前提の真偽を問うことはむしろ当然だと言えるでしょう。純粋な形式論理学ではなく、「**非形式論理学**」(informal logic) を扱う本書では、①と同様に、②も重要であることをあらかじめ述べておきたいと思います。

■ **練習問題1.2A**（解答は章末）

次の論証における「暗黙の前提」を述べなさい。

前提1　古田と新谷は同じ会社に勤めており、古田の給料は新谷の給料の1.5倍である。

前提2　古田の勤続年数は新谷の勤続年数の2倍であるが、古田と新谷はほぼ同じ仕事をこなしている。

結論　ゆえに、新谷の給料は引き上げられるべきだ。

■ **練習問題1.2B**（解答は章末）

「刺青」という主題に関する、ジロウとヨシコとの対話の中から、とくにヨシコが提示する論証を簡潔に取り出し、適切な仕方で再構成しなさい。

ジロウ (1)：先週末温泉に行ってきたんだけど、同じお風呂に刺青のある男たちが入って来てギョッとしたよ。

ヨシコ (1)：私もびっくりするかもしれないけど、これだけ外国人観光客が増えてきたから「刺青のある方はお断り」なんてもうできないと思うわ。外国ではそんなに悪い印象はもたれていないって聞くし。

ジロウ (2)：でも、ここは日本でしょ。「郷に入れば郷に従え」っていうように、外国人は日本のルールをしっかり守る必要があるんじゃないかな。少なくとも日本では、刺青は反社会的勢力と結びつけられているからね。

ヨシコ（2）：あら、そうかしら。いまは日本でも若者たちがファッションの一部として「タトゥー」を入れることもあるでしょ。彼らの多くは反社会的勢力とは無関係だと思う。

ジロウ（3）：うーん。そうかもしれないけれど、やっぱり刺青から威圧感を感じ取ったり、それを不快に思ったりする人がいる以上、公衆浴場でそれを人目にさらすことには反対だな。

ヨシコ（3）：だったら、坊主頭から威圧感を感じたり、ドレッドヘアを不快に思ったりする人がいたら、そうした髪型をした人たちは温泉に入れないっていうの？

ジロウ（4）：まあ、そこまでは言っていないけど。

ヨシコ（4）：そういえば、ジロウ君はサッカーファンだったわよね。たとえばメッシが来日して温泉に入りたいって言ったら、それを断るのね。メッシは大きな刺青をしているという理由で。

ジロウ（5）：ううっ。メッシは特別……と言いたいところだけど、断らざるをえないよね。何だか辛いなあ。

文献案内

日本語で書かれたインフォーマル・ロジックの教科書と言えば、野矢（2006）がまず挙げられるべきでしょう。私自身も本書を執筆するまでは、長いあいだ授業の教科書として使わせてもらいました。「論証とは何か」を、より実践的に考えたいのであれば、クリティカル・シンキングの教科書も参考になります。伊勢田・戸田山ほか（2013）とトムソン（2008）がお薦めです。

練習問題の解答と解説

■練習問題1.1の解答

以下は解答例です。

〔論証（i）〕

前提1　その殺人事件の犯行現場からツヨシの指紋が付いた包丁が見つかった。
前提2　被害者は包丁で殺害されたと推測される。
前提3　ツヨシは被害者を憎んでいた。

結論　したがって、ツヨシはその殺人事件の犯人である。

この論証（i）は4つの命題と結論表示語（「したがって」）を使いました。

〔論証（ii）〕

前提1　ツヨシはその殺人事件の犯人である。
前提2　被害者は包丁で殺害されたと推測される。

結論　ゆえに、その殺人事件の犯行現場からツヨシの指紋が付いた包丁が見つかった。

論証（ii）は3つの命題と結論表示語（「ゆえに」）を使いました。論証（i）とは結論が異なることに注意しましょう。

〔論証（iii）〕

結論　ツヨシはその殺人事件の犯人である。
前提（根拠）なぜなら、その殺人事件の犯行現場からツヨシの指紋が付いた包丁が見つかったからだ。

論証（iii）は2つの命題と前提（根拠）表示語（「なぜなら……からだ」）を使いました。

〔論証（iv）〕

前提（根拠）　ツヨシは被害者を憎んでいた

結論　だから、ツヨシはその殺人事件の犯人である。

論証（iv）は2つの命題と結論表示語（「だから」）を使いました。なお、論証（iii）と比べると、前提（根拠）が結論をうまくサポートしているとは言いがたいのですが、論証の定義は満たしています。

■ 練習問題1.2Aの解答

省略されている「暗黙の前提」は、**「同じ労働に従事している者には同じ水準の賃金が支払われるべきだ」（「同一労働同一賃金」）という命題**です。この命題は多くの人たちにとって「自明」であるかもしれませんが、それを自明と考えない人たちもいます。

なお、本当に興味深い議論は、古田と新谷の給料という個別的な話題ではなく、暗黙の前提である「同一労働同一賃金」の定義やその適用範囲をめぐってなされるでしょう。だからこそ暗黙の前提をはっきりさせることが重要なのです。

■ 練習問題1.2Bの解答

この第1章では主として、「たんなる命題の集まり」から「論証としての命題の集まり」を区別することを、論証の「**同定**」（identification）と呼びました。しかし、この練習問題のように、あるディスコースの中から論証を**抽出する**（extract）ことも、論証の同定と見なすことができます。ここで問題となっているディスコースは「**対話**」というかたちをしていますが、通常の対話には論証とは直接関係のない「ノイズ」が多かれ少なかれ含まれているものです。それらを取り除いて、論証に必要な命題だけを取り出してみましょう。

〔ヨシコの論証〕

前提1　外国人観光客が増加しており、彼らの国では刺青は悪く見られていない。

前提2　日本の若者でも刺青はファッションの一部となりつつあり、反社会的勢力とは無関係であることが多い。

前提3　威圧感や不快感を与えうる身体的特徴やファッションは人によってまちまちであり、もっぱらそのことを理由として公衆浴場に入ることを禁止するのはナンセンスである。

結論　したがって、刺青があることを理由に、公衆浴場への入場を制限することにはもはや無理がある。

ここで抽出したヨシコの論証は、正確に言えば、ジロウとの対話の中で生まれたものであり、独立した仕方で作られたものではありません。その前提の中には、ジロウの意見への反論として提示されたものもあります。しかしながら、こうした生きた文脈の中から、論証にとって本質的な要素（前提と結論）だけを抽出する作業は、論証を同定するためのよい練習になるでしょう。

第2章

論証を評価する

前章の主なねらいは、論理学の探求の対象である論証を——たんなる命題の集まりから区別することによって——正しく同定することでした。そのために、私たちは論証の構成要素（命題としての前提と結論）とその基本構造について学びました。この第2章では、前章の最後で触れた、論証の**評価**（evaluation, assessment）について詳しく解説します[1]。

そもそも「論証を評価する」とはどのようなことなのでしょう。簡単に言えば、それは評価の対象となる論証が「**よい論証**」(good argument) **であるのかどうかを吟味する**ことです。論証が**うまくいっているかどうかをチェックする**と言い換えてもよいでしょう。しかし、論証の「よさ」は、いかにして判定されるのでしょうか。それは単一の基準によって判定されるのでしょうか。「うまくいっている論証」と「うまくいっていない論証」とのあいだに、明確な線引きをすることはできるのでしょうか。

こうした問いに答えるためには、いくつかの概念的道具立てが必要になります。私たちは、まず「**演繹的妥当性**」と「**帰納的強さ**」という概念を、次いで「**健全性**」と「**信頼性**」という概念を導入し、論証の評価に関する諸問題を論じることにします。

[1] 蛇足ではありますが、確認しておきます。私たちは「評価する」という言葉を「中立的」な意味で用いています。日常的な文脈において「〜を評価する」という言葉は、「〜は（素晴らしいので）賞賛に値する」を意味することもありますが、本書における「評価する」は必ずしも「賞賛する」ことを含意しません。

2.1 演繹的な妥当性と帰納的な強さ

2.1.1 演繹的に妥当な論証

妥当性の定義

前章の1.2.3節で示したガイドライン①からも読み取れたかもしれませんが、**「うまくいっている論証」**（よい論証）は、**前提が十分に強く結論をサポートしている論証**です。前提と結論とのあいだに強い**根拠関係**（evidential link）が成立するような論証であると言っても同じことです。この関係が最大限に強い論証は**「演繹的に妥当な論証」**（deductively valid argument）と呼ばれます。具体例を見てみましょう。

〔論証2.1.1a〕
前提1　ヨシコは東京で生まれた。
前提2　東京で生まれた人はみな日本で生まれた。

結論　　よって、ヨシコは日本で生まれた。

この論証2.1.1aにおける2つの前提と結論とのあいだには、最大限に強い根拠関係（支持関係）が成立しています。なぜかと言えば、仮に**前提がすべて真であれば、結論もまた真でなければならない**からです。すなわち、「ヨシコは東京で生まれた」という前提が真であり、「東京で生まれた人はみな日本で生まれた」という前提も真であれば、「ヨシコは日本で生まれた」という命題もまた真でなければなりません。こうした論証は「演繹的に妥当である」といわれます。

演繹的妥当性（validity）[2]

演繹的に妥当な（deductively valid）論証とは、仮にその前提がすべて真であればその結論もまた真でなければならない論証である。

---

[2] 「妥当性」は、ここではもっぱら演繹的妥当性を意味するので、「演繹的」（deductive）という言葉は冗長だということになります。しかし、後で解説する「帰納的」（inductive）との対比を強調するため、「演繹的妥当性」という表現を用いることにします。

妥当性のもう一つの定義

この定義による説明ではピンとこないという人がいるかもしれません。そこで、同じことを別の仕方で説明してみましょう。

「ヨシコは東京で生まれた」という前提を認めて、なおかつ「東京で生まれた人はみな日本で生まれた」という前提を認めているにもかかわらず、「ヨシコは日本で生まれた」という結論を認めないことは**ありえません**。（これら2つの前提は真だと主張しているのに、「ヨシコは日本で生まれた」という結論は偽であると主張することは**論理的に不可能**です。だから、前提を真だと認めれば、絶対に結論も真だと認めざるをえません！）こうした論証は演繹的に妥当だと言われます。

この「ありえない」（不可能）という考え方を使った演繹的妥当性の別定義は以下の通りです。

> **演繹的妥当性**（別定義）
>
> 演繹的に妥当な（deductively valid）論証とは、その前提がすべて真であるのに、結論だけが偽になることがありえない論証である。

まだピンとこない人のために、具体例を使って考えてみましょう。

〔論証2.1.1b〕
前提1　その火事の原因はガス漏れか、または漏電である。
前提2　ガス漏れはなかった。

結論　　ゆえに、その火事の原因は漏電である。

この論証2.1.1bは演繹的に妥当な論証です。「火事の原因はガス漏れか、または漏電だ」という前提と「ガス漏れはなかった」という前提を真だと認めれば、「火事の原因は漏電である」ことを認めざるをえません。言い換えれば、2つの前提（情報）が真であると認めているのに、「火事の原因は漏電ではない！」と言い張ることは**論理的に不可能**です。というのも、前提1で、ガス漏れか、または漏電の少なくとも一方は成り立つとされ、前提2でガス漏れの選択肢が消えたわけですから、消去法により、結論においては、漏電の選択肢が残らなければならないからです。

上の議論より、次の論証2.1.1cが演繹的に**妥当でない**（invalid）ことは明らかでしょう。

〔論証2.1.1.c〕
前提1　その火事の原因はガス漏れか、または漏電である。
前提2　ガス漏れはなかった。

結論　ゆえに、その火事の原因は漏電ではない。

演繹的に非妥当な論証はすべて無価値であるのか

論証2.1.1cは、演繹的に妥当でない（非妥当である）だけでなく、**無価値**（worthless）でもあります。そう述べると、「非妥当であるにもかかわらず価値のある論証などあるのか」と疑問が出てくるでしょう。この問いについてはすぐ後でお答えすることにして、ここでは**演繹的な非妥当性**を定義しておきます。

演繹的な非妥当性（invalidity）
演繹的に非妥当な（deductively invalid）**論証**とは、演繹的に妥当でない論証である。
（つまり、仮に前提がすべて真であったとしても、結論が偽であることが可能な論証である。）

これは演繹的な妥当性をたんに否定したものですから、わざわざ定義する必要もありません。しかしあえてこれを定式化した理由は、**論証は、演繹的に妥当な論証であるか、演繹的に非妥当な論証であるかのいずれかである**ということを明示したかったからです。

狭い意味での論理学は、妥当性という評価基準を用いて論証を評価します。こうした論理学は**演繹論理**（deductive logic）と呼ばれます。演繹論理にとっては、演繹的に妥当な論証だけが価値ある論証であり、その他の非妥当な論証はまったく無価値なものです。

しかしながら、「論理学」をより広い意味で捉えるならば、事情はやや異なってきます。本書が扱う「広い意味での論理学」には、**妥当性とは異なる基準によって論証を評価する論理学**も含まれます。そうした論理学を**帰納論理**（inductive logic）と呼びましょう。帰納論理は**帰納的な強さ**（inductive strength）という基準を用いて論証を評価します。この基準のおかげで、私たちの論理学は、**演繹的には**

非妥当であるにもかかわらず価値のある論証、すなわち日常生活と経験諸科学にとって有用な多くの論証を扱うことができるようになるのです。

2.1.2　帰納的に強い論証

確からしさと帰納的な強さ

この節では、前節の最後で言及した「**帰納的な強さ**」について解説します。手はじめに、次の論証を見てみましょう。

〔論証2.1.2a〕
前提1　ヨウコは38℃の熱がある。
前提2　ヨウコの職場ではインフルエンザが流行っている。

結論　　ゆえに、ヨウコはインフルエンザに感染している。

この論証2.1.2aは演繹的に非妥当な論証です。なぜなら、仮にすべての前提が真であったとしても、結論が偽である（「ヨウコはインフルエンザに感染していない」）可能性もあるからです。けれども、前節の論証2.1.1cとは異なり、2.1.2aは非妥当でありながらも、**ある程度の確からしさ**をもつのではないでしょうか。というのも、その結論は2つの前提によってある程度強くサポートされているように見えるからです。ヨウコの熱が38℃あって、しかも彼女の職場でインフルエンザが流行っていれば、「ヨウコもインフルエンザに感染している」と判断することはもっともらしいでしょう。

ところが、演繹的な妥当性を論証を評価するための唯一の基準だとすれば、論証2.1.2aも論証2.1.1cも「無価値な論証」ということになってしまいます。論理学を「論証一般についての学」と理解するのであれば、これは決して望ましいことではありません。

続いて、論証2.1.2aに前提をもう1つ加えた論証を考えてみましょう。

〔論証2.1.2b〕
前提1　ヨウコは38℃の熱がある。
前提2　ヨウコの職場ではインフルエンザが流行っている。
前提3　ヨウコはインフルエンザのウイルス検査で陽性だった。

結論　ゆえに、ヨウコはインフルエンザに感染している。

この論証2.1.2bも、演繹論理の基準で評価すれば、非妥当な論証です。前提がすべて真であったとしても、ほんのわずかとはいえ、ヨウコはインフルエンザに感染していない可能性もあるからです。たとえば、ヨウコの熱の原因は胃腸炎にあるのかもしれませんし、またウイルス検査で陽性であったとしても、検査が100％正しいとはかぎりません。「偽陽性」の可能性も排除できないからです。

とはいえ、論証2.1.2bが**きわめて確からしい**ということに同意しない人はいないでしょう。実際に3つの前提は結論をとても強くサポートしているように見えます。また、新たな証拠／根拠（前提3）が加わった論証2.1.2bは、それ以前の論証2.1.2aと比べて「**より確からしい**」と言えるのではないでしょうか。

「帰納的な強さ」の定義

いま見たような、演繹的に妥当でないにもかかわらず、確からしい論証は「**帰納的に強い論証**」(inductively strong argument）と呼ばれます。「帰納的な強さ」の厳密な定義は容易ではありませんが、一般に次のような定義が受け入れられています。

帰納的な強さ（inductive strength）

帰納的に強い論証とは、(i) 前提がすべて真であるという条件のもとで結論も真であることが確からしい（probable)、かつ (ii) 演繹的に妥当ではない論証である。

なお、次のように定義してもまったく同じです。

帰納的な強さの別定義

帰納的に強い論証とは、(i) 前提がすべて真であるという条件のもとで結論が偽であることが確からしくない（improbable)、かつ (ii) 演繹的に妥当ではない論証である。

先の論証2.1.2aや論証2.1.2bは、この定義の (i) 項を満たしています。なぜなら、「高熱がある」や「周囲でインフルエンザが流行っている」あるいは「検査で陽性反応が出た」といった前提がすべて真であるという条件のもとで、「ヨウコはインフルエンザに感染している」（が真である）と結論することは確からしいからです。あるいは「別定義」の言い回しを用いれば、それらの前提がすべて真であるという条件のもとで、「ヨウコはインフルエンザに感染していない」と結論することは確からしくないからです。

また、論証2.1.2aと論証2.1.2bは、演繹的に妥当ではないため、定義中の（ii）項も満たします[3]。したがって、それらは帰納的に強い論証であると捉えることができます。

帰納的な強さの「度合い」

ところで、すでに述べたように、論証2.1.2bは論証2.1.2aと比較して「より確からしい」と言えます。このことは、確からしさは**度合い**（degree）をもつということを意味します。そして、確からしさの度合いに応じて、帰納的な強さの度合いが決まると考えられます。

これは「演繹的な妥当性」と「帰納的な強さ」との根本的な違いでもあります。演繹的な妥当性について言えば、論証は妥当であるか、または妥当でない（非妥当である）かのいずれかであり、それら両極のあいだに「度合い」はありません。

帰納的な強さの度合い（degree of inductive strength）

帰納的な強さの度合いは、前提がすべて真であるという条件のもとで結論も真であることがどの程度確からしいのかによって決まる。

（帰納的な強さの度合いは、前提がすべて真であるという条件のもとで結論が偽であることがどの程度確からしくないかによって決まる。）

帰納的な強さの度合いに関しては、「**質的**（qualitative）な度合い」と「**量的**（quantitative）な度合い」が区別されます。この本では厳密な区別を行いませんが、どちらかと言えば、イメージしやすいのは量的な度合いの方でしょう。量的な度合いは、**確率**によって表現されうるからです。「ヨウコに38℃の熱があり、かつ彼女の職場でインフルエンザが流行っているという条件のもとで、ヨウコがイン

[3]　定義中に（ii）を入れているのは、演繹的に妥当な論証はすべて（i）を満たすからです。（ii）がなければ、「演繹的に妥当な論証はすべて帰納的にも強い」ということになってしまいます。もちろんそう「取り決める」こともできなくはないのですが、ここでは概念上の区別を明確にするためにあえて(ii)を加えました。

フルエンザに感染している確率」(論証2.1.2a) は、いくつかの条件が揃えば計算できるでしょうし、同様に「ヨウコに38℃の熱があり、かつ彼女の職場でインフルエンザが流行っており、かつ検査で陽性だったという条件のもとで、ヨウコがインフルエンザに感染している確率」(論証2.1.2b) も、いくつかの条件が揃えば、計算できると考えられます。そのうえで後者の確率が前者の確率よりも大きいことが判明すれば、論証2.1.2bは論証2.1.2aよりも帰納的に強いと結論づけることができます[4]。

ただし、すべての論証において、確からしさが確率の数値として正確に表されると考えるのは楽観的すぎるでしょう。たとえ確率が「計算された」としても、その数値がどのような前提を受け入れることで算出されたのかをよく吟味する必要があります。

もっとも、私たちの現実世界が理想的なサイコロからなるのであれば、次の論証の確からしさは容易に計算できます。

〔論証2.1.2c〕
前提　このサイコロには偏りがない (公正である)。

結論　ゆえに、次にこのサイコロを振ると1か2か3か4か5の目が出るだろう。

この論証2.1.2cに関して、前提を真だと認めれば、結論も真であることはとても確からしいと言えます。つまり、帰納的にとても強い論証です。「帰納的な強さ」はどの程度でしょうか。答えは簡単です。前提が真であるという仮定の下で、結論も真である確率は$\frac{5}{6}$ (≒0.83) です。したがって、論証の「確からしさ」は約83%です。

しかし、残念なことに (幸いなことに?) 私たちの現実世界は理想的なサイコロからなるわけではありません。したがって、現実世界の事象に関する論証について、つねに論証2.1.2cのようにその確からしさを数値化できるとはかぎりません。

実際のところ、論証2.1.2cのようなモデル化を許す現実の状況はむしろ稀であると考えたほうがよいかもしれません。多くの状況において、私たちは「帰納的な強さ」の度合いを客観的に数値化することはできません。しかし、そのことか

---

[4]　帰納的な強さの度合いは**条件付き確率** (conditional probability) と密接に関係しています。しかし、ここでは量的な値を確率で表現することはしません。確率計算を含む論証に関しては、本書の続巻である「基礎編」で論じます。

ら「論証の確からしさは議論できない」と考えるのは誤りでしょう。論証2.1.2aと2.1.2bとの比較で述べた通り、私たちは2つの論証を比べてどちらが「より確からしい」のかを述べることはできます。また、私たちは、たとえ客観的に数値化されていなくとも、論証の確からしさに関する信念をもつことはできます。そして、この「信念の度合い」は「帰納的な強さの度合い」と密接に関わっています。[5]

■ 練習問題2.1（解答は章末）

次の論証を、「演繹的に妥当な論証」、「帰納的に強い論証」、「そのいずれでもない論証」に分けなさい。

(a)

前提1　タカシは大学で哲学を勉強している。
前提2　タカシは数学が得意である。

結論　ゆえに、タカシは今度の論理学の試験に合格するだろう。

(b)

前提1　ヒロコは授業に出席していれば論理学の単位を取ることができる。
前提2　ヒロコは授業に出席していない。

結論　したがって、ヒロコは論理学の単位を取ることができない。

(c)

前提1　クミコは哲学の単位が取れなかった。
前提2　論理学の単位が取れた人はみな哲学の単位も取れていた。

結論　ゆえに、クミコは論理学の単位が取れなかった。

(d)

前提1　ヨウコは大学院でフェミニズムを研究している。
前提2　ヨウコはLGBTの権利を擁護する活動を行っている。

[5]　確率を「**信念の度合い**」(degrees of belief) として捉える**主観確率** (subjective probability) については、本書の続巻（「基礎編」）の中で取り上げます。いまの段階で言えることは、主観確率は確率論の公理に従うということです。よって、それは名称から受けるイメージとは異なり、厳密な計算の対象になりえます。

結論　だから、ヨウコは自民党の候補者に投票した。

(e)
前提1　アキトは心理学に興味がある。

結論　ゆえに、アキトは心理学か、または社会学に興味がある。

2.2 評価基準の違い

2.2.1 演繹論理と帰納論理の特性

真理保存的な演繹

すでに述べたように、「妥当性」を論証の評価基準とするのが**演繹論理**であり、「帰納的な強さ」を評価基準とするのが**帰納論理**です。以下では、それぞれの論理の特性をもう少し詳しく検討していきましょう。

演繹論理の特性について次のように述べることができます。演繹論理にとって「よい論証」とは、（演繹的に）妥当な論証だけです。すなわち、仮に前提がすべて真であるのに、結論が偽になることはありえない論証です。演繹論理は、**前提の中にすでに（明示的であれ、暗黙裡であれ）含まれている結論を導き出すことだけに関心をもつ**からです。言い換えれば、演繹論理が扱うのは、前提の含まなかった「新たな情報」を引き出すような論証ではありません。

このように、演繹的に妥当な論証は、結論が前提の真理を保存するという意味で「**真理保存的**」(truth-preserving) な性格をもつと言われます。「**前提の真理は結論の真理を保証する**（guarantee）」と言い換えても同じことです。

〔論証2.2.1a〕
前提　アキラは男であり、かつ学生である。

結論　ゆえに、アキラは学生である。

この論証2.2.1aはやや極端な例ですが、前提の真理が結論の真理を保証していること（結論が前提の真理を保存していること）をもっともシンプルに示しています。

つまり、「AかつB」が真であれば、「B」も真でなければならないということです。「B」という情報は、すでに「AかつB」の中に（この場合は明示的に）含まれています。

新たな情報を引き出す帰納

これに対して、帰納論理の対象である「帰納的に強い論証」において、**前提の真理は結論の真理を保証するものではありません**。

〔論証2.2.1b〕
前提　アキラは学生寮に住み、かつ週に6日間アルバイトしている。

結論　ゆえに、アキラは苦学生である。

この論証2.2.1bは妥当ではありません。というのも、たとえ前提は真であっても、結論が偽であるかもしれないからです。（たとえば、アキラはたんに遊ぶお金が欲しくてアルバイトをしているかもしれません。あるいは、学生寮での生活やアルバイト自体に喜びを見いだしているだけであり、とくに苦学生というわけではないかもしれません。）

論証2.2.1bは、帰納的に強い、確からしい論証ですが、妥当ではありません。したがって、その前提の真理が結論の真理を保証することはありません。逆説的に聞こえるかもしれませんが、これは帰納論理のポジティブな特性にとって必要な「欠点」です。すなわち、**前提の中に完全に含まれているわけではない「新しい情報」を引き出す**ために必要な特性なのです。

それは誤る可能性とつねに隣り合わせのリスキーな推論ですが、私たちの日常生活や科学的実践において欠かすことのできないものです。

2.2.2　演繹論理と帰納論理との関係

2つの論理の比較

演繹論理と帰納論理の比較は次のようにまとめることができます。

演繹論理

- 演繹論理は、妥当性という基準によって論証を評価する。演繹的な妥当性にはいかなる「度合い」もない。

●演繹論理は、前提が「すでに含んでいる情報」を引き出す論証（妥当な論証）を探求するがゆえに、確実な知識を提供することができる。しかし、それは経験的世界に関する私たちの知識を拡張するものではない。

●演繹論理は数学、計算機科学、哲学等における推論にとって本質的な役割を果たす。

帰納論理

●帰納論理は、帰納的強さという基準によって論証を評価する。帰納的な強さには度合いがある。

●帰納論理は、前提から「新しい情報」を引き出す論証（リスクを伴う、不確実な論証）を研究するため、確実な知識を提供することはできない。しかし、それは経験的世界に関する私たちの知識を拡張することを助ける。

●帰納論理は日常生活や経験諸科学における推論にとって重要な役割を果たす。

2つの論理の関係

演繹論理と帰納論理は互いにどのような関係に立つのでしょうか。これは案外と難しい問いです。

多くの論者たちは、演繹論理は**演繹的論証**（deductive argument）を、帰納論理は**帰納的論証**（inductive argument）を扱い、なおかつ2つのタイプの論証はそれぞれ異なる基準によって評価されるので、両論理が交わることはないと考えます。

その一方で、「論証には演繹的論証と帰納的論証がある」という言い回しは正確ではないと説く論者もいます。そうした論者によれば、2つの異なるタイプの論証があるわけではなく、2つの異なる評価基準があるだけだとされます（図2.2.2）。

この立場によれば、論証は図2.2.2のようにイメージされます。すなわち、すべての論証は1から0までのスケール中に並んでいます。スケールの上限1には「演繹的に妥当な論証」が位置し、そこから0に至るまで、様々な程度の「帰納的強さXをもつ論証」が並んでいます（0＜X＜1 点線部分）。下限0には「無価値（worthless）な論証」、すなわち演繹的に妥当でないだけでなく、いかなる帰納的

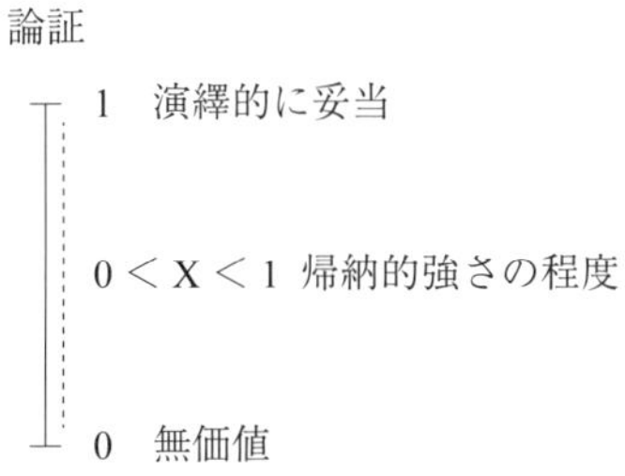

1　演繹的に妥当

0＜X＜1 帰納的強さの程度

0　無価値

図 2.2.2（cf., Skyrms 2000: 22）

な強さももたない論証が位置します。

こうした捉え方によれば、論証には「演繹的論証」と「帰納的論証」という2つのタイプの論証があるというよりは、むしろすべての論証は**連続的**だということになります。

こうした「連続」の立場を採用するのか、あるいは2つのタイプの論証をきっちりと分ける「非連続」の立場を採用するのかという問いは悩ましいものです。私自身は本書で、演繹にかぎらない「広い意味での論理」を扱うため、「連続」の立場に共感しています。しかし同時に、演繹／帰納の区別は大変便利なものであり、この区別を使い続けることは論証に関する理解を容易にするとも考えています。本書における説明がむしろ「非連続」の立場に近いものになっているのはそうした理由によります。

■ 練習問題2.2（解答は章末）

次の文章の（　　）の中に適切な語句を入れなさい。

演繹論理における論証の評価基準は（ a ）であるのに対し、帰納論理の評価基準は（ b ）である。演繹論理は（ c ）を提供するが、経験的世界に関する私たちの知識を拡張しない。これに対して、帰納論理は（ d ）しか提供しないが、経験的世界に関する私たちの知識を拡張してくれる。

2.3 健全性と信頼性

2.3.1 健全性

妥当性は前提（結論）の正しさとは無関係

第1章の最後で言及した論証評価のための2つのガイドラインを復習しておきましょう。

①「前提は十分な強さで結論を支持（サポート）しているのか」を吟味せよ。
②「前提は本当に正しいのか、すなわち前提として用いられている命題は真であるのか」を吟味せよ。

この章の前節までの議論は、ガイドライン①の作業を遂行するために必要な評価基準（「演繹的な妥当性」と「帰納的な強さ」）に関するものでした。以下では、ガイドライン②に関する議論を行います。

一般的に、論理学はガイドライン②とは無関係であるとされます。なぜでしょう。それは、論証に現れる個々の前提が「本当に真であるのか」という問いに答えることは、論理学者の仕事ではないと見なされるからです。次の論証を見て下さい。

〔論証2.3.1a〕
前提1　すべてのイルカは魚である。
前提2　この水族館のスマイル君はイルカである。

結論　　ゆえに、スマイル君は魚である。

この論証2.3.1aは「うまくいっている」でしょうか。演繹論理の評価基準に従えば、この論証は非の打ちどころのない論証です。つまり演繹的に妥当な論証です。というのも、仮に2つの前提が真であれば、絶対に結論も真でなければならないからです。2つの前提が真であるにもかかわらず、「でも、スマイル君は魚じゃないよ」と結論することは論理的に不可能です。

とはいえ、「前提1は正しくない（偽である）」という反論がすぐさま寄せられるでしょう。しかも、論証2.3.1aはその結論も偽であることから、「偽である前提から偽である結論を導く論証」など許容できるわけがないという声も聞こえてきそうです。

しかし、論理学者は涼しい顔でこう返答するはずです。「前提（結論）が実際に真であるかどうかについて、私たちは何の関心ももたない」と。たしかに論証2.3.1aの個々の前提および結論の真偽を判定するのは、生物学者（分類学者）であって、論理学者ではありません。

論理学者は**論証の形式**だけに関心を向けます。論証2.3.1aが妥当であるのは、それが次の論証形式の実例（インスタンス）になっているからです。

〔論証形式2.3.1b〕
前提1　すべてのFはGである。
前提2　aはFである。

結論　ゆえに、aはGである

この論証形式をもつ論証はすべて妥当です。言い換えれば、論証形式2.3.1bの「F」や「G」や「a」がどんな**内容**でも妥当なのです。[6]

論証2.3.1aに話を戻しましょう。その妥当性を疑う人は、もう一度「演繹的妥当性」の定義を見直して下さい。そこでは「**仮に**すべての前提が真であれば……」という言い回しが使われていました。この言い回しは、「**実際に**すべての前提が真であれば……」という言い回しとは決定的に異なります。言わんとすることは、もし仮に「すべてのイルカは魚である」という前提と「この水族館のスマイル君はイルカである」であるという前提が真であれば、「スマイル君は魚である」という結論が出てこざるをえない、ということなのです。妥当な論証は、その内容ではなく、形式のみによって評価されるのはこのためです。

「前提の正しさ」と関係する評価基準

本書は形式論理学ではなく、あくまでも**非形式論理学**への手引きを意図して書かれています。日常生活や経験科学で実践される論理学にとって、先の論証

[6]　ただし、FとGの位置には一般名辞、aの位置には名前（単称名辞）が入らなければならないといった（構文論的な）制約はあります。

2.3.1aと次の論証2.3.1cを区別する評価基準がないのはまったく不便であるように思われます。

〔論証2.3.1c〕
前提1　すべてのイルカは哺乳類である。
前提2　この水族館のスマイル君はイルカである。

結論　ゆえに、スマイル君は哺乳類である。

この論証2.3.1cは妥当な論証であり、なおかつ2つの前提と結論は真です。私たちはこうした論証を「**健全である**」(sound) と言い、たんなる妥当な論証と区別することにします[7]。

健全性 (soundness)
健全な論証とは、演繹的に妥当であり、かつそのすべての前提が真である論証である。

この定義より、論証2.3.1cは**健全な論証** (sound argument) であるのに対し、論証2.3.1aは、妥当ではあるものの、**健全ではない論証** (unsound argument) だとされます。私たちの非形式論理学にとって、妥当な論証が健全であるのか／健全でないのかを評価することは——たとえ個々の前提の真偽を判定する作業が各領域の専門家たちに委ねられたとしても——なお重要となります。

2.3.2　信頼性

「前提の正しさ」と帰納的論証

ガイドライン②（「前提の正しさ」のチェック）は、演繹的に妥当な論証だけでなく、帰納的に強い論証にも適用されます。次の論証を検討してみましょう。

〔論証2.3.2a〕
前提1　水星には生物がいる。

[7]　もちろんここでの「健全性」は、メタ論理で言われる論理体系の健全性とは無関係です。

前提2　金星には生物がいる。
前提3　火星には生物がいる。
前提4　木星には生物がいる。
前提5　土星には生物がいる。
前提6　天王星には生物がいる。

結論　ゆえに、海王星にも生物がいる。

この論証2.3.2aは荒唐無稽に見えるかもしれません。というのも、その6つの前提および結論が真であることはきわめて疑わしいからです。それにもかかわらず、論証2.3.2aは帰納的にはかなり強いと言うことができます。なぜでしょう。それは「帰納的に強い論証」の定義「(i) すべての前提が真であるという条件のもとで結論も真であることは確からしく、かつ (ii) 演繹的に妥当ではない」を十分に満たすと思われるからです。この論証2.3.2aは演繹的に妥当ではありませんが、太陽系のほぼすべての惑星に生物がいるならば、海王星にも生物がいることは十分に確からしいと言えるでしょう。(言い方を変えれば、太陽系のほぼすべての惑星に生物がいるにもかかわらず、海王星だけには生物がいないというのはあまり確からしくありません。)

この例からも分かるように、帰納論理は日常生活や経験科学の中で用いられているとはいえ——誤解されやすい点ですが——「帰納的に強い論証」が世界の事実にピッタリと合致しているとはかぎりません。

「信頼できる」論証

とはいえ、先ほどの論証2.3.2aを次のような論証2.3.2bから区別できる評価基準がないのは、やはり不便と言わざるをえません。

〔論証2.3.2b〕
前提1　初代内閣総理大臣は男であった。
前提2　第二代内閣総理大臣は男であった。
　⋮　　　　　　　　⋮
前提98　第九十八代内閣総理大臣は男であった。

結論　ゆえに、今度の第九十九代内閣総理大臣も男であろう。

論証2.3.2bは、仮に前提がすべて真であっても、結論は偽になる可能性があるので演繹的には妥当ではありません。それでも帰納的にはある程度強い論証であるように見えます。ここで注意してほしいことは、論証2.3.2bのすべての前提は実際に真であるということです。これが論証2.3.2aとは決定的に異なる点です。

こうした論証は、たんに「帰納的に強い」という美徳以上のものをもつと思われます。ところが残念なことに、この種の論証を適切に言い表す語彙が不足しています。私たちは——あまり一般的ではありませんが——「**信頼できる**」(reliable)という語を導入することにしましょう。

信頼性（reliability）

信頼できる（信頼性をもつ）論証とは、帰納的に強く、かつそのすべての前提が真である論証を指す。

いま私たちは新たな評価基準を手に入れました。帰納的に強い論証は、さらに、信頼性をもつ／信頼性を欠くという基準によって評価されます。先に見た論証2.3.2aは、帰納的に強くても、信頼性を欠く論証であったのに対し、論証2.3.2bは帰納的に強いだけでなく、信頼できる論証でもあります。

■ 練習問題2.3（解答は章末）

次の論証 (a) ～ (d) を「演繹的に妥当ではあるが健全ではない論証」、「健全な論証」、「帰納的に強いが信頼性を欠く論証」、「信頼性をもつ論証」に分類しなさい。

(a)

前提　これまでの天皇はみな男系だった。

結論　ゆえに、次の天皇も男系だろう。

(b)

前提1　新型コロナウイルスに感染した人はみな発熱するか、または咳の症状が出る。

前提2　サトシは新型コロナウイルスに感染したが、発熱しなかった。

結論　ゆえに、サトシは咳の症状が出るはずである。

(c)

前提　新型コロナウイルスのワクチンを接種した人がみな重症化しないとはかぎらない。

結論　ゆえに、そのワクチンを接種した人で重症化する人もいる。

(d)

前提1　日本においてこれまで新型コロナウイルスに感染した基礎疾患のない十代の若者が重症化した事例はない。

前提2　ワタルは基礎疾患のない十代の若者であり、かつ最近新型コロナウイルスに感染した。

結論　だから、ワタルは重症化しないだろう。

2.4　評価を実践する：「反論」の練習

2.4.1　前提は結論をサポートしているのか

反論するとは

ここからは「論証の評価」を実践することにしましょう。「論証の評価」とは、すでに述べたように、論証がうまくいっているかどうか、成功しているかどうかを吟味することです。このためのチェックポイントとして、私たちは①前提と結論との関係、②前提の正しさを挙げました。

前節までで評価にとって欠かすことのできない諸概念を導入しましたから、あとは実践あるのみです。そして、そのためにもっともよい方法は、与えられた論証に対してあえて反論してみることです。

この本でいう「**反論**」(objection) とは、他者が主張する結論だけを単独で取り上げ、それに反対したり、それを否定したりすることを意味しません。私たちのいう「反論」はつねに論証それ自体に向けられており、論証のどこがうまくいっていないのかを指摘することを意味します。

あえて反論してみよう

以下では、いくつかの例題を通じて「あえて反論する」という練習を行います。まずはチェックポイントの①「前提と結論との結びつき」の観点から反論を提出してみましょう。

> 例題2.4.1a　次の論証に対して可能な反論を提出しなさい。
> 運動している人って引き締まった体をしているよね。ヨシオ君は引き締まった体つきをしているのがよく分かる。だからヨシオ君は何かしらの運動をしているに違いない。

◆ 例題2.4.1a の解答と解説

この例題2.4.1aに現れる発言は2つの前提と1つの結論からなる論証のかたちをしています。

前提1　運動をしている人は引き締まった体をしている。
前提2　ヨシオ君は引き締まった体をしている。

結論　ゆえに、ヨシオ君は運動をしているに違いない。

この論証は、演繹的な妥当性の観点から見て問題があります。なぜなら、仮に2つの前提が真であるとしても、結論が偽である（「ヨシオ君は運動をしていない」）可能性があるからです。これより、「**前提は結論を演繹的にサポートするものではない**」という反論が可能です。ヨシオ君はたんに体質的に太りにくいだけなのかもしれません。

なお、もし前提1が「引き締まった体をしている人は運動をしている」であれば、妥当な論証になります。（おそらく健全ではありませんが。）

> 例題2.4.1b　次の論証に対して可能な反論を提出しなさい。
> 世の中には大金持ちがいる。世の中には悪党もいる。だから、世の中には大金持ちの悪党がいるんだよ！

◆ 例題2.4.1b の解答と解説

この発言も2つの前提と1つの結論からなる論証であることは明らかでしょう。

この論証のどこが「うまくいっていない」のでしょうか。一見すると、前提も結論もそれぞれ正しいことを述べているように見えます。しかしながら、2つの前提がともに真であったとしても、それは結論の真理を保証するものではありません。というのも、図2.4.1で表されるように、「大金持ち」の集合と「悪党」の集合は交わりをもたない可能性もあるからです。（なお、図2.4.1で描写した事態においても、「世の中には大金持ちがいる」と「世の中には悪党がいる」という2つの前提は真です。）

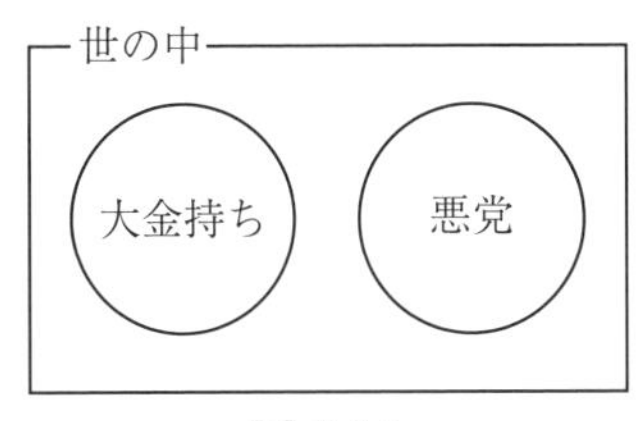

図 2.4.1

これより、たとえ世の中に「大金持ち」と「悪党」がいたとしても、「大金持ちかつ悪党」はいない可能性がある、と反論することができます。つまり、前提から結論は演繹的に導き出されないと反論することができます。

例題2.4.1c　次の論証に対して可能な反論を提出しなさい。

①雪山への登山は、登山者にとって非常にリスクが高い。また、②遭難した際には救助が必要となるため、③他人の命をも危険にさらしている。ゆえに、④雪山への登山は禁止されるべきだ。

◆ 例題2.4.1c の解答と解説

この帰納的な論証を再構成するために、各命題に番号①～④を振りました。サポート関係（根拠関係）を明示するために図にしてみましょう。（論証の構造を表すこうした図を「論証図」と呼ぶことにします。矢印→については1.2.1節を参照。）

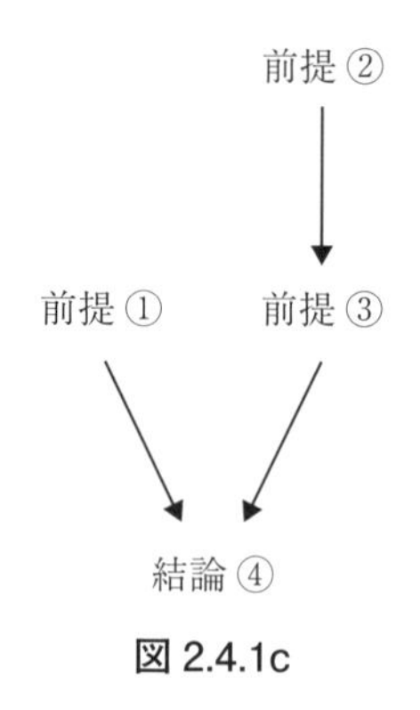

図 2.4.1c

この図2.4.1cで示したように結論④を直接サポートしているのは前提①と前提③です。それらの前提は互いに独立しています。前提②から前提③に矢印が引かれていますが、これは②が③をサポートしていることを意味します。実際、「なぜ他人の命を危険にさらしているのか」と問われたときに、その根拠として「遭難した際には救助が必要となるからだ」と答えることができます。第1章で導入した概念を使えば、前提③は「仮の結論」だということもできます。重要なことは、命題②と③のあいだにはサポート関係が成立しており、「②→③」は1つの論証（「論証の中の論証」あるいは部分論証）を形成するということです。

さて、この論証に対して反論を提出してみましょう。まず、「①→④」に対して、「冬山が登山者にとって危険だからといって、それを禁止すべきだということにはならないのではないか」という反論が考えられます。その後に、「他にも危険な行為というのはたくさんあり、それらをすべて禁止することはナンセンスである」とか、「禁止する前に、様々な規制を設けてリスクを低減するという方法もある」といった言葉が付け加わるでしょう。

反論のコツは、**前提をいったん認めたうえで、その結論しか出てこないのかを疑ってみることです。もし他の結論も十分に可能であったり、他の結論のほうがもっともらしいと判断されるのであれば、前提と結論との関係はそれほど強くない**と言えるでしょう。

次に「②→③」に対しては、「遭難した際には救助が必要となることは事実だが、救助する側はよく訓練されており、決して無理な救助活動はしないので、他人（救助する人たち）の命を危険にさらしているとまでは言えないのではないか」という反論が可能です。遭難者の捜索はふつう日没とともに打ち切られますし、悪天候のもとでは行われません。こうしたルールを守っているかぎりは、「他人の命を危険にさらす」（仮の結論）は言いすぎかもしれません。この反論も「前提をいったん認めたうえで、その結論しか出てこないのかを疑ってみる」という方法に従っています。

最後に「③→④」に対する反論を提出してみましょう。今度は、「他人の命を危険にさらしている」ということを仮に認めたうえで、「冬山への登山は禁止されるべきか」を問うてみます。先ほどの「①→④」と同様に、「禁止するというのは極端ではないか」という反論が考えられます。自動車を運転することは、ある意味で「他人の命を危険にさらす」ことですが、そうかといって禁止されるべきだとは言われません。その代わりに、様々な交通ルールを作ったり、自動ブレーキといったテクノロジーを開発することで、自動車の走行を他者にとって安全なものにする努力がなされています。

だいたいの要領はつかめたでしょうか。**反論をする者は、自分が論証のどの部分に対して反論を行っているのかを自覚していなければなりません。**そうでなければ、反論を向ける相手に理解してもらえず、生産的な議論は成り立ちません。

2.4.2　はたして前提は正しいのか

前提の真偽も重要

次いで、この節では前提に向けられる反論を考察します。（チェックポイントの②にもとづく反論です。）何度も繰り返しますが、論理学的な観点から見れば、前節で考察したサポート関係（根拠関係）に対する反論のほうが優先されます。しかしながら、私たちの**非形式論理学の立場から言えば、個々の具体的な論証を評価する際に、前提の真偽を無視することは到底できません。**以下では、例題を解きながら、「前提の正しさ」に対する反論がどのように行われるのかを見てきましょう。

> 例題2.4.2a　次の論証に対する反論を提出しなさい。ただし、反論は前提に対して行うこと。
>
> 沖縄の普天間基地って住宅地のすぐそばにあるからとても危険だ。僕らは何としてもその危険性を除去したい。危険性を除去したいのであれば、他の場所に基地を移設するしかない。だから、辺野古に移設するしかないよ。だって、移設先の唯一の選択肢は辺野古なんだから。

◆ 例題2.4.2a の解答と解説

この発話を少し簡素化して、よりはっきりとした論証のかたちに書き直すと次のようになります。

〔論証2.4.2a〕

前提1　私たちは普天間基地の危険性を除去したい。

前提2　普天間基地の危険性を除去したいのであれば、他の場所に基地を移設するしかない。

前提3　移設先の唯一の選択肢は辺野古である。

結論　したがって、基地を辺野古に移設するしかない。

この論証は演繹的には妥当です。つまり、仮に前提をすべて真であると認めれば、結論が偽であることはありえません。しかし、この論証は健全ではないように見えます。なぜなら、ここで使われている前提は必ずしも正しいとは言えないからです。

まず――前提1に対して反論を行うのは難しいので――前提2について考えてみましょう。「基地の危険性を除去したいのであれば、他の場所に移設するしかない」と述べていますが、本当でしょうか。単純に基地を一つなくすという選択肢もあるのではないでしょうか。実際、在日米軍の海兵隊はもう少し縮小しても防衛力にさほど影響を与えないと説く人もいます。いずれにせよ、**「移設するしかない」という前提は、「基地の閉鎖」という選択肢もある以上、正しくないと**反論することができます。

次に前提3について考えてみましょう。**移設先は沖縄以外の国内でも、グアムといった国外でもよいわけですから、「辺野古が唯一の選択肢である」という前提には無理がある**と反論することができます。「辺野古しかない」というのであれば、その根拠が必要となりますが、少なくともここではそれは示されていません。

例題2.4.2b　次の論証に対する反論を提出しなさい。ただし、反論は前提に対して行うこと。

このところ日本においても「貧困」や「格差」が盛んに議論されているね。僕の見方では、貧困や格差の問題を解決したければ、法人税の引き下げと富裕層への減税を早急に行うべきだよ。だって、法人税の引き下げによって企業は利益を増やし、それが賃金の上昇を引き起こすからね。さらに、富裕層への減税によって、彼らが積極的に投資したり、消費したりできるようになるから、それが景気の好循環を生み出して、最終的にはみんなのところにお金が行き渡るようになるさ。こんなシンプルなことがなぜ実行できないのか不思議だよ。

◆ 例題2.4.2b の解答と解説

「僕」のいささか能天気な発言は、「貧困や格差の問題を解決したければ、法人税の引き下げと富裕層への減税を早急に行うべきだ」を結論とします。それ以外の発言は、基本的にはこの結論をサポートする前提だと理解されます。

反論に先立って、「僕」の発言を少し簡素にして論証のかたちにしておきましょう（論証2.4.2b）。

〔論証2.4.2b〕

前提1　法人税の引き下げによって企業は利益を増やし、それが賃金の上昇を引き起こす。

前提2　富裕層への減税によって、彼らが積極的に投資したり、消費したりできるようになるから、それが景気の好循環を生み出して、最終的にはみんなにお金が行き渡るようになる。

結論　貧困や格差の問題を解決したければ、法人税の引き下げと富裕層への減税を早急に行うべきだ。

さっそく反論を開始します。まず、前提1に対しては、「**企業が利益を増やしたとしても、企業は内部留保を増やすだけかもしれず、利益の増大が賃金の上昇につながるとはかぎらない**」という反論が可能でしょう。

前提2についてはどうでしょう。たとえば「**富裕層による投資は株価の上昇を引き起こすかもしれないが、その利益が等しく再分配されるとは考えにくい**」といった反論や、「**富裕層による消費の拡大は、物価の上昇を招くだけかもしれず、逆に中間層や貧困層の生活は苦しくなるかもしれない**」といった反論が考えられます。

ここで気がついた人もいると思いますが、いま挙げた前提への反論は、前節で検討した「前提→結論」関係への反論として捉えることもできます。なぜ前提への反論が「前提→結論」への反論でもあるのかと言えば、論証2.4.2bの各前提を細かく見ると、そこには「前提→仮の結論」という部分論証の構造が入っているからです。

たとえば前提1は、厳密に言えば、「法人税の引き下げ→企業の利益の増大→賃金の上昇」という構造をもっています。私たちが挙げた反論は「企業の利益の増大（前提）→賃金の上昇（結論）」に向けられたものであり、仮に前提である「企業の利益の増大」を真だと認めたとしても、結論である「賃金の上昇」が偽である可能性を指摘するものでした。

このように前提への反論は、「前提」の単位のとり方によっては、すなわち論証の分解（分析）の仕方によっては、「前提と（仮の）結論とのあいだのサポート関係」への反論と同じになることを理解して下さい。

■ **練習問題2.4A**（解答は章末）

次の論証に対して複数の観点から反論を提出せよ。

①死刑制度をなくしてしまうと、②凶悪な犯罪がいまよりも増加するだろう。なぜなら③死刑制度には犯罪を抑止する効果があるからだ。また、④人々の処罰感情を考慮することも重要だ。ゆえに⑤死刑制度は維持すべきだ。

■ **練習問題2.4B**（解答は章末）

次の論証に対して複数の観点から反論を提出せよ。

①死刑制度は廃止しなければならないと思う。だって、②死刑制度は重罪を犯した人を殺してしまうわけだから、③その人から罪を償う機会を奪ってしまうわけでしょ。④誤審の可能性だってあるわ。それに加えて、⑤ヨーロッパの各国ではすでに死刑は廃止されているはずよ。

文献案内

演繹論理と帰納論理の違い、および健全性についてはHacking（2001）の第1章と第2章に要を得た解説が見られます。帰納論理および「帰納的な強さ」に関してはSkyrms（2000）とJohnson（2016）が参考になります。

練習問題の解答と解説

■練習問題2.1の解答

(a) は演繹的に妥当ではありません。なぜなら、前提がすべて真でも、タカシは論理学の試験に合格しない可能性もあるからです。それでも (a) はかなりの程度確からしいと言えます。哲学を勉強しているということは、論理学の重要性を認識している可能性が高く、おまけにもともと数学が得意であれば、論理学の試験は楽にパスすると考えられるからです。したがって、(a) は**帰納的に強い**と言えます。

(b) は一見すると演繹的に妥当であるように見えますが、そうではありません。前提1は「ヒロコが授業に出席していれば、必ず単位が取れる」と述べているだけです。言い換えれば、「授業に出席しているにもかかわらず単位が取れないということはない」と述べるにとどまります。つまり、前提1は「授業に出席している場合」について何事かを述べてはいますが、「授業に出席していない場合」については何事も述べていません。したがって、この前提1と前提2「ヒロコが授業に出席していない」から、結論「ヒロコは論理学の単位をとることができない」は帰結しません。

それでも (b) は帰納的には強いと考える人がいるかもしれません。しかしこれも誤りです。なぜなら、論理学を担当する教員が何を単位取得の条件にしているか不明だからです。もしその教員が寛容な人物であり、「出席している学生にはその頑張りを評価して単位を出すが、出席していない学生でも、試験でよい点数をとった者や秀逸なレポートを提出した者には単位を与える」と考えているのであれば、論証 (b) は確からしくありません。

したがって、(b) は**演繹的に妥当ではありませんし、帰納的に強いということもありません。**

(c) は演繹的に妥当です。この論証 (c) は図2.1のように図示することができます。

図 2.1

前提2から話をはじめましょう。この前提は図の中央のベン図によって表現されます。「論理学の単位が取れた人はみな哲学の単位も取れていた」わけですから、「論理学の単位取得者」の集合は、「哲学の単位取得者」の集合の中に完全に包摂されます。一方、前提1より、「クミコは哲学の単位が取れなかった」わけですから、クミコは「哲学の単位取得者」の集合の「外」にいなければなりません。このことは図の右上で表現されています。この図から明らかなように、クミコは「論理学の単位取得者の集合」に入ることはできません。したがって、「クミコは論理学の単位が取れなかった」という結論は真でなければなりません。2つの前提を真だと認めると、結論も必ず真になるので、(c) は**演繹的に妥当**です。

(d) が演繹的に妥当でないことは明らかです。また、(d) は確からしくもありません。なぜなら、クミコの研究や活動に関する前提は、彼女の投票行動に関する結論をまったくサポートしないからです。(フェミニズム研究や性的マイノリティの権利擁護を行っている人は、ふつう保守政党の支持者ではないはずです。)言い換えれば、2つの前提が真であるという条件のもとで結論も真であることは確からしくありません。ゆえに、(d) は**演繹的に妥当ではなく、帰納的に強いということもない**というのが解答です。

(e) はややトリッキーに見えますが、**演繹的に妥当**です。結論は「*A*または*B*」というかたちをしていますが、これは「*A*」か「*B*」の少なくとも一方が真であるということを意味します。そして前提1はこの「*A*」に相当します。したがって、仮に前提（「*A*」）が真であれば、当然、結論（「*A*または*B*」）も真でなければなりません。(「*A*」は真であると前提されているわけですから、「*A*」か「*B*」の少なくとも一方は真であるのは当然です！)

■ 練習問題2.2の解答

a：(演繹的) 妥当性、b：帰納的な強さ、c：確実な知識、d：不確実な知識（確からしい知識）

■ 練習問題2.3の解答

(a) は信頼性をもつ論証です。なぜなら、(a) は帰納的に強い論証であるうえに、前提も真だからです。

(b) は演繹的に妥当ですが健全ではない論証です。その前提1は偽であるからです。(無症状の人もいます。)

(c) は健全な論証です。(c) は演繹的に妥当であり、かつその前提も真です。

(d) は帰納的には強いですが信頼性を欠く論証です。前提1は偽です。もし前提1を「……事例は少ない」と修正すれば、(d) は信頼できる論証になるでしょう。

■ 練習問題2.4Aの解答

⑤「死刑制度は維持すべきだ」がこの論証の結論です。それ以外の部分①～④は結論をサポートする前提（根拠）だと考えられます。

前提への反論を試みましょう。まず①②について**「死刑制度を廃止しても、凶悪な犯罪は増加しないかもしれない」**と反論することができます。さらに、「死刑制度を廃止した国では必ずしも凶悪犯罪は増加したわけではない」といった事実があれば、それによってこの反論を補強してもよいでしょう。

次に、③について**「死刑制度には犯罪を抑止する効果はない」**と反論することができるでしょう。たとえばアメリカにおける凶悪犯罪の多さから、死刑制度の抑止効果を疑うこともできますし、最近では「死刑になりたいから」という理由で無差別殺人を犯すケースもあることから、その犯罪抑止効果を疑うこともできます。

「前提と結論との関係」に対して反論する余地はあるでしょうか。④→⑤については、十分に反論の余地があると思われます。**「人々の処罰感情は自然なものであり、それを考慮する必要はあるが、そうした感情は死刑以外の方法でも満たされるかもしれない」**といった反論や、**「人々の処罰感情を考慮することが重要であるとしても、法治国家において、人々の素朴な復讐心を直接刑罰に反映させることは望ましくない」**といった反論が可能でしょう。いずれの反論にしても、前提④をいったん認めたうえで、本当に結論⑤が出てこざるをえないのかを疑うことがポイントになっています。

ところで、「死刑は非人道的な刑罰だ」や「EU加盟国のすべてで死刑は廃止された」といった反論はどうでしょうか。いずれも「死刑は廃止すべきである」という結論をサポートする前提（根拠）にはなるものの、いま検討している論証への反論としてはやや不適切です。私たちの反論は、あくまで与えられた論証に向けられたものでなくてはなりません。

バランスをとるために、もう1問だけ同じ主題の練習問題を解いてみましょう。

■ 練習問題2.4Bの解答

確認しておくと、この論証の結論は①「死刑制度は廃止しなければならない」です。②〜⑤はその結論をサポートしようとする前提です。

前提のチェックからはじめましょう。おそらく前提③は反論の対象になると思われます。「罪を償う」という表現は曖昧ですから、**「死刑を執行することは罪を償う機会を奪うことだと言われているが、その人が殺人犯であれば自らの死をもって罪を償うことができるのではないか」**という反論が考えられます。

「前提と結論との関係」については、④→①に対して反論を提出することができるかもしれません。たとえば**「裁判は人によってなされるものだから、誤る可能性がゼロでないことはたしかである。しかし、そのことが人に刑罰を科すことができない理由にはならない」**と反論することも可能です。ただし死刑が執行されてしまえば、後で誤審が判明したときに「取り返しがつかない」という意味で、死刑は「特別な刑罰」です。したがって、私たちの反論は、死刑が特別な刑罰ではないということを示さないかぎり、弱いものにとどまるでしょう。

また、⑤→①に対する反論としては、**「ヨーロッパの各国がそうしたからといって、日本が追従する必要はない。実際、ヨーロッパと多くの価値を共有するアメリカは死刑制度を維持しているではないか」**などが挙げられるのではないでしょうか。

死刑制度についてはいろいろな考え方があって当然です。こうした練習問題を解くときに重要となるのは、自分の信条やイデオロギーをいったん棚上げして、たとえその結論に賛同する論証であっても、**「あえて反論してみる」**という態度です。そのことが、異なる意見をもつ他者への想像力を育むと同時に、自分自身の「論証力」を鍛えることにつながるでしょう。

第3章

代表的な論証形式

論証には無数の形式（かたち）がありうるとはいえ、日常生活や科学的実践の中でよく使われる**論証形式**（argument form）の数はそれほど多いわけではありません。（幸いなことに、代表的な論理形式には名前が付けられてます！）

この第3章では、よく知られた論証形式を概観します。演繹的論証からは「モードゥス・ポネンス」（前件肯定）、「モードゥス・トレンス」（後件否定）、「選言的三段論法」の3つの妥当な論証形式、およびそれらに関連する誤謬推論として知られる「後件肯定」、「前件否定」、「選言肯定」を考察します。帰納的論証からは「アブダクション」（最良の説明への推論）、「仮説検証型論証」、「帰納的一般化」、「比率的三段論法」、「類比による論証」の5つの論証形式を考察します。

これらは網羅的なリストではありませんが、「論証形式」がおおよそ何であるのかを理解するうえでは十分でしょう。ここで扱う帰納的論証の形式に関しては、第4章以降で検討する主題の一部を先取りして論じることになります。

3.1　妥当な論証の諸形式

3.1.1　モードゥス・ポネンス

モードゥス・ポネンスの論証形式

演繹的に妥当な論証形式の中で、もっともよく知られたものは**モードゥス・ポネンス**（modus ponens）でしょう[1]。この形式は**前件肯定**（affirming the antecedent）と

[1]　厳密に言えば、演繹的に妥当であるのは、論証形式ではなく、個々の具体的な論証（実例）です。よって、本来は「その実例が妥当である論証形式」と述べるべきですが、やや煩くなるので、「妥当な論証形式」という言葉づかいを続けることにします。

呼ばれることもあります。まずは具体例から考察しましょう。

〔論証3.1.1a〕
前提1　O氏が東京出身であるならば、O氏は関東出身である。
前提2　O氏は東京出身である。

結論　ゆえに、O氏は関東出身である。

この論証が演繹的に妥当であることは明らかです。仮に2つの前提が真であれば、結論も真でなければならないからです。2つの前提を真だと認めておきながら、「O氏は関東出身ではない」と主張することは不可能です。

論証3.1.1aの骨格だけを抽出すると、次のような形式が得られます。

◇モードゥス・ポネンス（前件肯定）
前提1　AならばB
前提2　A

結論　B

AとBの位置に具体的な命題を入れると、この論証形式の実例（インスタンス）が出来上がります。論証3.1.1aはそうした実例の1つです。

モードゥス・ポネンスのかたちをした論証であれば、AやBの位置にどんな命題を入れても演繹的には妥当になります。

〔論証3.1.1b〕
前提1　大谷翔平が宇宙人であるならば、地球はアイスクリームでできている。
前提2　大谷翔平は宇宙人である。

結論　ゆえに、地球はアイスクリームでできている。

論証3.1.1bはデタラメな命題からなっていますが、「AならばB。A。ゆえにB。」（モードゥス・ポネンス）という形式をもつがゆえに妥当となります。

しかし、なぜモードゥス・ポネンスのかたちをした論証は妥当なのでしょうか。私たちはその妥当性を次の図3.1.1b（ベン図）を使って把握することができます。

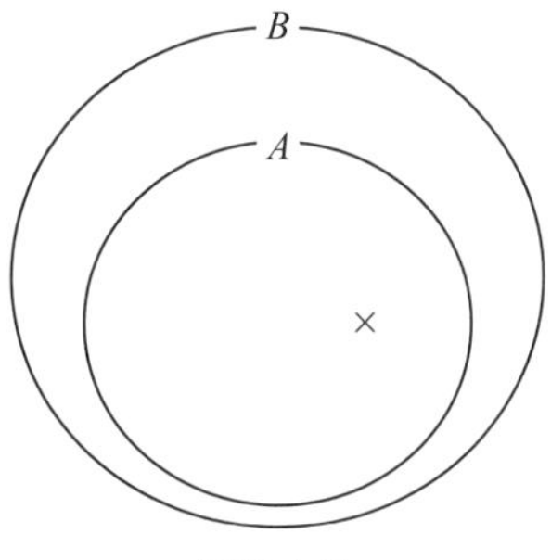

図 3.1.1b

まず、モードゥス・ポネンスの前提1「AならばB」(矢印を使って、これを「$A \to B$」と表記することもあります) は**条件命題**と呼ばれます。(なお、条件命題「$A \to B$」の「A」は**前件**、「B」は**後件**といいます。モードゥス・ポネンスの別称である「前件肯定」の「前件」はこれを指します。)

この条件命題「AならばB」は、Aの集合がBの集合に完全に包含されている図として表すことができます (図3.1.1b)。たとえば「犬であれば哺乳類である」(犬→哺乳類) は、犬の集合が哺乳類の集合の中に完全に含まれているという例を考えれば分かりやすいかもしれません。

前提2「A」は、Aの集合、より分かりやすく言えば、何かがAの集合のメンバーであることを意味します。これを表すために、「×」印をAの集合の中に書き入れました。

さて、これら2つの前提が真であれば、当然「×」印はBの集合の中に入っているはずです。(別様に言えば、2つの前提が真であるにもかかわらず、「×」印がBの集合の外に出ていることはありえません。) したがって、結論「B」も真でなければなりません。

後件肯定の誤謬

モードゥス・ポネンスと似ているにもかかわらず、演繹的に**妥当ではない**論証形式を見ておきましょう。

〔論証3.1.1c〕
前提1　O氏が東京出身であるならば、O氏は関東出身である。
前提2　O氏は関東出身である。

結論　ゆえに、O氏は東京出身である。

この論証が妥当ではないのは、2つの前提が真であったとしても、結論が偽になるかもしれないからです。仮にO氏が関東出身でも、彼は埼玉出身かもしれません。論証3.1.1cのような論証は**後件肯定の誤謬**（fallacy of affirming the consequent）と呼ばれます。その形式は次の通りです。

◇後件肯定（非妥当）

前提1　*A*ならば*B*

前提2　*B*

結論　*A*

この形式をもつ論証は「悪い」(bad）論証です。しかし、それは演繹論理の基準（妥当性）から見て「悪い」ということです。

実は、私たちは日常生活の中で「後件肯定」を頻繁に用いています。次の論証3.1.1dはその一例です。

〔論証3.1.1d〕

前提1　大阪出身であるならば、大阪弁を話す。

前提2　Nさんは大阪弁を話す。

結論　ゆえに、Nさんは大阪出身である。

この論証3.1.1dは、後件肯定の誤謬を犯していますから、演繹的には妥当ではありません。しかし、「大阪出身であるならば、大阪弁を話す」と「Nさんは大阪弁を話す」という情報から、おそらく「N氏は大阪出身だ」と推論することはある程度確からしいでしょう。少なくとも、これらの前提から「N氏は奈良出身だ」と推論するよりは、より確からしいと言えます。そして、それらの「帰納的な強さ（確からしさ）の度合い」の違いは、大阪弁を話す人たちに占める大阪出身者の割合と、大阪弁を話す人たちに占める奈良出身者の割合の違いによって説明されるはずです。

この論証3.1.1dはそれほど「役に立つ」とは言えませんが、たとえばある刑事が、容疑者の話しぶりにわずかに残る聞き慣れない訛りから、彼の隠された過去を暴き出そうとするような推論――松本清張の小説などに出てきそうな推論――であれば、たとえ誤る可能性があったとしても、「有用」だと言えるでしょう。

私たちは日常生活の中だけでなく、科学的実践においても――自覚的あるいは無自覚的に――後件肯定を使用しています。たとえば、ある事象を説明する何らかの仮説を科学者が立てたとしましょう。これを「仮説H」とします。科学者は「仮説Hが正しければ、Eが観察されるだろう」という予測を行います。そして実際に観測や実験を行って「Eが観察された」としましょう。ここから、科学者は「仮説Hは正しい」と結論することがあります。この推論は後件肯定であることに気がついたでしょうか。もちろんこれは演繹の観点から見れば誤謬です。それにもかかわらず、科学的推論はこうした論証形式をとることが多いのです。

この問題については、3.2.2節でもう一度触れた後、第5章でやや詳しく検討することにします。

3.1.2　モードゥス・トレンス

モードゥス・トレンスの論証形式

モードゥス・ポネンスとあわせて覚えてほしい論証形式は**モードゥス・トレンス**（modus tollens）です。この形式は**後件否定**（denying the consequent）と呼ばれることもあります。次の論証はその実例です。

〔論証3.1.2a〕
前提1　M氏が福岡出身であるならば、M氏は九州出身である。
前提2　M氏は九州出身ではない。

結論　ゆえに、M氏は福岡出身ではない。

論証3.1.2aは妥当です。2つの前提が真であれば、結論も真でなければなりません。つまり、「M氏が福岡出身であるならば、M氏は九州出身である」が真で、「M氏は九州出身ではない」が真であることを認めれば、「M氏は福岡出身ではない」ことを認めざるをえません。この論証の形式は次のように書くことができます。

◇モードゥス・トレンス（後件否定）

前提1　AならばB
前提2　Bでない

結論　Aでない

この形式をもつ論証はすべて妥当です。しかし、なぜ妥当なのでしょう。これもベン図ではっきりと把握することができます（図3.1.2a）。

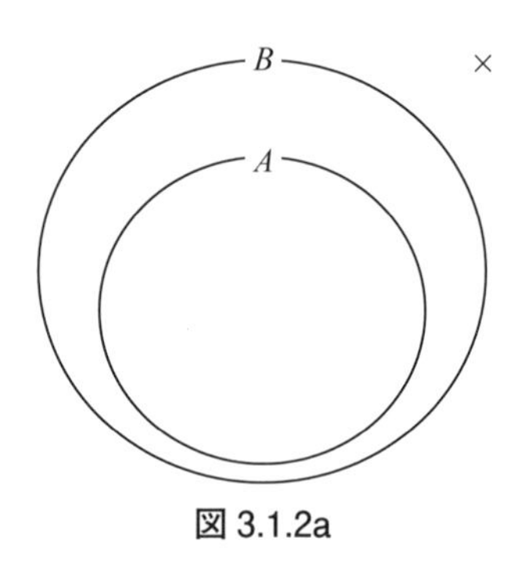

図 3.1.2a

モードゥス・トレンスの前提1「AならばB」は図3.1.2aに示されているように、集合Aが集合Bに完全に包含されていることを意味します。前提2「Bでない」は、集合Bの外に出ている（集合Bに属していない）ということですから、「×」を集合Bの外に配置しました（図の右上）。これら2つの前提から帰結することとは何でしょう。それは「×」が集合Aの外に出ていなければならないということです。（集合Bの外にあるものが、集合Aの中に入るはずがありません！）このことは、2つの前提（「AならばB」と「Bでない」）を認めれば、「Aでない」という結論が必ず出てくることを意味します。

なぜモードゥス・トレンスのかたちをした論証が妥当であるのかを把握できましたか。私たちはその妥当性を証明したわけではありませんが、それを十分に明瞭な仕方で示したつもりです[2]。いまの段階では、こうした直観的な把握が重要となります。

〔2〕「証明」（proof）については、この「入門編」ではなく、続巻である「基礎編」の中で論じます。

3.1.3　選言的三段論法

選言的三段論法とは

「または」(or) という言語表現のことを、論理学では**選言** (disjunction) といいます (詳しくは6.1.4節)。選言を用いた論証形式には様々なものがありますが、以下で紹介する**選言的三段論法** (disjunctive syllogism) はよく知られたものの1つです。

◇選言的三段論法

前提1　*A*または*B*
前提2　*A*でない

結論　*B*

これは次のかたちで書くこともできます。

前提1　*A*または*B*
前提2　*B*でない

結論　*A*

前提1「*A*または*B*」(選言命題) は、「*A*か*B*の少なくとも一方は真である」という意味で理解されます。したがって、前提2「*A*でない」(*A*は偽である) ことが分かれば、そこから「*B*」(*B*は真である) を結論しなければなりません。同様に、前提2「*B*でない」(*B*は偽である) ことが分かれば「*A*」(*A*は真である) を結論しなければなりません。2つの前提が真であれば、「そのように結論しないことは不可能である」という意味で、この形式をもつ論証はすべて演繹的に妥当です。

次の論証3.1.3aは選言的三段論法の実例です。

〔論証3.1.3a〕
前提1　Kさんは犬か猫を飼っている。
前提2　Kさんは犬を飼っていないことが判明した。

結論　だから、Kさんは猫を飼っているに違いない。

次のような状況を考えると分かりやすいかもしれません。あなたは「Kさんは犬か猫を飼っている」という確実な情報を手に入れました。その後、あなたは「Kさんは犬を飼っていない」という新たな情報を入手します。これら2つの情報からあなたは、「Kさんは犬を飼っている」という可能性を消去し、「Kさんは猫を飼っている」と結論するはずです。2つの前提が仮に真であれば、その結論が出てこなければなりません。したがって論証3.1.3aは演繹的に妥当です。

選言肯定の誤謬

選言的三段論法と似たかたちをした次の論証を考えてみましょう。

〔論証3.1.3b〕
前提1　Kさんは犬か猫を飼っている。
前提2　Kさんは犬を飼っていることが判明した。

結論　だから、Kさんは猫を飼っていない。

論証3.1.3bは妥当でしょうか。答えは、「または」の意味に依存します。「または」を、論理学が用いる通常の選言として理解すれば、論証3.1.3bは妥当ではありません。「通常の選言」とは、すでに述べたように「*A*か*B*の少なくとも一方は真である」という意味をもちます。そうした選言は**両立的選言**（inclusive disjunction）と呼ばれます。「少なくとも一方は」という表現からも分かるように、**「*A*または*B*」は、*A*と*B*がともに真である（成り立っている）ケースを排除するものではありません**。ゆえに、論証3.1.3bにおいて、Kさんが犬を飼っていることが判明したからといって、Kさんが猫を飼っていないことにはなりません。なぜなら**前提1は、Kさんが犬と猫の両方を飼っている可能性を排除するものではない**からです。これより、前提1と前提2が真だとしても、結論は偽である可能性（「Kさんが猫を飼っている」可能性）があるので、論証3.1.3bは妥当ではありません。

ところが、「または」を両立的選言とは異なる意味で解すると事情は変わってきます。日常的な用法では、「*A*または*B*」は、「*A*か*B*のどちらか一方だけが真」という意味で理解することがあります。これは**排他的選言**（exclusive disjunction）と呼ばれます。両立的選言とは異なり、**排他的選言は*A*と*B*がともに真である（成り立つ）ケースを排除します**。

もし論証3.1.3bの前提1に現れる「または」が排他的選言だとすれば、論証

3.1.3bは妥当です。なぜなら、その場合、前提1は「Kさんが犬か猫のどちらか一方だけを飼っている」という意味になるからです。前提2で「Kさんは犬を飼っていることが判明した」のであれば、「Kさんは猫を飼っていない」という結論が出てこざるをえません。

論証3.1.3bが妥当か否かは「選言（または）の意味に依存する」と述べた理由が分かっていただけたでしょうか。

とはいえ、「論理学における選言は両立的選言を意味する」という広く共有された取り決めがあります。この取り決めに従うと、やはり論証3.1.3bは非妥当です。論証3.1.3bの非妥当な論証形式は**選言肯定**と呼ばれます。もちろんこの形式をもつ論証はすべて非妥当になります（「選言肯定の誤謬」）。

◇選言肯定（非妥当）

前提1　*A*または*B*

前提2　*A*

結論　*B*でない

■ 練習問題3.1

次の論証（A）～（E）が演繹的に妥当か否かを判定しなさい。また、なぜそのように判定したのかを述べなさい。

（A）

ミノリ：あのとき、私が言ったじゃない。アキラは努力すれば絶対に痩せるって。

カオリ：その後、実際にアキラは痩せたよね。

ミノリ：だから、アキラは努力したのよ。

（B）

先輩と飲みに行くとシメに必ずラーメンかうどんを食べに行くんだ。今日は先輩お腹の調子が良くないと言ってたから、ラーメンはないな。今日のシメはうどんに違いない！

（C）

二日酔いであれば、ヨシオはお酒を飲みに行ったはずだ。お酒を飲みに行ったのであれば、ヨシオはその時間帯に家を空けていたはずだ。実際、ヨシオは二日酔いだった。したがって、ヨシオはその時間帯に家を空けていたはずだ。

（D）

ワクチンを打っておけば新型コロナウイルスに感染しても重症化しない。でも、彼らは感染の後、重症化してしまった。したがって、彼らはワクチンを打っていなかったはずだ。

（E）

娘：最近やたらとお金遣いが荒いわね。お母さんか、お父さんが宝くじを当てたに違いないわ。

母親：お父さんは宝くじに当たったのよ。

娘：ということは、お母さんは当たらなかったということね。じゃあ、お父さんにおねだりしなくちゃ。

3.2 帰納的に強い論証の諸形式

3.2.1 アブダクションあるいは最良の説明への推論

帰納的論証としてのアブダクション

ここからは、帰納的な強さをもちうる論証の諸形式を概観することにしましょう。前節までで見た演繹的に妥当な（非妥当な）論証の諸形式とは異なり、以下で考察する論証形式について注意しなければならないのは、ある論証が当該の形式をもつというだけで、「帰納的に強い」ということになるわけではないという点です。それにもかかわらず、帰納的な論証に関しても、演繹的な論証ほどはっきりとしたものではないにせよ、一定の形式を指摘することはできますし、またそれは帰納的論証の理解を助けることになるでしょう。

この節では、**アブダクション**（abduction）と呼ばれる論証形式を短く解説します。この論証形式は**最良の説明への推論**（the Inference to the Best Explanation）と呼ばれることもあります。

観察された事実を説明する仮説を立てる

次のような状況を想定してみましょう。ある日、あなたが仕事から自宅に戻ってくると、玄関の鍵が壊され、貴重品がなくなっています。あなたはこの状況でどのような推論を行うでしょうか。おそらくあなたは、泥棒が玄関の鍵を壊して、貴重品を持ち去ったのだと推論することでしょう。やや大げさな言い方をすれば、あなたは、**観察された事実**（**鍵の破壊、貴重品の消失**）**をうまく説明してくれる仮説**（hypothesis）**を立てている**のです。

仮説とは読んで字のごとく「仮の説（明）」です。もちろん、あなたが立てた仮説以外にも、観察された事実を説明しうる仮説はいくつもあるでしょう。たとえば、警察官があなたをある事件の容疑者と勘違いしてあなたの家を捜索し、証拠品を押収していったのかもしれません。あるいは、近所で頻繁に目撃されているイノシシが家に侵入し、あなたの持ち物を奪っていったのかもしれません。しかしながら、これらの競合する仮説は、あなたが最初に立てた仮説よりもうまく観察された事実を説明してくれるでしょうか。そのようには見えません。

競合する仮説の吟味

まず、「警察官侵入説」について検討してみましょう。たとえ警察官が勘違いしていても、彼らがいきなりドアの鍵を破壊するとは考えにくく、その前に捜査令状をもってくるのがふつうでしょう。また、たとえ彼らが鍵を破壊して家に侵入したとしても、現金や貴金属には関心をもたないはずです。彼らはまっさきにパソコンやメモ書きなどを押収すると考えられます。しかし、実際に持ち去られたものは現金や貴金属といった「貴重品」でした。これらの理由より、「警察官侵入説」は観察された事実をうまく説明することができず、仮説としてはもっともらしいとは言えません。

次に、「イノシシ侵入説」を検討しましょう。この仮説についても、まずい点を数多く指摘することができます。第一に、イノシシが鍵を壊すとすれば、それはドアに強く体当たりすることによってでしょう。しかし、ドアそのものが破壊されたわけではありません。第二に、イノシシにとって現金や貴金属は、台所に保存してある食材ほど魅力的ではないはずです。ゆえに、「イノシシ侵入説」は、観察された事実を説明する仮説としては荒唐無稽であり、もっともらしくありません。

こうしてあなたは観察された事実をもっともよく説明できる「泥棒説」が正しいと結論するはずです。この推論を論証のかたちにしてみましょう。

〔論証3.2.1a〕
前提1　帰宅すると玄関の鍵が壊され、貴重品がなくなっていた。
前提2　泥棒が入ったという仮説は、観察された事実をうまく説明する。
前提3　警察官が侵入したという仮説は、観察された事実を「泥棒説」ほどうまく説明しない。
前提4　イノシシが侵入したという仮説は、観察された事実を「泥棒説」ほどうまく説明しない。

結論　よって、泥棒が入ったという仮説は正しい。

この論証は演繹的に妥当ではありません。仮に4つの前提がすべて真であったとしても、結論が偽である可能性は排除できないからです。つまり、「泥棒説」は正しくないかもしれません。もしかすると、事件の当日はエイプリル・フールだったので、友人たちがあなたを驚かせようとしたことが後で判明するかもしれません。（そんなトンデモナイ友人はもちたくありませんが……。）しかしながら、現時点では、この種の仮説は「泥棒説」と比べるともっともらしくありません。

ベストな仮説を選択する

アブダクション（最良の説明への推論）とはこうした論証のことをいいます。それは、**競合する仮説の中から、観察された事実をもっともよく説明するベストな仮説を選び出す推論**を指します。それは演繹的には妥当ではなく、仮説の真理が証明されることは決してありません。むしろそれは帰納的な強さの度合いをもつ、「確からしい推論」にすぎません。しかしその一方で、私たちの日々の行動を導くような、あるいは科学実践を支えるような信頼性の高い推論にもなりうるのです。

こうした推論の論証形式は次のように書くことができます。

◇アブダクション（最良の説明への推論）
前提1　事象Eが観察された。
前提2　仮説HはEをうまく説明する。

前提3　他の競合する仮説は、Eに関して、Hほどもっともらしい説明を与えない。

結論　　Hは真である。

結論は「仮説Hは真である（正しい）」と主張しているとはいえ、これはあくまで帰納的な論証ですから、帰納的に強い場合でも、論証全体として見れば、「おそらくHは真である」あるいは「Hが真であることは確からしい」と言えるにとどまります。繰り返しになりますが、最良の説明への推論においては、仮説の真理（正しさ）が証明されることはありません。

3.2.2　仮説検証型論証

仮説から予測を導き、それをテストする

この節で紹介する**仮説検証型論証**は、仮説を用いるという点では、前節で見たアブダクションと似ていますが、仮説から**予測**（prediction）を導き、それを**テストする**（実験や観察によって経験的に確かめる）ことによって、当の仮説を**検証する**点において異なります[3]。ここではそのもっともシンプルな形式を見ておきましょう。

◇仮説検証型論証

前提1　仮説Hが真であれば、事象Eが観察されるだろう。

前提2　Eが観察された。

結論　　Hは真である。

私たちは、仮説にもとづいた予測を立て、その予測通りの実験・観察結果を

[3]　一般的には、「**仮説演繹法**」（hypothetico-deductive method）という名前のほうがよく知られているかもしれません。しかし、本書では、仮説演繹法は仮説検証型論証の1つのタイプであると捉えることにします。これに関しては第5章で解説します。なお、本書では「**検証**」という多義的な語を——日本語の日常的な用法に鑑みて——「**経験的にテストする・確かめる**」という意味で用います。

得ることで、仮説を**確証します**（confirm）[4]。それは、実験や観察から得たデータ、すなわち**証拠**（evidence）が、仮説の確からしさの度合いを高める（確証する）という意味で理解されます。

仮説検証型論証と後件肯定の誤謬

仮説検証型の論証は演繹的には妥当ではありません。たとえ仮説*H*から予測される*E*が観察されたとしても、なお仮説*H*が偽であるかもしれないからです。実際、前提1と前提2から結論を推論することは、3.1.1節で見た**後件肯定の誤謬**です。

◇後件肯定の誤謬（仮説検証型論証）

前提1　*H*ならば*E*

前提2　*E*

結論　*H*

仮説検証型論証は科学的推論の典型です。それが**論理的な誤謬**を犯していることをいったいどのように考えればよいのでしょう。これは難しい問題です。本書は、推論（論証）の**よさ**（goodness）を、「演繹的な妥当性」と「帰納的な強さ」に分け、確証帰納法は後者の「よさ」をもちうると主張することで、この問題の解決を試みます。ところが、このように考えない立場、すなわち、あらゆる科学的推論は前者の「よさ」（演繹的妥当性）をもたなければならないと説く立場もあります。この問題については第5章でもう一度言及することにして、以下では仮説検証型論証の実例を見てみましょう。

新型コロナウイルスに感染した人の治療を行うために、ある医師は既存のインフルエンザ治療薬Aを投与することを思いつきました。ここではその「思いつき」のプロセスはどんなものであってもよいとします。とにかくその医師は「治療薬Aが新型コロナウイルス感染症の治療に効く」という仮説を立てました。こ

---

[4]　“confirm” および “confirmation” はそれぞれ「確証する」、「確証」という定訳をもちます。ただし、それらは「確実であることを証明する」という意味をもつものではありません。他に適当な訳語も見当たらないため、本書ではこの定訳を採用しますが、**確証には「度合い」がある**ことに気をつけなければなりません。ある証拠が仮説を確証する（コンファームする）とは、その**証拠が仮説の確からしさの度合いを上げる**ことだと理解して下さい。

こから医師は予測を導きます。この仮説が正しいとすれば、インフルエンザ治療薬Aを投与された患者の症状は、何も処置していない患者と比べて大きく改善するだろう、と。そして（適切な治験のもと）治療薬Aの効果を示す事例が多く観察されました。これより、医師は自らの仮説を正しいと結論します。

〔論証3.2.2a〕

前提1　治療薬Aが新型コロナウイルスの治療に効果があるという仮説Aが真であれば、（適切な治験のもとで）患者たちの症状が大きく改善されるという事象が観察されるだろう。

前提2　（適切な治験のもとで）患者たちの症状が大きく改善されるという事象が観察された。

結論　ゆえに、仮説Aは真である。

もちろんこれはかなり単純化された例です。ここでは「適切な治験」の内実——いわゆる処置群と対照群の無作為抽出のやり方、サンプル数、そこで用いる統計手法の仮定など　　が省略されています。しかし、たとえどんなに複雑な実験や調査を行っていたとしても、そこで使われている論証形式は仮説検証型です。すなわち**仮説を立て、そこから予測を導き、実際にその予測をテストすることで、当の仮説を確証しようとする論証**です。

3.2.3　帰納的一般化と比率的三段論法

帰納的一般化あるいは枚挙による帰納

帰納的一般化（inductive generalization）とは、一定数の対象を観察した結果にもとづいて、あるタイプに属する、未だ観察されていない対象を含んだすべての対象についての一般的な結論を導く推論を指します。別の言い方をすると、それは**部分（サンプル）の特徴から全体（母集団）の特徴を推測する推論**です。たいていの場合、「帰納」（induction）と言えば、この帰納的一般化がただちにイメージされるように、それは帰納的推論の典型だと考えられています。

帰納的一般化とはいわば「逆向き」の推論を行うのが、**比率的三段論法**（proportional syllogism）です。すなわち、それは**「一般的なもの」から「個別的なもの」への推論**です。**ある全体の特徴を根拠にして、その部分の特徴を結論する**

推論だと言ってもよいでしょう。

まずは、帰納的一般化の実例を見てみましょう。もっとも単純な例は、次のような論証です。

〔論証3.2.3a〕
前提1　ハイエナ1は群れで生活する。
前提2　ハイエナ2は群れで生活する。
　⋮　　　　　　　⋮
前提100　ハイエナ100は群れで生活する。
―――――――――――――――――――
結論　　ゆえに、ハイエナは群れで生活する。

この論証3.2.3aは、観察された100頭のハイエナの行動を根拠に、ハイエナの行動に関する一般的な主張を行っています。結論における「ハイエナ」は暗に「すべての
ハイエナ」を意味しており、その中には、観察されていない過去のハイエナと現在のハイエナ、さらには未来のハイエナも含まれています。その意味で、この論証はほんの小さな部分から全体の特徴を推論するものであり、また「既知のもの」から「未知のもの」への推論であるとも言えます。とくに論証3.2.3aで例示されるような帰納的一般化は**枚挙による帰納**（enumerative induction）という名前で知られています。

◇枚挙による帰納
前提1　F_1はGである。
前提2　F_2はGである。
　⋮　　　⋮
前提n　F_nはGである。
―――――――――――――――――――
結論　（すべての）FはGである。

この形式をもつ論証は演繹的には妥当ではありません。なぜなら、前提がすべて真であるにもかかわらず結論が偽になる（「GでないFが存在する」）ことが判明するかもしれないからです。論証3.2.3aで言えば、いつの日か群れで生活しないハイエナが観察されるかもしれません。その場合、いままで観察されてきたハイ

エナたちが例外なく群れで生活していたとしても、結論「ハイエナは群れで生活する」は偽になってしまいます。

そうした「不確実性」があるにせよ、この論証形式は、日常生活だけでなく経験科学においても頻繁に使われています。

比率的三段論法

次いで、**比率的三段論法**（proportional syllogism）の話に移りましょう。この節の冒頭で述べたように、この論証形式は、帰納的一般化とは「逆向き」の推論になっています。すなわち、それは「一般的なもの」から「個別的なもの」への推論を表現します。より正確に言えば、それは、ある全体の特性を根拠にして、そのメンバーないしメンバーたちの特性を結論する論証形式です。次の論証はその実例です。

〔論証3.2.3b〕
前提1　オランダの大学院生の95%は英語で論文を書く。
前提2　ヤンはオランダの大学院生である。

結論　　ゆえに、ヤンは英語で論文を書いているに違いない。

この論証3.2.3bの前提1は、オランダの大学院生という「全体」（母集団）の特徴、すなわちその95%が英語で論文を書くという特徴を述べています。そして前提2は、ヤンがその母集団のメンバーであることを述べています。これらの2つの前提から、「ヤンは英語で論文を書いているに違いない」と結論されます。前提では、全体の95%という数値が明示されているので、結論はかなり強くサポートされていると思われます。

この論証3.2.3bの形式は次のように書くことができるでしょう。

◇比率的三段論法
前提1　Fのz%はGである。
前提2　xはFのメンバーである。

結論　　xはGである／Gではない。

たとえばzの値が、論証3.2.3bのように、90以上であれば、「xはGである」という結論は非常にもっともらしいと言えます。$z = 80$でもかなりもっともらしいのではないでしょうか。しかし、$z = 60$くらいではそれほどもっともらしいとは言えません。

逆に、$0 < z < 10$であれば、「xはGではない」という結論が非常にもっともらしくなります。しかし、$z = 30$くらいだと、「xはGではない」という結論は「微妙」といったところでしょうか。

3.2.4 類比による論証

日常生活だけでなく科学的実践の中でも用いられる

最後に、**類比による論証**（argument by analogy）を紹介しましょう。この形式をもつ論証もまた、非妥当ではあるものの、頻繁に使用されます。「類比」（アナロジー）という言葉から、非科学的な論証がイメージされるかもしれませんが、必ずしもそうではありません。以下で例示するように、この形式の論証は、日常生活の中だけでなく、科学的実践の中にもしばしば登場します。

類比による論証は、基本的には「似ている」ことを利用した素朴な推論なのですが、その形式を少しかしこまって書くと次のようになります。

◇類比による論証

前提1　Aは性質$P_1, \cdots, P_n$をもつ。
前提2　Bは性質$P_1, \cdots, P_n$をもつ。
前提3　Aはそれらに加えて性質$P_{(n+1)}$をもつ。

結論　Bも性質$P_{(n+1)}$をもつに違いない。

やや分かりにくい書き方かもしれませんが、表現されていることは明快です。まず、前提1と前提2で「AとBはいくつかの性質（n個の性質：$P_1, \cdots, P_n$）を共有している」ことが表現されます。これは「AとBは互いに似ている」ことを暗に意味します。次に、前提3で「Aはそれらn個の性質とは別の、ある性質$P_{(n+1)}$をもつ」と言われます。これらから「（AとBは似ているので）Bもその性質$P_{(n+1)}$をもつはずだ」と結論されます。具体例で考えてみましょう。

〔論証3.2.4〕

前提1　ニューヨークは国際的な大都市であり、人口密度が高く、公共交通機関で移動する人が多く住む。

前提2　東京も国際的な大都市であり、人口密度が高く、公共交通機関で移動する人が多く住む。

前提3　ニューヨークでは新型コロナウイルスの感染爆発が生じている。

結論　ゆえに、東京でも新型コロナウイルスの感染爆発が生じるに違いない。

類似性にもとづく論証

類比による論証は、要するに、2つの対象の**類似性**（similarity）を根拠にして、ある結論を導く論証です。この類似性は、2つの対象がいくつかの性質を共有すると述べる前提によって示されます。したがって、次のように簡素化してもかまいません。

◇類比による論証（簡素版）

前提1　AとBは類似している（似ている）。

前提2　Aは性質Pをもつ。

結論　ゆえに、Bも性質Pをもつに違いない。

言うまでもなく、類比による論証は演繹的には妥当ではありません。ニューヨークと東京がいくつかの点において類似しているからといって、ニューヨークで生じたことが必ず東京で生じるとはかぎりません。しかしながら、**2つの対象がある側面で似ているということから、それらが他の側面でも似ているかもしれないと推測する**ことは、日常生活の中だけでなく、科学的な実践の中でもよく行われており、ときには「発見的な価値」をもつことが知られています。

■ 練習問題3.2

次の論証は「最良の説明への推論」、「仮説検証型論証」、「帰納的一般化」、「比率的三段論法」、「類比による論証」のいずれの形式であるかを述べなさい。

（A）

タカシ：M社のワクチンの2回目の接種を受けた後には8割の人が熱を出すんだって。

ヒトミ：私は金曜日が2回目の接種日なんだけど、たしかワクチンはM社のものよ。

タカシ：あらら、ヒトミちゃんは今週末きっと熱を出すよ。

(B)

最近レギュラーの座を獲得した選手Aは、新人のときはとっても細かったんだけど、体幹とパワーはずば抜けていたよ。それに頭が良くて素直だった。今度の新人Bもガリガリに痩せているけど、体幹とパワーはトップクラスだ。しかもクレバーで素直な性格の持ち主でしょ。だからBもじきにレギュラーの座を獲得するさ。

(C)

第二次世界大戦の激戦地の一つだった場所から、頭蓋骨に穴が空いた遺体が多数掘り起こされた。通常の戦死者であれば、これほどまでに致命傷が頭蓋骨に集中することはないだろう。また、この戦いに敗れた側の兵士たちが集団で自殺したと考えることは不可能ではないが、彼らには自らの頭を銃で撃って自殺する習慣はなかった。したがって、この場所では捕虜の処刑が行われ、処刑した側はその隠蔽を図ったと考えるのが自然である。

(D)

いままで僕を「ネットワークビジネス」とやらに勧誘してきた人たちは、ことごとく友人を失うか、または借金を抱えているよ。だから、ネットワークビジネスに深く関わる人はみんな最終的には友人を失うか、借金を抱えることになるよ。

(E)

アケミ：若い頃に「やんちゃ」だった男ほど、大人になったらよき家庭人になるって本当だと思うわ。

トモコ：あれま。どこからアケミはそんな仮説を立てたわけ？

アケミ：ほら、よくテレビに「ヤンキー先生」とか、「元暴走族の弁護士」とか出てくるじゃない。そういう人たちはちょっとコワモテだったりするけど、根はやさしくて、家族愛に満ちているなと感じたわけよ。

トモコ：あっそう。でも、なんでアケミは自分の立てた仮説が「本当」だって言えるわけ？

アケミ：哲学好きのトモコだから、疑ってくると思ってたわよ。私は少し心理学に興味があるから、きちんと調査したの。

トモコ：へぇー。どんな調査を？

アケミ：私の仮説が正しければ、昔ちょっと「ワル」かった人は、早く結婚して、子ども作って、奥さんにつくしているという事実が観察されるはずよ。それで、最近あった中学校の同窓会で、「元ヤンキー」だった男たち5人にアンケートをとったの。何とそのうち4人が20代前半で結婚して、子どもが2人以上いて、奥さんが専業主婦だったわ。彼らは奥さんを大切にして、子どもたちを守る頼もしいパパって感じだった。

トモコ：なんとまあ。

アケミ：それに、職場の取引先で「元暴走族」を自称する男たちが3人いて、彼らにもアンケートをとったんだけど、3人中2人が若くして結婚して、子どもが2人以上いて、奥さんが専業主婦だったの。

トモコ：アケミの仮説はそうやって確証されたのね……。

文献案内

代表的な論証形式に関する知識を増やしたいのであれば、コンパクトではあるが奥深い Salmon（1983）、分厚くて網羅的な Copi, Cohen & McMahon（2016）および Hurley & Watson（2017）をお薦めします。Johnson（2016）も良書です。

練習問題の解答と解説

■ 練習問題3.1の解答

論証（A）は演繹的に妥当ではありません。なぜなら、（A）は後件肯定の誤謬だからです。

論証（B）は演繹的に妥当です。（B）は選言的三段論法の実例になっています。

論証（C）は妥当です。（C）はモードゥス・ポネンスの実例になっています。ただし、ここではモードゥス・ポネンスを2度適用しています。「二日酔い→飲みに行った。飲みに行った→家を空けていた。二日酔いだった。ゆえに、家を空けていた」という論証は次のようにまとめることができるでしょう。

前提1　二日酔い→飲みに行った
前提2　二日酔い
仮の結論　飲みに行った
前提3　飲みに行った→家を空けていた

結論　ゆえに、家を空けていた

（D）はモードゥス・トレンスの形式をもつ妥当な論証です。ただし、（D）が健全であるかどうかは分かりません。というのも、最初の前提「ワクチンを打っておけば……重症化しない」は真であるか疑わしいからです。（論理学における条件文は、たんなる傾向を表現しているのではありません。「AならばB」は、Aが成り立てば、例外なくBも成り立つということを意味します。）

（E）は妥当ではありません。なぜなら（E）は選言肯定の誤謬の実例だからです。娘は、「お母さんか、またはお父さんが宝くじに当たった。お父さんが宝くじに当たった。ゆえに、お母さんは宝くじに当たらなかった。」と推論していますが、もしかするとお母さんとお父さんのそれぞれが当たっているかもしれません。母親は娘に分け前を与えたくないので、ミスリーディングな発言をしている可能性もあります。

■ 練習問題3.2の解答

(A) は比率的三段論法です。念のためこの論証を少し整理して書いてみましょう。

前提1　M社のワクチンを2回目に接種した人たちの80%は高熱を出す。
前提2　ヒトミはM社のワクチンを2回目に接種した人たちに属する。

結論　ゆえに、ヒトミは高熱を出すに違いない。

(B) は類比による論証です。これを整理して書き直すと次のようになります。

前提1　新人のときAはとても細かったが、ずば抜けた体幹の強さとパワーをもっていた。（しかも頭が良くて素直だった。）
前提2　新人のBはとても細いが、ずば抜けた体幹の強さとパワーをもっている。（しかもクレバーで素直である。）
前提3　Aはレギュラーの座を獲得した。

結論　ゆえに、Bもレギュラーの座を獲得するに違いない。

(C) は最良の説明への推論です。それは次のような論証として整理することが可能です。

前提1　先の大戦における激戦地の地中から、穴の空いた頭蓋骨が大量に発見された。
前提2　戦時中にこの場所で捕虜の処刑と隠蔽工作が行われたという仮説（「処刑＆隠蔽説」）は、この観察された事実をうまく説明する。
前提3　頭蓋骨は通常の戦死者のものであるという仮説はきわめて不自然であり、観察された事実を「処刑＆隠蔽説」よりもうまく説明できない。
前提4　敗れた側の兵士の多くが自らの頭を撃ち抜いて自殺したという仮説はもっともらしくなく、観察された事実を「処刑＆隠蔽説」よりもうまく説明できない。

結論　よって、「処刑＆隠蔽説」は正しい。

(D) は帰納的一般化あるいは枚挙による帰納です。余談ですが、この「ネットワークビジネス」とやらは目に余ります！　私が気持ちのよい喫茶店で仕事をしていると、必ずと言ってよいほど、近くの席で勧誘が行われている光景に出くわします。

たしかに（D）は演繹的には妥当ではありません。つまり、「僕」の経験が真であったとしても、「ネットワークビジネスに深く関わる人の中には、友人も失わず借金を抱えることもない人が存在する」かもしれません。しかしながら、（D）は帰納的にとても強い論証だと思われます。この類の「ビジネス」に騙されてしまう人は、帰納的一般化の能力を著しく欠いているのでしょうか。それは分かりません。もしかすると正常な判断ができないほど追い詰められた状況におかれているのかもしれません。あるいは、騙す側がよく訓練された「詐欺師」であるというだけの話かもしれません。いずれにせよ、私自身は、この手のビジネスの胡散臭さを見破る能力を、はたして「論理教育」によって培うことができるのかを自問自答してしまいます。（それは「論理以前」の問題であるようにも見えるからです。）

(E)（におけるアケミの論証）は仮説検証型論証です。ただし、注意すべきことがあります。たしかにアケミの論証は仮説検証型の形式を採用しています。つまり仮説を立て、そこからある事態を予測し、実験や観察によって、それが予測通りの結果になるかどうかを検証するというやり方です。しかし、このやり方を採用しているからといって、ただちに彼女の論証が帰納的に強いということにはなりません。

少しだけ言葉を加えておけば、アケミの「調査」ではたまたまそういう結果が得られた可能性があります。そもそも同窓会に参加する「元やんちゃ少年」たちは、他の「元やんちゃ少年」たちに比べて「成功」している人が多いだけかもしれません。職場の取引先の人たちも、定職に就いている「元やんちゃ少年」だと推測されますが、もしかすると彼らのほうが少数派かもしれません。また、そもそも仮説の中に現れる「やんちゃ」や「よき家庭人」という言葉は曖昧です。どの程度の非行を「やんちゃ」と呼ぶのか、どのような行いが「よき家庭人」の条件であるのかがはっきりとしません。もちろんこの種の仮説がすべてデタラメだと言うつもりはありませんが、巷で囁かれるこうした仮説については慎重になったほうがよいでしょう。それらは科学的推論の体裁をとっているからこそ、かえって厄介なのです。

第Ⅱ部　仮説と検証

この第Ⅱ部は２つの関連しあう章からなります。第４章において、私たちは「アブダクション」の論証形式を考察します。アブダクションとは、仮説の形成と選択のプロセスにもとづく推論であり、「最良の説明への推論」と呼ばれることもあります。この章では仮説の「良さ」を判定する諸基準についても解説を行います。第５章は、仮説を検証するタイプの論証を扱います。仮説を検証するためには、そこから経験的にテストできる命題を導き出さなくてはなりませんが、この命題のことを「予測」と呼びます。私たちはよく知られた「仮説演繹法」の事例を使い、仮説検証のプロセスがどのような論証のかたちをとるのかを考察します。そのうえで、最後に、仮説検証型論証に懐疑的な「反証主義」の立場を批判的に検討します。

第4章

アブダクションあるいは最良の説明への推論

この第4章では、前章で簡単に紹介した「**アブダクション**」(abduction) を掘り下げて考察します。私たちは、この風変わりな名称をアメリカの哲学者チャールズ・サンダース・パース（Charles Sanders Peirce, 1839-1914）に負っていますが、ここではパースに忠実な仕方でアブダクションを解説するというよりは、むしろそれを「**最良の説明への推論**」(the Inference to the Best Explanation) として解説することに重点をおきます。[1]

4.1 アブダクションとは何か

4.1.1 基本的なアイディア

観察された事実を説明する仮説

あなたの友人であるハナコが、ある日を境に、あなたにだけよそよそしい態度をとりはじめたとしましょう。おそらくあなたが最初に行うことは、——その理由をハナコに直接問いただすことを除けば——ハナコの態度の変化を説明してくれるような理由を探すことだと思われます。あなたはいくつかのもっともらしい理由を思いつくかもしれません。「ハナコに彼氏ができたから」、「ハナコの家族に不幸があったから」、「あなたがハナコに失礼なことをしたから」はそうした理

[1] パースの論理学におけるアブダクションには、「仮説発見の論理」と「仮説選択の論理」という二つの側面があり、ここで焦点をあてる「最良の説明への推論」は、基本的には、後者の側面しかもちません。ただし、このことは本書の議論が「発見の論理」と密接に関わる洞察や（創造的な）想像力を、その「扱いにくさ」ゆえに、非合理的と捉えていることを意味しません。パース自身がアブダクションをどう論じたのかという問題に興味がある人はぜひ米盛（2007）を参照して下さい。

由の有力な候補でしょう。

あなたがそこで行っていることは――やゃかしこまって言えば――**仮説**（hypothesis）を形成する作業です。あなたは**観察された事実**（observed fact）を何らかの仕方で**説明する仮説**（explanatory hypothesis）を立てているのです。この例における「観察された事実」とは「最近ハナコがあなただけによそよそしい態度をとりはじめたこと」であり、それを「説明する仮説」とは「ハナコに彼氏ができた」や「ハナコの家族に不幸があった」や「あなたがハナコに失礼なことをした」です。

あなたは**複数の仮説の中から、観察された事実をもっともよく説明する、すなわちベストな説明を提供する仮説を選び出し、それが正しいと結論する**でしょう。これがアブダクション（最良の説明への推論）の基本的アイディアです。

ある仮説を選択する

推論のアイディア自体はシンプルですが、あなたは結論を導き出すために、ある仮説が、なぜ他の競合する仮説よりも優れているのかを示す必要があります。つまり**複数の仮説の中からある仮説を選択することの根拠**を述べなければなりません。このとき、あなたはすでにもちあわせている情報や信念を活用することになるでしょう。

ふたたびハナコの例に戻ります。あなたは、ハナコの態度の急変を一番よく説明してくれる仮説は「あなたのハナコに対する非礼説」だと考えました。なぜでしょう。以下で、あなたの推論プロセスを再構成してみます。

あなたはハナコが正義感の強い女性であることを知っています。このことはあなたの非礼に対してハナコが怒っている事実をうまく説明するはずです。さらに、この知識は他の仮説、たとえば「彼ができた説」の信憑性を低くするでしょう。なぜなら、「正義感が強い人」であれば、彼氏ができたからといって急に態度を変えるとは考えにくいからです。また、あなたにだけよそよそしくなった事実は、もうひとつの仮説である「家族に不幸があった説」がもっともらしくないことを暗に示しています。もし彼女がそうした理由でふさぎ込んでいるのならば、あなただけでなく他の人たちにも同じような態度をとるに違いありません。しかもハナコはこのところ授業に遅刻も欠席もしていないという追加情報を得ていたとすれば、「家族の不幸説」の信憑性はますます低くなるでしょう。こうしてあなたは「非礼説」が最良の説明仮説であり、それが正しいと結論するのです。

いま再構成した推論を少し簡略化して論証のかたちにしてみます。

〔論証4.1.1a〕

前提1　あるときから、ハナコはあなたにだけよそよそしい態度をとるようになった。（**観察された事実、証拠**）

前提2　あなたがハナコに非礼なことをしたという仮説（「非礼説」）は、他の信念や情報とあわさって、観察された事実をうまく説明する。（**仮説による説明**）

前提3　他の仮説（「彼氏説」と「身内の不幸説」）は、「非礼説」と比べるともっともらしいとは言えない。（**仮説同士の比較または他の仮説の消去**）

結論　ゆえに、あなたがハナコに非礼なことをしたという仮説は正しい。

もちろんこの論証は演繹的に妥当ではありません。たとえ前提がすべて真であっても、なお「非礼説」が正しくない可能性はあります。しかし日常生活において、この種の論証は頻繁に見られるだけでなく、大変有用でもあります。

ついでに述べておけば、もしあなたがこの論証にもとづいて、ハナコに謝罪し、ハナコの態度がもとに戻ったとすれば、あなたの仮説はある程度の強さで「確かめられた」と言ってもよいでしょう。しかし、次章で扱う仮説検証型論証とは違って、アブダクションは仮説の検証作業を必ずしも要求するものではありません。

ここでアブダクションのための簡単なガイドラインを示しておきます。

アブダクションのためのガイドライン

観察された事実（ないし証拠）Eについて立てられた仮説$H_1, \cdots, H_n$の中から、Eをもっともよく説明する仮説H_i（が真であること）を推論せよ。

このガイドラインに沿った論証形式を書き出しておきます。（3.2.1節で示したものとほぼ同一です。）

◇アブダクション

前提1　事象Eが観察された。

前提2　Eを説明する仮説は$H_1, \cdots, H_n$である。

前提3　それらの仮説のうちでH_iはEをもっともよく説明する。

結論　$\therefore H_i$は正しい。

補足しておくと、前提3は「H_i以外の仮説は、H_iよりもうまくEを説明しない」と表現しても同じことです。

4.1.2　恐竜の絶滅に関する仮説

恐竜はなぜ突如として姿を消したのか

前節で挙げた例は、ごく身近な日常の場面から切り取られたものでしたが、アブダクションは、科学の中でも頻繁に用いられています。以下では、「恐竜の絶滅」を例にして、このことを示したいと思います。

いまから約2億3千万年前に地球上に現れた恐竜は、多様な進化を遂げながら、長きにわたって生態系の頂点に立っていました。このこと自体は、様々な地層から発見される化石から推測されることですが、さしあたりここでは（間接的に観察された）「事実」と見なしておきます。

私たちが恐竜について知っている事実はそれだけではありません。恐竜は、約6600万年前に忽然と姿を消したこと、つまり、そのほとんどの種が絶滅してしまったことも知られています。

繁栄をきわめた恐竜たちはなぜ突如として姿を消してしまったのか。科学者（古生物学者）たちがこう問うのは当然でしょう。彼らにとって恐竜の絶滅は説明されるべき「ミステリー」なのです。今日、彼らの多くは「小天体が地球に衝突したことによって恐竜は絶滅した」という説明を信じていますが、これは**アブダクションにもとづいて正当化された仮説**です。この推論は、ラフな仕方ではありますが、以下のようなものとして再構成できるでしょう。

3つの競合する仮説

恐竜は約6600万年前に絶滅しました。この事実を説明しうる仮説が3つ立てられます。第一の仮説は「大規模な火山活動による環境の変化」です。第二の仮説は「哺乳類との生存競争に敗北した」というものです。そして、第三の仮説は「小天体の衝突とその影響」です。

第一の仮説によって恐竜の絶滅を説明することは不可能ではありません。たしかに、恐竜が絶滅した白亜紀末には、現在のデカン高原を形成する大規模な火山活動があったことが知られており、その火山灰の影響で地球は寒冷化したであろうと推測されています。これが恐竜を絶滅に追いやったのかもしれません。しかし、この火山活動は、ときには激しくなったりときには落ち着いたりしながら、約300万年ものあいだ断続的に続いたと考えられています。したがって、恐竜の「突然の絶滅」を説明する力は強いとは言えません。

第二の仮説でも、恐竜の絶滅を説明できなくはありません。小さくてすばしっこい哺乳類が、恐竜の卵を狙って食べていたことは十分に想像できます。（ちなみに、私が小学生だった1970年代の恐竜図鑑には、ネズミのような哺乳類が恐竜の卵を食べている挿絵が載っていたことを思い出します。）しかし、たとえ白亜紀末の哺乳類が恐竜を脅かす存在になっていたことを認めたとしても（ややありそうにないとはいえ……）、それによって恐竜の「突然の絶滅」を説明することには無理があります。

これらに対して、第三の仮説は「突然の絶滅」をうまく説明するように見えます。まず、白亜紀後期に、現在のユカタン半島に直径約10kmの小天体が衝突したことは、地質学の研究からかなり信憑性が高いと考えられています。次に、もしその衝突が起こったのであれば、その衝撃の大きさは計り知れなかったと推測されます。（放出されたエネルギーはTNT火薬10兆トン分だそうです。ちょっと想像がつきませんが、核兵器はTNT火薬数万〜数百万トンのエネルギーを放出するとのことです。）時速1000kmの熱風があらゆるものを焼き尽くし、300mを超える巨大津波が押し寄せ、空からは熱せられた岩屑が降り注ぐなど、ほとんどの恐竜たちを死滅させるには十分な出来事であったことは強く推測されます。さらに、衝突で舞い上がった塵が地球を覆い、太陽の光が届かなくなれば、運よく生き残った恐竜たちも長く生存できないことは明らかでしょう[2]。ゆえに、第三の仮説は、競合する仮説のうちで、もっともよく恐竜の絶滅（ターゲットとなる事実）を説明すると言えます。こうしてアブダクションは、この第三の仮説が正しいことを結論するのです。

■ 練習問題4.1A

次の仮説形成における仮説とは異なる仮説を少なくとも2つ立てなさい。

あのS予備校では2年連続でT大学の合格者数を大幅に伸ばした。S予備校の独自の教育メソッドが成果を上げはじめたのだろう。

■ 練習問題4.1B

東京オリンピックの開催と新型コロナウイルスの感染急拡大の時期が重

[2]　次の記事を参照しました。真鍋真・川端裕人「めくるめく知のフロンティア『研究室』に行ってみた――第2回 恐竜絶滅の原因は本当に隕石なのか」ナショナルジオグラフィック日本語版サイト：https://natgeo.nikkeibp.co.jp/atcl/web/19/070300010/070400004/

なっているという事実に関して、対策分科会の尾身茂会長は2021年8月4日に、（変異株の深刻な影響を指摘したうえで）次のような発言をしました。
「バブルの中での感染〔注：外部との接触を遮断された状況下での選手やコーチの感染〕が急激な感染拡大に直接関係しているとはまったく思わない。ただし、オリンピックをやるということが人々の意識に与えた影響はあるのではないかというのがわれわれ専門家の考えである。」
この発言をアブダクションとして整理しなさい。

4.2 アブダクションの解明と「良い仮説」の基準

4.2.1 アブダクションに関する問い

どのような推論プロセスであるのか

結局のところ、アブダクションはどのような推論プロセスとして捉えることができるのでしょうか。ジョゼフソンらはアブダクションを「**説明仮説の生成、批判、受容からなるプロセス全体**」（the whole process of generation, criticism, and acceptance of explanatory hypotheses）と規定しています[3]。本書もこの規定を採用したいと思います。つまりアブダクションは、与えられた事実から、それを説明しうる仮説を形成するだけでなく、それらの仮説を批判的に吟味したうえで、最良の仮説を採択する（受け入れる）という一連のプロセスであると理解します（図4.2.1）。

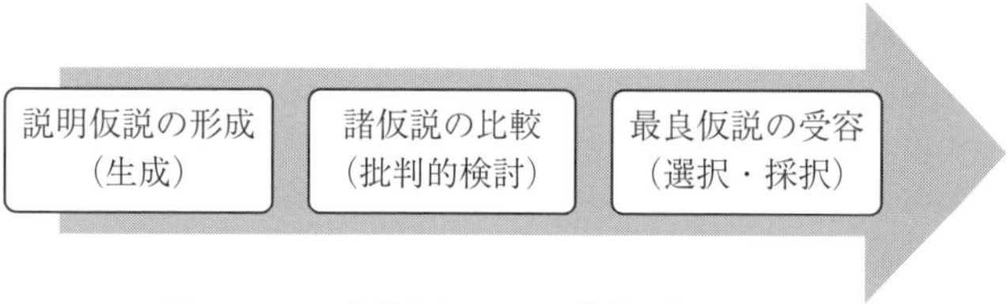

説明仮説の形成（生成）
諸仮説の比較（批判的検討）
最良仮説の受容（選択・採択）

図 4.2.1 アブダクションの推論プロセス

「最良の仮説」は「正しい仮説」であるのか

アブダクション（最良の説明への推論）は、説明したい事実を、他の仮説よりもより良く説明する仮説を真である（正しい）と結論し、それを受容する推論です。

[3] Josephson & Josephson（1996: 8）

このことは「最良の仮説こそが真なる仮説だ」と主張することを意味しているように見えます。

これに違和感をもつ人は多いでしょう。競合する仮説の中で「ベストな仮説」であると判定されても、それが「真の仮説」である保証はまったくない、と。まったくその通りです。他の仮説よりも「良い」ことは「真である」ことを含意しません。ここには一種の「飛躍」があります。実際、アブダクションは、演繹的に妥当ではありえず、様々な度合いの帰納的強さをもつのみです。

結論を「弱く」してはどうか

アブダクションの結論を少し「弱く」すればよいのではないかと考える人がいるかもしれません。やや細かい話になりますが、この疑問は帰納的推論全体に関わるものなので、きちんと答えておきましょう。

私たちはアブダクションの論証形式の結論を「H_iは正しい（真である）」と表現しました。ここに現れるH_iは、候補となる諸仮説$H_1,\cdots,H_n$の中でもっとも良い仮説を指します。

まず、結論を「H_iは最良の（ベストな）仮説である」と改めればよいという意見があるかもしれません。たしかにこれはある意味でより「謙虚」な（弱い）結論ですが、もし「最良（ベスト）」を「諸仮説$H_1,\cdots,H_n$の中で最良（ベスト）」だと捉えるならば、論証自体は、「H_iは最良の仮説である」という前提から「H_iは最良の仮説である」を結論するトリヴィアルな論証になってしまいます。これはアブダクションの帰納的性格と相いれません。

次に、結論を「H_iはおそらく（probably）真である（正しい）」と改めればよいという意見があるでしょう。これも当初の結論よりは弱い（謙虚な）結論であるように見えます。この意見に対しては「お望みとあらば」と答えておきましょう。実際、アブダクションにかぎらず、すべての帰納的論証の結論に「おそらく」という副詞や「〜はもっともらしい」といった表現を添えてもかまいません。ここでは、帰納的論証の性格から明らかであるので、それを省略しています。つまり帰納的論証は、前提をすべて真だと認めても、結論が真であるとはかぎらない論証ですから――それがある程度以上の帰納的強さをもつという条件のもとで――「たぶん、結論は真である」や「おそらく、結論は真である」や「ほぼ、結論は真である」と言わなくてはなりません。これらに現れる「たぶん」、「おそらく」、「ほぼ」といった表現を、結論である命題の中に入れ込むかどうかは自由です。（演繹的に妥当な論証でも、結論に「絶対に」や「必ず」を入れるかどうかは自由です。）

この点について、もう一つだけ付け加えておくと、結論に「おそらく」等を入れることによって、演繹的に妥当な論証として扱うことができるという誤解は取り除いておかなければなりません。たとえば次のような論証を見てみましょう。

〔論証4.2.1a〕
前提　天気予報で明日は晴れるだろうと言っていた。

結論　だから、明日はおそらく晴れるだろう。

この論証4.2.1aが「演繹的に妥当」だと考える人は次のように述べるかもしれません。結論は「おそらく晴れるだろう」と言っているだけだから、前提を真だとすれば、結論も真になるはずだ、と。しかしそれは誤りです。なぜなら、「おそらく晴れるだろう」の「おそらく（……だろう）」は正確に言えば論証全体（前提と結論とのサポート関係に）にかかっているからです。すなわち、「天気予報で明日は晴れるだろうと言っていた」という前提が真であるという条件のもとで、「明日は晴れる」という結論も真であることは確からしい、ということを「おそらく（……だろう）」という副詞で表現しただけなのです。

したがって、論証4.2.1aは次の論証とまったく同じです。

〔論証4.2.1b〕
前提　天気予報で明日は晴れるだろうと言っていた。

結論　だから、明日は晴れる。

以上の議論から言えることは、今後、結論に現れる／現れない副詞（「おそらく……だろう」、「たぶん」など）にあまり神経質になる必要はないということです。

4.2.2「良い仮説」の基準

「良い仮説」の「良さ」とは

すでに述べたように、アブダクションは「もっとも良い仮説」を「正しい仮説」として受け入れる推論です。しかし、そもそも「良い仮説」（good hypothesis）における「**良さ**」(goodness) とはどのように判定されるのでしょうか。[4] 私たちはこの根本的な問いに答える必要があります。

以下では、仮説の「良さ」を評価するための、6つの代表的な基準を紹介することにします。[5] それらの基準とは (1) **説明力** (explanatory power)、(2) **深さ** (depth)、(3) **一般性** (generality)、(4) **反証可能性** (falsifiability)、(5) **単純性** (simplicity)、(6) **整合性** (coherence) です。

(1) 説明力

良い仮説は、たんにターゲットとなる事実を説明するだけでなく、それと関連する多くの事実を説明する力 (explanatory power) をもちます。4.1.1節で検討した例を用いると、あなたの仮説 (「ハナコに対する非礼説」) は、たんにあなたに対するハナコの態度の急変を説明するだけでなく、他の観察された事実 (あなた以外の人間に対するハナコの態度は変わっていない、ハナコはいつも通り授業に出席している、など) を説明することができます。ところが、「家族の不幸説」は、これらの事実をうまく説明することができません。(身内に不幸があったことで、ハナコがあなただけに態度を変えるとは考えにくく、また忌引を使ってどこかで授業を欠席しているはずです。) また、「彼氏説」は、ハナコは正義感の強い人間であるという事実、およびそれが含意する「正義感の強い人間は他人に対して平等に振る舞う傾向にある」という事実をうまく説明することができません。これらに対し、あなたの「ハナコに対する非礼説」は、こうした関連する諸事実をうまく説明することができます。ゆえに、あなたの仮説は、他の仮説よりも「良い」のです。

4.1.2節で検討した恐竜の絶滅に関する例で言えば、「小天体衝突説」は、たんに恐竜の突然の絶滅を説明するだけでなく、白亜紀末の地層からイリジウムが多く見つかるという事実も説明できるという点で、他の仮説よりも強い説明力をもつと言えるでしょう。(イリジウムは地表ではほとんど見られない元素ですが、地球の外から飛来した隕石はしばしばそれを多く含むことが分かっています。)

(2) 深さ

良い仮説は、そうでない仮説と比べて、より「**深い**」(deep) と言われます。こ

---

[4]　ここでの仮説は「**説明仮説**」(explanatory hypothesis) であるため、「良い仮説」のことを「**良い説明**」と言い換えてもかまいません。「良さ」という性質 (価値) は、仮説と説明に同時に帰属します。

[5]　以下で言及する諸基準に関しては、Sinnott-Armstrong & Fogelin (2005: 198ff.) の記述に多くを負っています。なお、論証一般の「よさ」と区別するために、仮説の「良さ」は漢字で表記します。

こでの「深さ」は「深遠」という意味ではありません。深い（奥行きのある）仮説とは、**ある事実を説明するために、さらに説明が必要な事実をむやみに持ち込まない仮説**として理解されます。3.2.1節で検討した例に即して考えてみましょう。帰宅したあなたはドアの鍵が壊され、貴重品がなくなっている事実を目の当たりにします。あなたがまっさきに立てた仮説は「泥棒侵入説」でした。しかし、当の事実を説明しうる複数の仮説が可能です。たとえば、その日はエイプリル・フールで、友人たちが悪ふざけであなたの家に侵入して貴重品を隠したといった仮説がそうでしょう。この仮説（「友人悪ふざけ説」）は、「泥棒侵入説」と同程度に、観察された諸事実を説明できるかもしれません。しかし「悪ふざけ説」は、そもそも「友人たちがなぜそこまでの悪ふざけをしたのか」を説明する必要があります。つまり、その仮説は説明を要する事柄を増やしてしまっているのです。その意味でこの仮説は「**浅い**」（shallow）と言われます。これに対し、泥棒侵入説が「なぜ泥棒は鍵を壊して貴重品を奪ったのか」を説明する必要は基本的にはありません。（泥棒はそうするのがふつうです！）

（3）一般性

良い仮説は様々な類似するケースを説明しうる一般性（generality）をもちます。たとえば、先のハナコのケース以外にも、あなただけに態度を急変させた人がいれば、同様の説明が成り立つ可能性が高いという意味で、「非礼説」は一般性をもつと言えるでしょう。相手が不自然な態度をあなたにだけ取りはじめたとしたら、たいていはあなたの側にも非があると考えるのは理に適っています。もう少し「高級」な例を挙げるとすれば、古典物理学（ニュートン力学）は、ビリヤード球の動きから天体の運動まで、広い範囲の力学現象を――物体が巨視的なスケールで捉えられ、その速さが光速よりも十分に遅いかぎりにおいて――統一的に説明できるその一般性ゆえに、非常に良い仮説（ないし理論）なのです。

（4）反証可能性

どんな事象も同じ仕方で説明できると主張する仮説が「良い」とはかぎりません。これはやや逆説的に響くかもしれません。というのも、私たちは（3）「一般性の基準」で見たように、多くの事象を統一的に説明できる仮説は良い仮説だと信じているからです。しかし、「行き過ぎ」もあります。次のような状況を考えてみましょう。あなたは通勤途中に大切な指輪を落としてしまったと思い込み、それを職場の同僚に話したところ、星占いに凝っている同僚から、「今日は、おとめ座のあなたに悪いことが起こっても不思議ではないわね」と言われました。彼女は、天体の運動（正確には、生まれた月日）があなたの身に起きることを決めているという仮説を信じています。しかし、実際にはあなたは指輪を着け忘れて家を出ただけであったことが判明しました。おまけにその日は仕事で新たな顧客を獲得したり、帰宅途中に立ち寄ったコンビニでくじに当たって景品がもらえたりと、いいことづくめでした。それを翌日同僚に伝えたところ、やはりそれも説明できると言い張ります。星占いによれば、「悪いことが起こりそうだったときに、それを避けることができれば良いことが起きる」とのことでした。

しかし、この同僚の仮説は、どんな事象でも同じ仕方で説明できてしまいます。あなたの身に悪いことが起きようが、良いことが起きようが、いずれの場合も説明できてしまうのです。こうした仮説は**空虚**であり、実のところ**何も説明していません**。言い換えれば、「良い仮説」は**反証可能な**（falsifiable）仮説であるはずです。言い換えれば、良い仮説とは、何らかの仕方で——主に経験的に——**テスト可能な**（testable）ものであり、仮説に反するデータないし証拠が出てくれば、反証ないし不確証されるものでなければなりません。

(5) 単純性

一般的に、**同じ事実を同程度に説明できるのであれば、単純な**（simple）**仮説の方が、複雑な仮説よりも良い**とされます。ふたたび3.2.1節で検討した例に即して考えてみましょう。帰宅したあなたは、ドアの鍵が壊され、貴重品がなくなっている事実を観察します。観察された事実を説明するためにあなたが立てた仮説は「泥棒侵入説」でした。しかし、次のような仮説も可能です。たとえば、ドアの鍵を破壊できる道具を使い、現金や貴金属に興味をもつようなサルが侵入したという仮説です。この仮説（「進化したサル侵入説」？）は、「泥棒侵入説」と同様に、観察された事実を説明できるかもしれません。しかし、その突飛な仮説は、説明すべき事柄を増やしてしまうという点で、(2) の「深さの基準」に反するだけでなく、「(奇妙な) 進化を遂げたサル」の存在を要求する点で、「単純性」の基準にも反しています。より正確に言えば、その仮説は、**オッカムの剃刀**——「**倹約**」(parsimony) という意味での単純性——すなわち「事象の説明に必要なものを超えて、存在するものの数を増やしてはならない」というガイドラインに違反しているのです。

世間では「陰謀説」と呼ばれる類の仮説がまことしやかに語られることがあります。ところが、たいていの場合、そうした仮説は大変複雑なものであり、存在するものの数を必要以上に増やしてしまうように思われます。たとえば「フリーメーソン」を引き合いに出して、事象を説明する仮説は、そうした秘密結社が存在すること（そしてその秘密結社には当該の事象を引き起こすだけの動機や「力」があること）を要求するという意味において「単純」ではありません。

(6) 整合性

仮説は、それ自体として矛盾を含まない（consistent）**のはもちろんのこと、私たちのあいだで確立している諸信念と整合的である**（coherent）**とき、「より良い」と言われます**。何と比較して「より良い」のかと言えば、もちろん、私たちの強固な信念と大きく衝突してしまうような仮説と比べてです。たとえば、光速よりも速く移動する粒子を観測したということから、相対性理論は誤っているという仮説を立てたとしましょう。この仮説がア・プリオリに「良くない」ということはありませんが、かなり「大胆」な仮説であることは否めません。むしろ私たちの強く信じている「標準理論」と整合的である方が「良い」と考えるのは自然なことです。この基準にしたがって、いまいちど「観測結果」を見直したところ、そちらの方が誤っていたということはよくあることです。この例では、「光速よりも速く移動する粒子」は観測機器の不具合や人的ミスで検出された可能性が高いと推測し、再実験を行ったところ、やはり観測結果の方に問題があったということになります。（これはかなり「保守的」に聞こえるでしょう。これは「通常科学」にかぎった話であることをお断りしておきます。）

日常生活においても、いま述べた意味での整合性の基準は重視されます。しばしば、ある人の性格を説明するときに、それを血液型と結びつける仮説を立てたり、確認できない飛翔体を観察したときに、宇宙人がUFOでやって来たという仮説を立てたりしますが、それらの仮説は、私たちの確立した信念と整合しないという意味で「良くない」のです。もちろん、そうしたやり方ですべての大胆な仮説をあらかじめ排除することは避けるべきでしょう。しかしながら、そうした仮説を擁護するためには多大な「コスト」を支払う必要があることも覚えておきましょう。（逆に言えば、「コスト」に見合った「ベネフィット」があれば、そうした大胆な仮説を支持する理由になります。）

各基準のあいだの関係

ここに挙げた6つの基準は、互いに排他的であるわけではなく、重なり合う部分をもちます。たとえば、血液型によって性格が決定されるという仮説は、「整合性の基準」だけでなく、「深さの基準」も満たさないでしょう。また、――こちらの方がむしろ問題ですが――それらの基準は互いに対立することもありえます。説明力のある仮説は必ずしも単純な仮説とはかぎりませんし、あまりにも一般的な仮説は、整合性の基準や反証可能性の基準と衝突するかもしれません。

これより言えることは、少なくともここで議論されている「仮説選択」の段階（仮説の「正当化」の文脈）では、ある種の「バランス」が要求されるということです。つまり、ある基準を満たすことを「**ベネフィット**」、満たさないことを「**コスト**」として捉える、コスト＆ベネフィットの観点から総合的に判断が下されるということです。さきに言及した「相対性理論は間違っている」という仮説は、整合性に関してはコストを支払うものの、説明力や一般性や単純性を満たすという多くのベネフィットをもつかもしれません。もし仮にそうであれば（いまのところ、ちょっと考えにくいですが）、コスト＆ベネフィットの観点から判断して、当該の仮説の方が「良い」という判断もありえます。

4.2.3　疑問と応答

「アブダクションは検証プロセスを含まない」という批判

最後に、アブダクションに対する批判、およびそれに関する私自身の考えを述べてこの章を終えることにします。

第一に、アブダクションは、仮説の検証というプロセスを含んでおらず、不十分な推論だという批判があります。私はこの批判は的を射ていると思います。この不足を補うために、続く第5章において、仮説の検証を含むタイプの論証を考察します。とはいえ、こうした批判をする人は、**アブダクションの日常的・科学的推論全体における役割**を十分に理解していない可能性があります。

アブダクションは、仮説を形成し、複数の仮説をいくつかの基準にしたがって比較検討し、その中からもっとも良い仮説を選び出す段階でその力を発揮します。つまり、**仮説の検証作業に先立つ段階でその役割を果たす**のです。このようなプロセスで選択された仮説が、今度は検証のふるいにかけられることになります。逆に言えば、この段階がなければ、私たちはいったいどんな命題をテストしてよいのか分からず、検証作業そのものがはじまらないということになりかねません。

この批判に対して、もう一つだけ述べておきたいことがあります。生物学者の三中信宏も強調しているように、科学は決して一枚岩ではありません。実験によって仮説を検証できる分野、すなわち仮説から導き出される命題を実際にテストできる分野もあれば、「直接的な観察や実験がまったくできない」分野（進化学といった「歴史叙述科学」）もあります。前者の分野においては、アブダクションは上で述べた通り、「検証作業の前段階」として捉えられますが、後者の分野ではやや事情は異なってきます。三中の言葉を引用しておきましょう。

> 〔……〕実験科学ではないタイプの科学については、実験的な研究方法がもともと適用できないこともありえるでしょう。そのような場合でも、状況証拠に基づくアブダクションによって、ベストな仮説をそのつど選び出していくという道が残されています（三中 2018: 55）。

たしかに三中が例に挙げる進化学は過去の1度かぎりの事象を研究するものであるため、研究室で繰り返し再現実験を行うことはできません。そうした科学において、アブダクションは、検証のたんなる「前段階」でなく、むしろ主要な推論の役割を果たしていると言えます[6]。

最良のゴミ仮説？！

第二に、アブダクションにおける「最良」（ベスト）とは、候補として挙げられた諸仮説の中での「最良」なのだから、もし候補となる仮説の中に「ゴミ」しか入っていないのであれば、選び出された仮説は「最良のゴミ」でしかない、といった批判も予想されます。たしかにこれも痛いところをついているように見えます。「最良」とは、**すべての可能な仮説の中でのベストではありません**。そもそも、観察された事実を説明しうる可能な仮説は無数にあり、それらをすべて挙げたうえで比較検討することなどできません。もし仮にそうしたことができるのであればアブダクションは演繹もどきの推論になってしまうでしょう（論証4.2.3）。

〔論証4.2.3〕
前提1　仮説 H_1 または H_2 または H_3 または……または H_n は正しい。
前提2　しかし、H_2 も H_3 も……H_n も正しくない。

---

［6］　哲学においてもアブダクションは、演繹と並んで、重要な論証形式だと見なされています。言うまでもなく、哲学が相手にする仮説も直接的に検証されるようなものではないからです。哲学における仮説とは、「複数の対象は同一の性質をもちうる」といった仮説や「動物は心をもつ」といった仮説を指します。

結論　したがって、H_1が正しい。

この論証4.2.3は3.1.3節で見た選言的三段論法です。したがって妥当な論証です。しかし、アブダクションはこのような論証ではありません。なぜなら、アブダクションの中で形成されるn個の仮説は網羅的ではなく、その中に「正しい仮説」が入っている保証などないからです。

しかし、このことをもって、アブダクションが価値のない推論だと結論することは早計です。まず、候補の中に「ゴミ」しか入っていないのであれば、振り出しに戻って、別の候補を見つけ出すことから再スタートできますし、またそれは広く実践されています。次に、ある時代に「正しい」(真である)と結論された仮説でも、後の時代には「ゴミ」と判定されるケースは数多くあります。「最良のゴミ仮説」批判を行う人は、(ある程度の科学的リテラシーの持ち主だと推測されますから)一方で、科学は可謬的である(間違いうる)と認めているはずです。しかし、そうした人が、他方で、候補となる仮説の中には必ず「正しい仮説」が入っていなければならないと要求するのは首尾一貫した態度ではないと、私は考えます。

この他にもアブダクションに対する疑問や批判はありますが、検討はここまでにしたいと思います[7]。

いずれにしても、アブダクションは完璧な推論ではありません。それはある時点で入手可能な知識と証拠から、その時点でのベストな仮説を選び出す推論にすぎません。それにもかかわらず——あるいはそれがゆえに——私たちの日常生活と科学にとって有用な知識を提供しているのです。

■ 練習問題4.2

あなたが形成したある仮説について、友人から次のような批判 (a) ～ (f) が寄せられた。各々の批判は、あなたの仮説が、良い仮説が要求するどの基準を欠くと指摘しているのだろうか。①説明力、②深さ、③一般性、④反証可能性、⑤単純性、⑥整合性の中から選びなさい。

(a) 君の仮説は、この特定のケースしか説明できないよ。

(b) 君の仮説は、僕たちが生物学について知っていることと矛盾するよ。

[7]「候補となる仮説は互いに排反であるのか」、「2つの仮説のもっともらしさが僅差である場合はどうするのか」といった疑問、およびそれにもとづく批判があります。

(c) 君の仮説は、説明すべき新たな問いを生じさせてしまうよ。
(d) 君の仮説は、観察された事実のほんの一部分しか説明できないよ。
(e) 君の仮説は、どんなことが起こっても説明できてしまうよ。
(f) 君の仮説は、奇妙な対象の存在を必要とするよ。

4.3　補足：パースと推論

この章の冒頭でも述べたように、「アブダクション」は、19世紀のアメリカの哲学者パースの用語です。最後に、パース自身が推論をどのように区分していたのか、そしてアブダクションがどのような役割を果たすと考えていたのかについて短く補足して、本章を終えることにします。

パースは記号論理学の領域で先駆的な業績を残したことでも知られていますが、彼の考える「論理学」は、演繹的推論の探求に限定されるものではありませんでした。

パースによる推論の三分法は次の通りです。

（1）演繹（deduction）
（2）帰納（induction）
（3）アブダクション（abduction）またはリトロダクション（retroduction）

（1）演繹は、**分析的**ないし**解明的**（analytic or explicative）であり、前提にすでに含まれた内容を確実に取り出す推論を指します。これに対し、(2) 帰納と (3) アブダクションはともに**拡張的な**（ampliative）推論、すなわち前提に含まれた内容を超え出て結論を導く推論だとされます。このタイプの推論は、演繹とは異なり、私たちの経験的知識を拡張してくれます。しかし、パースによれば、同じ拡張的推論ではあっても、アブダクションと帰納は異なるタイプの推論です。主にアブダクションは「仮説の形成」という発見的・創造的な文脈で理解されるのに対し、帰納はむしろ「仮説の検証」の文脈で捉えられます。ここには、アブダクションによって形成された仮説は、帰納によって経験的にテストされるという役割分担の構図が見て取れます。実際、アブダクション（リトロダクション）は「仮説の暫定的な採択」(provisional adoption of a hypothesis) であり、その帰結は「経験的に検証」(experimental verification) されうるものだと言われます (Peirce, CP 1.68)。

本書は、推論を大きく二つに分ける二分法（演繹と帰納）を採用する点で、パースの分類に従っているわけではありません。また、ここで私たちがこの第4章で検討した「アブダクション」は、仮説形成に関わる推論であるという意味ではパース自身のアブダクションと同じですが、「発見の文脈」に関して多くを述べるものではありません。

米盛裕二も述べているように、パースは、アブダクションによる仮説形成を二つの段階に区別していました。すなわち、それは (i)「いろいろな仮説を思いつく示唆的（洞察的）段階」と (ii)「それらの仮説について検討し、その中からもっとも正しいと思われる仮説を選ぶ〔……〕熟考的な推論の段階」からなります（米盛 2007: 50; 68）。この見方が正しければ、本章で検討したアブダクションは、(ii) の「熟考的段階」の推論に相当すると言えるでしょう。

パース自身はアブダクションを次のような論証形式として提示することもありました。

前提1　意外な事実Cが観察される。
（The surprising fact, C, is observed.）
前提2　しかし、もしAが真であれば、Cは当たり前のことだろう。
（But if A were true, C would be a matter of course.）

結論　ゆえに、Aが真であると考える理由がある。
（Hence, there is reason to suspect that A is true.）

パースの挙げるアブダクションの具体例はとても分かりやすいものです。よく知られた例を2つほど引いておきましょう。

> 化石が発見される。それはたとえば魚の化石のようなもので、しかも陸地のずっと内陸で見つかったとしよう。この現象を説明するために、われわれはこの一帯の陸地はかつて海であったに違いないと考える。これも一つの仮説である（CP 2.624; 米盛 2007: 54–55）。

> 無数の文書や記念碑がナポレオン・ボナパルトと呼ばれる征服者に言及している。私たちはその男を見たことはないが、しかし彼は実際に存在したと考えなければ、私たちは私たちが見たもの、つまりすべてのそれらの

> 文章や記念碑を説明することはできない。これも仮説である（CP 2.624; 米盛 2007: 55）。

これらの具体例が、4.2.3節で触れた「歴史叙述科学」の実例であることは大変興味深いと言えます。

最後に、パースが3つに区分した推論タイプは互いにどのような関係に立つのでしょうか。伊藤邦武によれば、パースは、科学的探究は複数の探求者の共同作業によって成り立つと考えただけでなく、複数の推論タイプの組み合わせによってなされると考えました。伊藤の言葉を引用しておきましょう。

> 科学的探究は、仮説の経験的テストという意味での帰納的推論と、仮説の思い付きという意味での仮説形成的推論と、法則や仮説からの予測の導出という意味での演繹的推論という、三つの推論のパターンが互いに互いを支えるような形で、より合わされて実行されている。つまり科学的探究は、複数の異なった推論のスタイルが縄をなうような形で、互いの推論の強さを補強しあっている（伊藤 2016: 61–62）。

本書は必ずしもパースの三分法に従うものではありませんが、演繹的推論と様々なタイプの非演繹的推論が、日常生活と科学的実践の中で各々の役割を果たし、互いに補い合うというアイディアをパースから得ています。

文献案内

アブダクションの全体像を知りたい人にはパース研究者の書いた米盛（2007）をお薦めします。アブダクションと統計的推論との関係に興味がある人には三中（2018）が重要な示唆を与えてくれるでしょう。英語文献になりますが、Sinnott-Armstrong & Fogelin（2005）の第9章はアブダクションをやさしく解説すると同時に、「良い仮説」の基準を詳細に論じています。人工知能とアブダクションとの関係については、Josephson & Josephson（1996）を参照するとよいでしょう。とくにその第1章はアブダクションに関する概論になっています。

現代の哲学において、アブダクションは「最良の説明への推論」（Inference to the Best Explanation）という名称のもとで議論されることがあります。この議論に関心がある人は、名付け親であるギルバート・ハーマンの原論文Harman（1965）にあたってみるとよいでしょう。また、ハーマンは他の論文の中で、「枚挙による帰納」もアブダクションであると主張していますが、私たちは枚挙による帰納（帰納的一般化）をアブダクションとは区別して、第6章で論じます。

練習問題の解答と解説

■ 練習問題4.1Aの解答例

この問題では、「あのS予備校では2年連続でT大学の合格者数を大幅に伸ばした」という観察された事実を説明するために、「S予備校の独自の教育メソッドが成果を上げはじめた」という仮説を立てています。しかし、同じ事実を説明しうる仮説は複数あります。たとえば、「S予備校は特待生制度を設けて優秀な高校生を集めたことが功を奏したのだ」という仮説が考えられます。また、「S予備校は3年前に他の予備校から人気講師たちを引き抜いたことが目に見える成果となっている」という仮説も可能でしょう。さらには、「S予備校はT大学の合格者数のカウントの仕方を変え、過去に短期講習を受けただけの者も数え上げるようにしたことが、合格者数の“増加”を説明する」という仮説形成もできるでしょう。

アブダクションという推論プロセスの最初の段階はこの仮説形成にあります。この練習問題は、観察された事実を説明しうる複数の仮説を立てる練習だと理解して下さい。この段階は「仮説の批判的吟味」、および「最良の仮説の選択（受容）」を含むものではありません。

■ 練習問題4.1Bの解答例

説明すべきは「東京オリンピックの開催と新型コロナウイルスの感染急拡大の時期が重なっている」という事実です。疫学者の尾身茂氏は、この事実を説明しうる2つの仮説を立てています。第一の仮説は「海外から到着したオリンピック選手および関係者たちの中に感染者がいたことが、急激な感染拡大に影響を及ぼしている」というものです。第二の仮説は「オリンピックをやるということが人々の意識に影響を与え、それが急激な感染拡大につながっている」というものです。尾身氏は、それらの仮説を比較し、第二の仮説のほうが、感染の急拡大という事実をよりよく説明すると推論しています。

来日するオリンピック選手および関係者は——完璧にではないにせよ——外部の環境から隔離されている（いわゆる「バブル方式」）という事実は、第一の仮説がもっともらしくないことを示しています。そこで尾身氏は、（変異株の流行にもかかわらず）人流が減らないことが感染急拡大の主な原因だと推測します。さらに、人流が減らないのは、「オリンピックの開催を強行する政府に、われわれの行動を制限する資格はない」、「オリンピックをやっているのであれば、われわれもいつも通り出歩いてもかまわない」といった考えが人々の意識の中にあるからだと推論しています。これは第二の仮説の正当化を意味します。これより、尾身氏は第二の仮説が、オリンピックの開催と感染急拡大の時期が重なっているという事実をもっともうまく説明する「正しい仮説」であると結論しています。

もちろん尾身氏はこれらの仮説を大規模な調査等によって検証したわけではありません。この意味で尾身氏の推論はアブダクションです。しかし、科学者もこうした「洞察」から経験的探究を出発させることが多いのです。私自身は、尾身氏（および専門家たち）に向けられた「精神論を説くな」や「科学的根拠にもとづいていない」といった攻撃に少々違和感を覚えます。きちんとした調査や実験を行って科学的根拠を得るためには多くの労力と時間を要します。その一方で、感染症の専門家たちは、刻一刻と変化する状況に対応しなければなりませんから、アブダクションのレベルで対策を講じなければならないこともあるはずです。たとえ数年後に彼らの仮説が正しくなかったということが判明したとしても、現時点の知識で「見切り発車」をしければならないこともあるのです。科学者は神様ではありません。

■ **練習問題4.2の解答**

(a) はあなたの仮説が③**一般性**の基準を満たさないと批判しています。

(b) は仮説が⑥**整合性**を欠くという批判です。

(c) は仮説が②**深さ**を欠くという批判です。

(d) は仮説が①**説明力**を欠くという批判です。

(e) は仮説が④**反証可能性**を欠くという批判です。

(f) は仮説が⑤**単純性**を欠くという批判です。

第5章

仮説検証型論証

前章で私たちは、アブダクションと呼ばれる推論――観察された事実を説明するための複数の仮説を立て、その中からもっとも良い仮説を選び出す推論――の基本形式を具体例に即して検討しました。また、仮説の「良さ」を判定する際に用いられる諸基準についても簡単な考察を行いました。

しかし、仮説は何らかの仕方で**検証**されなければならないと考える人も多いでしょう。いまや科学者のみならず、政治家、ジャーナリスト、ビジネスマンにとっても「仮説」と「検証」という表現はセットになっているように思われます。

この第5章では、「仮説検証型」の論証をもっとも根本的なレベルから考察していきます。

5.1 仮説の検証

5.1.1 仮説と予測

なぜ仮説を立てるのか

そもそもなぜ人は仮説（hypothesis）を立てるのでしょうか。前章の中で、すでに「仮説」という概念を使って議論を行いましたが、いまここで根本的な問いに立ち戻ることは、今後の議論にとっても重要です。

人が仮説を立てるのは、関心を向ける事実に何らかの説明を与えたいからです。もちろんこの見解に異論を唱える人はいないでしょう。しかし、それだけではないはずです。私たちが仮説を形成するのは、私たちに**「全体を見通す能力」が欠けている**からではないでしょうか。恐竜の絶滅について仮説を立てるのは、私たちが過去に行ってその様子を直接的に見ることができないからであり、友人の態度の変化について仮説を立てるのは、私たちが友人の心の中を覗き込むことができないからです。自宅から貴重品が消えたことについて仮説を立てるのは、私たちは職場にいながらにして自宅の様子を見ることができないからです。(これは防犯カメラ等によってある程度は解消できる問題ですが。)

物理学者は、あまりにも小さくて、電子顕微鏡でも見ることのできない粒子について仮説を立て、天文学者は、あまりにも遠くて行くことのできない銀河について仮説を立てます。政治学者は、先回の選挙における野党の大敗を説明する仮説を立てます。むろんその政治学者が全有権者に対する調査を行うことは不可能ではありませんが、彼に与えられた予算や時間の制約内でそれ(全数調査)を行うことはきわめて困難であるため、一部のサンプルにもとづいて仮説を立てるのです。このように仮説を形成する作業は、私たちの「全体を見通す能力の欠如」、「有限の知識」あるいは「無知」と深く関連しているのです。

仮説と予測

仮説は、少なくとも最初の段階においては、たんなる「提案」にすぎません。とはいえ、第4章で見たように、その中の「最良のもの」をいくつかの基準にしたがって選び出すことは可能です。そうやって選択された仮説は、他の仮説よりも「良い」と言えます。

しかしながら、多くのケースにおいて、**「良い仮説」は、観察された事実を、たんにいくつかの基準(一般性、単純性、整合性など)を満たす仕方で説明するだけでなく、未だ観察されていない事象を言い当てる力をもちます**。このことが正しければ、**正確な予測**(prediction)**ができる**という基準は、「良い仮説」が満たすべき重要な基準だということになるでしょう。直観的には、ある仮説から導き出した予測が実現するたびに、その仮説の「確からしさ」はアップするように見えます。これを帰納論理の支持者たちは、「仮説が確証される度合いが上がる」と表現したりします。

予測とは何か

しかし「予測」とはいったい何なのでしょう。以下では、本書における予測概念について短く確認しておきます。

第一に、予測とは、**未来に生じるであろうことについての主張**ですが、それはたんなる「当てずっぽう」の予想ではありません。**予測は、仮説にもとづく予想でなければなりません**。つまり、予測は、仮説から何らかの仕方で——しばしば演繹的に——導かれる命題として理解されます。

第二に、**予測として導出された命題は、その真偽が経験的にチェックされうるものでなければなりません**。つまり、予測は当たっていたのか、あるいは外れていたかが確認できるものでなければなりません。「今週末、九州北部は大雨になるだろう」という予測は、今週末になればそれが当たっていたのか、外れていたのかを確認することができます。それでは、「100年後には、世界の平均気温は約2℃上昇しているだろう」という予測はどうでしょうか。たしかに、あなたはいまから100年後に生じるであろうことを予測したとしても、それをあなた自身で確認することはできないでしょう。このことから、それは予測ではないということになるでしょうか。もちろんそんなことはありません。あなたでなくとも、未来の誰かがその真偽を確認できれば、それでよいのです。これに対し、「ずっと善い行いをしてきたAさんは、死後天国に行くだろう」という命題は、何らかの（宗教的）仮説から導き出された予言であるかもしれませんが、当たっていても外れていても、誰もそれを経験的に確かめることができないので、本書で議論される「予測」からは除外されます。

5.1.2　仮説検証型論証の基本的アイディア

日常における仮説検証型論証の例

以下では、身近な例を使って、仮説検証型論証の基本的アイディアを概観することにします。

ある探偵は、ある会社の口座から1億円が消えた事件の調査を極秘裏に依頼されました。探偵は、いくつかの事実——社員Aは会社の口座にアクセスできたという事実、Aはギャンブル好きであるという事実、Aは消費者金融から借金をしているという事実——から、Aが1億円を横領したという仮説は確からしいと考えました。（この段階ですでにアブダクションは完了し、「Aによる横領説」が最良の仮説として選択されたとします。）

探偵は、この仮説にもとづき、いくつかの予測を立てます。たとえば、その口座へのアクセス履歴にはA個人につながるものがあるに違いないとか[1]、近いうちにAはギャンブルに多額の金をつぎ込むはずだとか、Aは借金を完済するだろ

[1]　この予測は未来の事象に関するものではありません。つまりアクセス履歴の中にA個人につながる記録が残っているのであれば、それは過去（および現在）の事象です。しかし、刑事がそうした痕跡を見つけ出すことは未来の事象に属しているという意味で「予測」と言えます。

うといった予測です。

これらの予測をもとに調査がはじまります。そしてついに探偵は、彼の予測と合致する諸事実を観察するに至ったのです。すなわち、Aは恋人のIPアドレスを使って会社の口座にアクセスしていた事実、この数か月でAが馬券の購入に充てた金額は500万円にものぼるという事実、おまけにAの借金はつい数週間前に返済されていたという事実が、相次いで判明しました。このとき、「Aによる横領説」という仮説は、その予測の正しさを裏づけるという検証作業を経て、いっそう確からしいものになったと捉えるのが仮説検証型論証の基本的アイディアです。

いまの例を論証のかたちにしてみましょう（論証5.1.2）。

〔論証5.1.2〕

前提1　Aが会社の口座から1億円を横領したに違いない。（**仮説の形成・選択**）

前提2　仮説が真であるならば、会社の口座へのアクセス履歴にはA個人につながるものがあるだろう。（**予測I**）

前提3　仮説が真であるならば、近いうちにAはギャンブルに多額の金をつぎ込むだろう。（**予測II**）

前提4　仮説が真であるならば、Aは借金を完済するだろう。（**予測III**）

前提5　予測Iと予測IIと予測IIIは、その後に観察された事実と一致した。（**予測の成功**）

結論　ゆえに、仮説（「Aによる横領説」）はおそらく真である。（**仮説の確証**）

論証におけるポイント

論証5.1.2における重要なポイントを指摘しておきましょう。一つ目に、仮説の形成・選択は、前章で見たアブダクションによってなされます。この過程の解説は省略することにします。

二つ目に、この例においては、仮説から予測を導く推論は演繹ではありません。なぜなら、たとえ仮説が真であっても、予測が偽である可能性は排除できないからです。とはいえ、3つの予測を導く推論はいずれも帰納的に十分強いと思われます。なお、この部分の推論が演繹的である論証は、5.2.2節で解説するように、**仮説演繹法**（hypothetico-deductive method）という名前で呼ばれます。この名称に倣って、論証5.1.2を「**仮説帰納法**」（hypothetico-inductive method）と名付けることもできるでしょう。

三つ目に、この仮説から導かれた予測はすべて、当の仮説が真であるときにかぎり、もっともらしいと言えます[2]。言い換えれば、当の仮説が偽であれば、それらの予測はいずれももっともらしくありません。そうした予測は価値のある予測です。

少し難しく聞こえたかもしれないので、具体例に戻って解説しましょう。たとえば、「同僚のBが横領した」を競合する仮説だとしましょう。この競合する仮説（「Bによる横領説」）が真であるとすれば、最初の仮説（「Aによる横領説」）は偽です。（ここではAとBによる共犯はないと仮定します。）「Aによる横領説」が偽であれば、「会社の口座へのアクセス履歴にはA個人につながるものがあるだろう」という予測はもっともらしくありません。同様に、「Aによる横領説」が偽であれば「近いうちにAはギャンブルに多額の金をつぎ込むだろう」という予測も、「Aは借金を完済するだろう」という予測ももっともらしくありません。（Aが消費者金融から金を借りているという事実から、Aが金に困っていることは分かっています。）このように「Aによる横領説」から導かれた予測はすべて、当の仮説が真であるときにのみ、もっともらしいと言えます。それゆえに、これらの予測は「価値のある予測」だと考えられるのです。言葉を換えれば、別の仮説（「Bによる横領説」）が真であるときでさえ、もっともらしくなってしまう予測（たとえば「Aは普段通り出勤するだろう」）は「価値のない予測」です。

ポイントの四つ目として、当然ではありますが、この論証5.1.2は妥当ではなく、帰納的な強さをもつのみであることを挙げておきます。結論に「おそらく」（probably）という語が入っていることから、この（控えめな）結論であれば演繹的に導き出されると考えた人がいるかもしれませんが、前章でも強調した通りそれは誤解です。「おそらく、P」は「命題Pが真であることは確実ではない」ことを含意します。したがって、こうした結論をもつ論証は「前提がすべて真であったとしても、この結論が真ではないこともある」論証です。つまり、それは演繹的に非妥当な論証なのです。

いま述べたことは、前提5で表されているように、検証作業が成功裏に完了したとしても変わりません。結論は、前提から演繹的に導き出されるわけではありません。それは、「前提（証拠）が真であるという条件のもとで、結論も真であることが確からしい」と言えるにとどまります。これより、仮説は、証拠によっ

---

[2]「*P*のときにかぎり *Q*」（Only if *P*, *Q*）というかたちをした命題については7.2.5節でやや詳しく説明します。

て証明される（proved）のではなく、**確証される**（confirmed）と言われるのです。

仮説型論証における2種類の事実

仮説を含む論証において利用される事実ないしデータは、その役割に応じて、2つのタイプに分けることができます。第一のタイプの事実は、仮説を形成する際に用いられる事実です。先ほどの例で言えば、「社員Aはその口座にアクセスできた」という事実、「Aはギャンブル好きである」という事実、「Aは消費者金融から借金をしている」という事実です。これに対し、第二のタイプの事実は、予測の正しさをチェックする際に用いられる事実（データ）です。言い換えれば、仮説を検証する際に使われる事実です。同じ例を使えば、「Aは恋人のIPアドレスを悪用して会社の口座にアクセスしていた」という事実、「この数か月でAが馬券の購入に充てた金額の総計は500万円である」という事実、「Aの借金はつい数週間前に返済された」という事実がそうです。

■ 練習問題5.1

今年の夏、ある地方でK社のビール「ハイパードライ」の売り上げが1.5倍伸びた。K社の幹部は、春からその地方限定で行っていたご当地タレントによるプロモーションが効果を上げたという仮説を立てた。この仮説から、検証可能な（経験的にテストできる）予測を導きなさい。

5.2 科学における仮説検証型論証

5.2.1 ハレー彗星の事例[3]

ハレーの予言

多くの人はハレー彗星（Halley's Comet）の話を一度は聞いたことがあるでしょう。[4]イギリスの天文学者エドモンド・ハレー（1656-1742）の名前にちなんだこの

---

［3］ この節のハレー彗星に関する推論の記述はJohnson（2016: Ch. 2）を下敷きにしています。なお、この第5章で私たちが「仮説検証型論証」と呼ぶものは、ジョンソンのいう「確証帰納法」（induction by confirmation）にほぼ対応しています。

［4］ JAXA: 宇宙情報センター「ハレー彗星」http://spaceinfo.jaxa.jp/ja/comet_halley.html およびウィキペディア「ハレー彗星」の項目 https://ja.wikipedia.org/wiki/ ハレー彗星を参照。

彗星がふたたび地球に接近した1986年には、日本中は上を下への大騒ぎでした。（結局、地上からは見えませんでしたが。）それはともかく、ハレーが生きていた時代には、彗星は――直線の軌道を動くと考えるにせよ、放物線の軌道（U字型の経路）で太陽の周りを移動すると考えるにせよ――地球の近くを一度通過すると、二度と戻ってこないと信じられていました。

ハレーは、1682年に出現した彗星をパリ旅行の最中に観測し、その軌道を計算することに関心を抱きました。当初は難航したものの、過去に現れた彗星の記録とニュートンの『プリンキピア』（1687）の成果にもとづき、惑星と同様、彗星も太陽の周りを楕円軌道で動くと主張したのです。ハレーは、彼が観測した彗星は、1531年にドイツのペトルス・アピアヌスによって観測された彗星、および1607年にプラハのヨハネス・ケプラーによって観測された彗星と同一であると考えました。さらに、ハレーはこの彗星が76年周期で太陽の周りを公転していると推測し、次に出現するのは1758年頃だと予言したのです。ハレー自身は1742年に没し、この回帰を目にすることはできませんでしたが、1758年のクリスマスの夜に、ドイツの農夫でありアマチュア天文家でもあったヨハン・ゲオルク・パリッチュによってこの彗星が観測され、ハレーの予言は正しかったことが示されました。

ハレー彗星と仮説検証型論証

このハレー彗星の事例は、典型的な仮説検証型論証として再構成することができます。いくぶん単純化すると、まず、ハレーは過去に現れた彗星に関するデータ（事実）をもとにして、ある仮説を形成しました。その仮説とは「彗星は太陽の周りを楕円軌道で公転する」という命題によって表現されます。次に、その仮説（および「1531年と1607年に観測された彗星は、1682年に自らが観測した彗星と同一である」という仮説）から、1682年に見られた彗星は、1758年に回帰するという予測が立てられました。最後に、ハレー自身ではありませんでしたが、別の人間がその予測と合致する事実を観察しました。すなわち1758年のクリスマスの日、夜空に輝く彗星がパリッチュによって観測されました。こうしてハレーの予測が正しかったことが分かり、彼の仮説は強く確証されることになったのです。これをはっきりとした論証のかたちで書いてみましょう（Johnson 2016: 43）。

〔論証5.2.1〕

前提1　彗星はニュートンの万有引力の法則と運動法則にしたがって太陽の周

りを楕円軌道で公転し、かつそれらは規則的な周期で回帰する。(**仮説形成**)

前提2　この仮説が真であれば、明るく輝く彗星が1758年の終わり頃に見られるだろう。(**予測**)

前提3　1758年12月25日に、ヨハン・ゲオルク・パリッチュが明るく輝く彗星を見つけた。(**検証によって観察された事実**)

前提4　この事実は予測と合致する。(**予測の成功**)

結論　したがって、ハレーの仮説は真である。(**仮説の確証**)

この論証5.2.1の帰納的強さの度合いはきわめて高いと考えられます。しかし、この強さの度合いをさらに上げるために、次のような前提を付け加えることもできるでしょう(Johnson 2016: 43)。

前提5　1758年に、ヨハン・ゲオルク・パリッチュによって見つけられた明るく輝く彗星は、地球の近くをはじめて通過した新しい彗星であり、それはハレーやケプラーやアピアヌスが見た彗星とは同一ではないという別の仮説も、同じ事実を説明しうる。しかし、彗星が地球のそばを通過するのは比較的稀な出来事であり、かつハレーがほぼ正確に彗星がふたたび出現する時期を言い当てたことを考えあわせれば、ハレーの仮説は、1758年のパリッチュによる発見を、もっとも合理的に説明すると思われる。

この前提5は、前章の「アブダクション」の中でも重要な役割を果たした**他の仮説の消去**です。

5.2.2　仮説演繹法

基本的なアイディア

ハレー彗星の事例における、仮説から予測への推論は演繹だとされます。しかし、その事例では、補助的な命題を補わなければ、演繹として見分けることが難しいので、もう少し簡単な事例を使い、仮説検証型論証の代表格として知られる**仮説演繹法**(hypothetico-deductive method)を紹介することにします。

仮説演繹法は、**仮説から演繹された予測が、実際に観察された事実と合致すれば、それらの観察された事実（証拠）は当の仮説を確証する（より確からしくする）**というアイディアを基本とします。

◇仮説演繹法

前提1　すべてのFはGである。（**仮説**）
前提2　aはFである。（**初期条件**）
前提3　aはGでもあるはずだ。（**予測**）
前提4　（実験や観察を行って）aはGであることが分かった。（**テスト・検証**）

結論　ゆえに、仮説「すべてのFはGである」は真だろう。（**仮説の確証**）

仮説と初期条件から予測を演繹的に導く

仮説演繹法は、全体としては帰納的論証ですが、部分的に演繹的推論を用いることにその特徴があります。演繹が用いられるのは、前提1と前提2から前提3を導く部分です。こうした演繹が可能であるのは、ふつう仮説演繹法における仮説は「**全称命題**」（「すべての～は……である」）のかたちをとるからです。全称命題は、「すべての物体は、外から力が作用しなければ、静止または等速度運動を続ける」といった**法則**や「すべてのカラスは黒い」といった**一般的事実**を表すことができます。

よく使われるカラスの例で仮説演繹法の実例を作ってみましょう。

〔論証5.2.2〕

前提1　すべてのカラスは黒い。（**仮説**）
前提2　いま外でカァと鳴いた鳥はカラスである。（**初期条件**）
前提3　いま外でカァと鳴いた鳥は黒いはずだ。（**予測**）
前提4　（窓から観察して）いま外でカァと鳴いた鳥は黒いことが判明した。（**テスト**）

結論　ゆえに、「すべてのカラスは黒い」という仮説は真だろう。（**仮説の確証**）

この論証5.2.2における仮説は「すべてのカラスは黒い」という全称命題です。しかし、「すべてのカラス」は、過去に存在したカラス、現在存在しているカラス、未来に存在するだろうカラスをすべてあわせたものですから、それらが本当に黒いかどうかを調べる手段を私たちはもちません。これは多くの全称命題について当てはまります。したがって、この仮説から、私たちが経験的に確かめることのできる（テストできる）命題を導かなくてはなりません。それが「予測」と呼ばれます。ここでは「いま外でカァと鳴いている鳥は黒い」がそうした予測ですが、この予測は、「すべてのカラスは黒い」（仮説）と「いま外でカァと鳴いている鳥はカラスである」（初期条件）から演繹的に導出された命題です。

もちろん一羽のカラスを調べて、それが黒かったからといって、仮説が確からしくなるわけではありませんが、この手順を繰り返して、より多くのカラスを調べていけば、仮説はより確からしくなっていく（仮説はより強く確証されていく）はずだと考えるのが論証5.2.2（仮説演繹法）なのです。

5.2.3　反証主義からの批判を考える

ポパーの見解

より多くのカラスを調べて、そのつどカラスが黒いことを確認していくことによって、「すべてのカラスは黒い」という仮説はより強く確証されていく、という考え方はごく自然であるように見えます。しかし、この考え方に異を唱えたのはオーストリア出身の科学哲学者カール・ポパー（Karl Popper, 1902–1994）です。

ポパーは、いかなる科学理論・仮説も、その予測が当たること（予測がテストをパスすること）によって確証されることはなく、それは**反証されうるのみ**であると主張しました。いったいこれはどういうことなのでしょう。

ポパーが問題視するのは、3.2.2節でも指摘した**後件肯定の誤謬**です。仮説演繹法に代表される仮説検証型の論証は、後件肯定の誤謬を犯しています。科学的推論が論理的な誤りを含むことは、ポパーにとって決して看過できることではありませんでした。

そこで発想の転換が行われます。私たちは、仮説演繹法において、仮説と初期条件から演繹された予測が真であるケースだけに焦点を当てました。このケースにおいて、仮説は確証されます。これに対し、ポパーは、予測が偽であるケースだけが重要であると考えたのです。予測が偽であることが判明すれば、演繹的に妥当な推論（3.1.2節で見た**モードゥス・トレンス**あるいは**後件否定**）によって、仮説が偽であることが導かれます。これを仮説の**反証**（falsification）といいます。

反証の論理

まずは、「反証」という概念の理解を容易にするために、その論理形式の簡素なバージョンから見ていきましょう。

◇反証（ver. 1）

前提1　仮説Hが真であれば、事象Eが観察されるだろう。（HならばE）
前提2　Eでないことが観察された。（Eでない）

結論　　Hは偽である。（Hでない）〔**仮説の反証**〕

カッコの中で明示したように、この論証形式はモードゥス・トレンス（後件否定）であり、演繹的に妥当な形式です。興味深いことに、仮説検証型論証は、予測通りの事象が観察されたときには帰納的な論証になりますが、予測を否定する事象が観察されたときには、「仮説が偽である」ことを結論する演繹的な論証になるのです。

仮説は、予測が当たることによって確証されるのではなく、予測が外れることによって反証されるのみだと説く**反証主義**（falsificationism）には、ポパー自身によって「**演繹主義**」（deductivism）という名称も与えられています。ポパーは私たちのいう帰納的推論に対してつねに懐疑的な姿勢を取り続けました。

次に、「反証」のもう少し複雑なバージョンを考察しましょう。以下は、仮説演繹法における反証の論理形式です。（H: 仮説、I: 初期条件、C: 予測とする。）

◇反証（ver. 2）

前提1　（HかつI）ならばC
前提2　I
前提3　Cでない

結論　　Hでない〔**仮説の反証**〕

やや難しく見えますが、順番に説明していきますので安心して下さい。まず前提1は、仮説Hと初期条件Iが真であれば、予測Cも真であることを述べています。仮説「すべてのカラスは黒い」と初期条件「aはカラスである」がともに真であれば、予測「aは黒い」も真である、ということです。次に、前提2で初期条件I

は真であると言われます。実際に「aはカラスである」は真であるということです。ところが、前提3で予測Cは偽であったことが分かります。つまり「aは黒くなかった」ということです。ここから仮説Hは偽であることが結論されます。すなわち「すべてのカラスは黒い」という仮説は偽である、言い換えれば、その仮説は「aはカラスではあるが黒くなかった」という観察結果によって反証されたということです。

なお、結論に至る最後のステップは次のように理解するとよいでしょう。前提1「(HかつI)ならばC」と前提3「Cでない」から、モードゥス・トレンスによって、「(HかつI)でない」が導出されます。この命題は、次章の6.3.2節で学ぶド・モルガンの法則より、「(Hでない)または(Iでない)」という命題と同じ意味です。もちろん後者の命題から「Hでない」を結論することはできません。しかし、私たちはすでに前提2で「I(は真である)」を認めました。これより、3.1.3節で見た選言的三段論法(消去法)を使って、「Hでない」を結論できるのです。これらはすべて演繹的推論であることを確認して下さい。

反証主義に対する本書の立場

以下で述べるのは、反証主義に対する本書の立場であり、私自身の見解でもあります。

ポパーの卓越した洞察力が彼を偉大な哲学者にしたことは疑いえません。私たちがいま手にしている科学理論とは、ポパーによれば、**まだ反証されていない仮説**であり、**厳しいテストに耐えて生き延びてきた仮説**です。

こうした科学の捉え方はたんに哲学者たちを魅了しただけではありません。実際、現場の科学者たちの中にも反証主義に賛同する者は少なくありませんでした。とはいえ、ポパーに対して「予測が当たる場合はどう説明するのか」と問うことは避けられないと思われます。ポパーはこの問いに対して、仮説(理論)は"corroborate"されると答えています。この語は「裏づける」や「強化する」という意味をもちますが、「確証する」とは異なるテクニカルタームとして導入されました。しかし私は、この語によってポパーが言いたかったことを正確に理解できたためしがありません。(これは私の理解力の至らなさにもよるのですが。)

私たちは、ポパーの洞察に敬意を払いながらも、彼が科学的推論から排除しようとした帰納的推論を、推論の重要なタイプとして認めたうえで議論を行っています。たとえデイヴィッド・ヒューム(David Hume, 1711–1776)以来、問われ続けてきた**帰納的推論の基礎づけ**あるいはその**正当化**の問題、すなわち**帰納の問題**

（the problem of induction）が解決できないとしても、本書のそうしたスタンスは変わらないでしょう。ポパーは反証主義によって「帰納の問題を解決した」（Popper 1972）と述べていますが、私自身はそもそもそれが解決できる問題だとは考えていません。

反証主義に対する私の疑問はそれにとどまりません。その中でも比較的深刻なものを挙げておきましょう。それは、反証主義が訴えるモードゥス・トレンスという論証形式は、仮説演繹法については当てはまったとしても、私が5.1.2節で「仮説帰納法」と呼んだ論証には適用できないという問題です。

仮説帰納法において、予測は仮説にもとづいて立てられますが、それらの関係は演繹的なものではありません。すなわち、「仮説が真であれば、そこから立てた予測も真であることは確からしい」という帰納的推論によって、予測は仮説から導き出されます。

論証5.1.2において、「Aが会社の口座から1億円を横領した」という仮説から、「会社の口座へのアクセス履歴にはA個人につながるものがあるだろう」（予測I）、「近いうちにAはギャンブルに多額の金をつぎ込むだろう」（予測II）、「Aは借金を完済するだろう」（予測III）といった予測を行ったことを思い出して下さい。これらの予測は仮説と初期条件から演繹的に導出されたものではありません。それらは、「Aによる横領説」が真であれば、同様に真であることが確からしいという理由で導き出された命題です。

このタイプの仮説検証型論証――「仮説帰納法」と名づけました――において、予測が偽であることが観察されたときにはどうなるでしょうか。モードゥス・トレンスにより、仮説も偽になるでしょうか。残念ながら、そうはなりません。なぜなら「仮説→予測」は、モードゥス・トレンスが適用できるような（厳密な）条件文のかたちをしていないからです。したがって、**予測が否定された（外れた）としても、仮説が完全に否定される（反証される）ことはありません。**論証5.1.2に即して言えば、会社の口座へのアクセス履歴にA個人につながる痕跡がなくても、つまり予測Iが否定されたとしても、「Aによる横領説」が反証されるわけではありません。同様に予測IIが外れ、Aがギャンブルに多額の金をつぎ込まなくても、あるいは予測IIIが外れ、Aが借金を完済しなくても、「Aによる横領説」が反証されるわけではないのです。予測が偽であったことから結論できることは、「仮説もおそらく偽であろう」ということにとどまります。

いま述べたことは日常的推論だけでなく、多くの科学的推論にも当てはまるでしょう。予測と仮説とのあいだに演繹的な結びつきがない場合、仮説にもとづく予測が外れたからといって、ただちに当の仮説が反証されたことにはなりません。こうした「仮説帰納法」において、仮説にとって不利な証拠が集まれば、仮説の確からしさの度合いは著しく下がりますが、それは仮説が決定的に偽であることとは異なります。

この考察から何が言えるでしょうか。私は「反証」とは区別される「**不確証**」（disconfirmation）という概念が必要になると考えます。不確証とは、予測が外れることによって、すなわち仮説にとって不利な証拠が観察されることによって、当の仮説がより「**確からしくなくなる**」ことをいいます。あるいは、こう言ってもかまいません。「ある証拠が仮説を不確証する」とは、その証拠によって当の仮説が「**真である確率が下がる**」ということだ、と。「仮説帰納法」が、厳密な仮説演繹法と比べてより広範囲で使用されていることを考えれば、「演繹主義」としての反証主義を徹底するのは困難である、というのが私自身の見解です。

■ **練習問題5.2A**

「すべての白鳥は白い」という仮説を反証する論証を作りなさい。

■ **練習問題5.2B**

「会社の業績不振の原因はいまの社長にある」という仮説を不確証せよ。

文献案内

仮説演繹法とその周辺の議論をより深く知りたい人は、科学哲学の教科書にあたってみるとよいでしょう。初学者にとって親切なのは戸田山（2005）と森田（2010）です。より包括的な教科書としては内井（1995）をお薦めします。仮説検証型の論証一般については、Johnson（2016）に多数の具体例を伴った分かりすい説明があります。反証主義および「帰納の問題」についてはHacking（2001）が参考になります。

練習問題の解答と解説

■ 練習問題5.1.の解答例

この仮説をそのまま検証することは困難ですから、そこから経験的に確かめることができる予測（命題）を導き、それらの予測について経験的なテストを行うことになります。

予測1：その時期にハイパードライを購入した人たちにアンケート調査を行えば、ご当地タレントによるイベントやCMを目にした人たちが無視できない割合でいることが判明するだろう。

この予測1はある意味で愚直なテストであるかもしれませんが、そうした人たちの購入者に占める割合が高ければ高いほど、仮説を強く確証することになるでしょう。

予測2：プロモーションを行わなかった地方（かつ、似たような規模と似たような気候をもつ地方）におけるハイパードライの売り上げは例年並みであろう。

この予測2もすぐに確かめることができるでしょう。もし、プロモーションを行わなかった他の地方でも売り上げが同様に伸びているのであれば、そのことは仮説の確からしさの度合いを下げてしまいます。つまり、それは「プロモーション説」を不確証する（disconfirm）する証拠になります。

予測3：来年の夏、プロモーションをしなければ、同じ地方でハイパードライの売り上げは今年の夏よりも少なくなるだろう。

この予測3も経験的に確かめることは容易です。しかし、来年は冷夏のせいで売り上げが落ち込むかもしれませんし、逆に、猛暑のせいで、プロモーションの有無に関わりなく、売り上げが伸びるかもしれません。したがって、こうした諸条件をコントロールしたうえでテストを行う必要があります。

■ 練習問題5.2Aの解答例

前提1　すべての白鳥は白い。(仮説)
前提2　aは白鳥である。(初期条件)
前提3　aは白いはずだ。(予測)
前提4　観察の結果、aは白くないことが分かった。(予測のテスト)

結論　ゆえに、「すべての白鳥は白い」という仮説は偽である。(仮説の反証)

あるいは次のように書いてもかまいません。

前提1 (すべての白鳥は白い、かつaは白鳥である) ならば、aは白い。
前提2　aは白鳥である。
前提3　aは白くない。

結論　ゆえに、すべての白鳥が白いというわけではない。
(「すべての白鳥は白い」という仮説は偽である。)

■ 練習問題5.2Bの解答例

前提1　会社の業績不振の原因はいまの社長にある。(仮説)
前提2　仮説が真であれば、いまの社長を解任すると会社の業績は回復するだろう。(予測)
前提3　いまの社長を解任しても会社の業績は回復しなかった。(テスト・検証)

結論　ゆえに、「会社の業績不振の原因はいまの社長にある」という仮説はおそらく偽である (確からしくない)。(仮説の不確証)

この論証における予想は仮説から演繹的に導出されてはいません。したがって、論証は仮説検証型の中でも「仮説帰納法」に属します。仮説を検証するために、「いまの社長をクビにすると業績は回復する」というテスト可能な予測を立てますが、結局はテストの結果、社長のクビを切っても業績は回復しませんでした。このことは「業績不振の原因はいまの社長にある」という仮説が**おそらく偽である**ことを示唆します。しかし、それは当の仮説が偽であることを決定的に示す証拠ではありません。というのも、新しく社長として迎え入れた経営者もいまの社長と同程度に「無能」であるために業績が回復しなかっただけかもしれないからです。あるいは、本当の原因はいまの社長にあったにもかかわらず、社長の解任後にやって来た不景気によって、業績が回復しなかっただけかもしれません。したがって、予測が外れたことにより、仮説は偽になったわけではなく、その確からしさの度合いが小さくなっただけです。すなわち、仮説は反証されたわけではなく、不確証されたのです。

第Ⅲ部　演繹と定義

この第Ⅲ部は2つの章と1つの補論からなります。第6章では、演繹論理にとって本質的な「論理語」について学びます。ここでの「論理語」とは、「でない」、「かつ」、「または」、「ならば」という論理結合子と、「すべての」、「存在する」という量化表現のことを指します。第7章では、論証にとっても重要な構成要素となりうる「定義」について考察を行います。定義の論理形式を理解するためには、第6章で学んだ論理語の知識が必須となります。したがって、第7章では「定義とは何か」という問題に取り組みながら、論理語に関する知識の定着を図ります。

定義の概念はただ一つに定まっているわけではなく、私たちは目的と用途に応じて異なる定義概念を使い分けています。補論Ⅰではいくつかの代表的な定義概念の解説を行います。

第6章

論理語——演繹論理の基本的語彙

この第6章では、「でない」、「かつ」、「または」、「ならば」、「すべての」、「存在する」といった論理学にとって重要な表現を学びます。こうした表現を「論理語」と呼びましょう。通常の論理学の教科書であれば最初に登場する主題です。しかし、本書では、論理語がすでに含まれる「論証」にある程度馴染んでもらった後で、これらの論理語を解説することにしました。私の経験からすると、この主題を最初から独立して扱うと、どうしても「無機質」になりがちで、論理に興味を抱いた初学者の出鼻をくじいてしまう恐れがあるからです。

この章では、厄介な記号も、真理表も、形式的に定義された論理式も出てきません。あくまでも自然言語を用いて、インフォーマルな仕方で代表的な論理語の解説を行います。ここでいう論理語についてすでに学んだことのある人は、この章をスキップして、次の第7章に進んでもかまいません。

6.1　論理結合子

6.1.1　論理結合子とは

これから私たちは論理学——とりわけ演繹論理——にとって不可欠な「論理語」を学んでいきます。以下で習得する論理語は「**でない**」、「**かつ**」、「**または**」、「**ならば**」の4つです[1]。こうした論理語は「**論理結合子**」(logical connectives) と呼ばれます。論理結合子は、より単純な命題から複合的な命題を作り出す役割をもちます。

[1] 真理表を使った論理結合子の導入は続巻である「基礎編」で行います。

ふつう論理結合子は、「*A*かつ*B*」のように、2つの命題（*A*と*B*）を「結合」することで複合的な命題を生み出すと考えられますが、すぐ後で解説する「でない」（否定）のように、1つの命題から複合的命題（「*A*でない」）を作り出す表現も「論理結合子」と呼ばれます。したがって、論理結合子とは、**より単純な命題からより複雑な命題を作り出すための論理的表現**であると覚えておきましょう。

複合的な命題の真偽は、その命題を構成しているより単純な命題の真偽によって完全に決定されます。言い換えれば、複合的な命題が真であるかどうかは、その構成部分である命題の真偽が分かれば、機械的な計算によって判定されるということです。そして、こうした計算を可能にしているのが、これから見ていく論理結合子なのです。

6.1.2「でない」（否定）

否定の役割

「でない」や**「ない」**（という日本語）で表される論理結合子は**否定**（negation）と呼ばれます。一見すると、否定の使い方は簡単そうに見えます。「*A*」という命題を否定したければ、たんに「*A*でない」と表現すればよいからです。しかし実際には、否定はそれほど単純なものではなく、間違いやすい用法も少なからず存在します。以下ではシンプルな用法を解説し、6.3.1節以降でやや複雑な用法を検討することにします。

*A*を否定した「*A*でない」という命題は真なのか、と問われたとすれば、あなたは何と答えるでしょうか。おそらくあなたは次のように答えるに違いありません。「分からないよ。だって*A*が何を意味しているのかが分からないからね。」こう答えることで、あなたは暗に、*A*が意味しているものが分かれば、「*A*でない」の真偽が判定できると述べているのかもしれません。

このように答えるあなたは間違っていません。ただし、ここで言われる「*A*が意味しているもの」とは、*A*の「内容」ではなく、*A*の**真理値（真・偽）**を指します。**「*A*でない」は、*A*が偽であるときに真となり、*A*が真であるときに偽となります。つまり「でない」（否定）は、命題の真偽を「反転」させる役割をもっているのです**。したがって、「九州大学は福岡市に位置する」という命題を否定した、「九州大学は福岡市に位置しない」は、「九州大学は福岡市に位置する」が偽であるときに真、真であるときに偽になります。論理結合子としての否定の役割は、それ以上でもそれ以下でもないのです。

否定命題「*A*でない」が真であるのは、命題*A*が偽である場合、かつその場合にかぎる。
否定命題「*A*でない」が偽であるのは、命題*A*が真である場合、かつその場合にかぎる。

否定と両立不可能性

とはいえ、話はここで終わるわけではありません。否定の役割自体はとてもシンプルであったとしても、いつもその意味が容易に把握されるとはかぎりません。次の会話を考えてみましょう。

〔会話6.1.2〕
ヨシオ：明日の試合でジャイアンツは勝つよ。
タカシ：いや、それは違うね。
アキコ：じゃあ、明日の試合でジャイアンツは負けるってことね。

この会話の中で「うまくいっていない」部分はどこでしょうか。それは、アキコがタカシの発言から「結論」を導く部分です。まずタカシはヨシオの発言「明日の試合でジャイアンツは勝つ」を否定します。つまり、タカシは「明日の試合でジャイアンツは勝た**ない**」と述べています。次いで、アキコは、このタカシの否定命題から「明日の試合でジャイアンツは負ける」という命題を導きます。この部分だけを論証にすると次のようになります。

〔論証6.1.2〕
前提　明日の試合でジャイアンツは勝たない。

結論　したがって、明日の試合でジャイアンツは負ける。

この論証6.1.2は演繹的に妥当ではありません。なぜなら、前提が仮に真であったとしても、結論が偽であるかもしれないからです。では、どのようなケースで偽になるのでしょう。それは「明日の試合でジャイアンツが引き分ける」ケースです。

そもそもなぜアキコは論理的な誤りを犯してしまったのでしょうか。これを理解するためには、否定を成り立たせている次のルールを理解しておく必要があります。すなわち、**命題Aの否定は、Aと両立不可能なケースをすべてカバーしなければならない**というルールです。「Aと両立不可能である」とは、**Aと同時に成り立つ（真である）ことはできない**という意味です。

「ジャイアンツは負ける」というケースは、「ジャイアンツは勝つ」というケースと同時に成り立つことができないので、両立不可能です。しかし、「ジャイアンツは引き分ける」というケースも、「ジャイアンツは勝つ」というケースと同時に成り立つことはできないので両立不可能です。したがって、「ジャイアンツは勝たない」という否定命題が、「ジャイアンツは勝つ」と両立不可能なケースをすべてカバーしなければならないのであれば、その否定命題は次の命題（1）と同じ意味で理解されなければなりません[2]。

（1）明日の試合でジャイアンツは負けるか、明日の試合でジャイアンツは引き分けるかのいずれかである。

どうでしたか。否定の意味の理解は一筋縄ではいかないことがお分かりいただけたでしょうか。これよりも複雑な事例、すなわち複合命題や量化命題の否定に関しては後ほど考察することにします。

■ 練習問題6.1A（解答は章末）

友人と私による次の会話の中で、友人が気づいていない論理的な誤りを指摘しなさい。

友人：「君はハンドボール好きだよね？」

私　：「いや、そんなことないよ。」

友人：「そっか、君はハンドボール嫌いなんだ。」

---

［2］この事例は「引き分けが存在する試合である」ことが前提されています。したがって、可能なケースは「勝ち」、「負け」、「引き分け」の3つです。引き分けがない試合では、「勝ち」と「負け」ですべての可能なケースをカバーしますから、「Tは勝たなかった」は「Tは負けた」と論理的に同じ意味になります。

6.1.3「かつ」(連言)

次いで、「**かつ**」という論理語について解説します。この論理語は「**連言**」(conjunction) と呼ばれることも覚えておきましょう。(「レンゲシ」と読みます。「レンゴン」ではありません!)

連言は2つの命題をつないで、1つの複合的な命題を作り出します。こうしてできた命題「A かつ B」を連言命題といいます。**連言命題「A かつ B」が真であるのは、それを構成している命題 A と B がともに真である場合、かつその場合にかぎります。**

一般に、A と B という2つの命題が与えられたとき、それらの真理値の組み合わせは全部で4通りです。

① A は真、B も真
② A は真、B は偽
③ A は偽、B は真
④ A は偽、B も偽

これら4つの組み合わせのうち、①のケースだけが「A かつ B」を真にします。(残りの②③④のケースは「A かつ B」を偽にします。)

たとえば「ヒロシは犬と猫を飼っている」は、——少々くどい書き方ですが——次の連言命題として理解されます。

(2) ヒロシは犬を飼っている、**かつ**ヒロシは猫を飼っている。

この命題 (2) が真であるのは、「ヒロシが犬を飼っている」が真であり、同時に「ヒロシは猫を飼っている」も真であるとき、そしてそのときだけです。

連言命題「A かつ B」は真である⇔命題 A と命題 B はともに真である (その他のケースでは「A かつ B」は偽である。)

■ **練習問題6.1B** (解答は章末)
次の命題を、よりはっきりとした連言命題に書き換えなさい。

「東京都および大阪府にその宣言は適用される。」

6.1.4「または」(選言)

両立的選言

続いて検討したい論理語は「または」です。この論理語は「**選言**」(disjunction)という名前をもちます。

「AまたはB」が真であるのは、AかBの少なくとも一方が真である場合であり、その場合にかぎります。「少なくとも一方」という表現に注意して下さい。**これはAとBの両方が真であっても「A または B」は真であることを意味します。**別様に言えば、「AまたはB」が真でない(偽である)のは、AもBも偽であるときだけです。このような「または」を**両立的選言**(inclusive disjunction)と呼びます。

前節でも述べたように、命題AとBが与えられたとき、それらの真理値の可能な組み合わせは4通りあります。

①Aは真、Bも真
②Aは真、Bは偽
③Aは偽、Bは真
④Aは偽、Bも偽

次のように覚えておくとよいでしょう。**「A または B」という選言命題を偽にするのは④のケースだけである、と。**残りのケース①②③は「AまたはB」を真にします。

選言命題「AまたはB」は偽である⇔命題Aと命題Bはともに偽である。(選言命題「AまたはB」は真である⇔命題Aか命題Bの少なくとも一方が真である)

■ **練習問題6.1C**(解答は章末)

次の論証が演繹的に妥当か否かを判定せよ。また、そのように判定した理由も述べよ。

前提1　今夜のパーティーには、ジロウかサブロウが来るはずだ。
前提2　あっ、いまジロウが来た。

結論　ということは、サブロウはもう来ないな。

6.1.5「ならば」(条件法)

いかなる場合に条件命題「AならばB」は偽になるのか

最後に検討する論理語は「ならば」です。この論理語は**条件法**（conditional）と呼ばれます。条件法で2つの命題をつないだ「*A*ならば*B*」（矢印を使って「A→B」と書くこともあります）を**条件命題**と呼ぶことにしましょう。

条件法の意味が、「ならば」という日本語（同様に“if, then”という英語）の意味にピッタリ対応すると考えてしまうと様々な困難が生じます。ここではそうした困難には立ち入らず、基本的な事項に集中することにしましょう。

いかなる場合に条件命題「*A*ならば*B*」は真になるのでしょうか。私たちはこのように問う代わりに、**いかなる場合に条件命題「AならばB」は偽になるのか**と問うことにします。**「AならばB」が偽であるのは、Aが真であるにもかかわらずBが偽である場合、かつその場合にかぎります**。それ以外の場合は「*A*ならば*B*」は真になります。

先ほどの場合分けを使うと、

①*A*は真、*B*も真
②*A*は真、*B*は偽
③*A*は偽、*B*は真
④*A*は偽、*B*も偽

のうち、**「AならばB」が偽になるのは②のケースだけ**であり、残りの①③④のケースではすべて真になると覚えましょう。

「*A*ならば*B*」が②のケースで偽であるのは、「*A*ならば*B*」は、**Aが真であるという条件の下では必ずBも真でなければならない**という「ルール」を表現しているからです。②のケースは、*A*が真であるという条件の下で*B*は偽になっていますから、この「ルール」に抵触しています。だから、このケースで「*A*ならば*B*」

は偽になるのです。

残りのケースはこの「ルール」に抵触しません。①のケースは、*A*が真であるという条件の下で実際に*B*は真になっており、③と④のケースではそもそも*A*が偽ですから、「ルール」を破っているとは言えません。ゆえに、これらのケースでは「*A*ならば*B*」は偽にならない（真になる）のです。

条件命題「*A*ならば*B*」は偽である ⇔ 命題*A*は真であるのに命題*B*は偽である（その他のケースでは「*A*ならば*B*」は真である。）

具体例で考えてみましょう。来週末の運動会について、校長の署名入りで「雨天の場合、運動会は中止になります」という通知が来たとします。これは（3）のような条件命題として書くことができます。

（3）雨が降っているならば、運動会は中止になる。

校長先生はどのような場合に「嘘」を述べたことになるでしょうか。ここでの「嘘」とは校長先生の条件命題が偽になることを指します。場合分けをして考えてみましょう。

① 雨が降っており、運動会は中止になる。
② 雨が降っており、運動会は中止にならない。
③ 雨が降っておらず、運動会は中止になる。
④ 雨が降っておらず、運動会は中止にならない。

校長先生が「嘘」を述べたことになるのは、②「雨が降っており（雨が降っているのに）、運動会は中止にならない」ケースです。これは条件命題のルールに抵触します。しかし、その他のケースでは校長先生は「嘘」をついたことになりません。当然、①「雨が降っており、運動会は中止になる」ケースは問題ないでしょう。同様に、④「雨が降っておらず、運動会は中止にならない」ケースも「嘘」を述べたことになりません。

しかし、③「雨が降っておらず、運動会は中止になる」ケースはどうでしょう。校長先生は「嘘」を述べたようにも聞こえますが、条件命題のルールに抵触してはいません。というのも、**命題（3）は「雨が降っている」が真であるという条**

件の下では必ず「運動会は中止になる」も真でなければならないというルールとして理解されるからです。③「雨が降っておらず、運動会は中止になる」ケースは、このルールを破っているわけではありません。したがって、このケースにおいて校長先生は「嘘」を述べていない、すなわち（3）は偽ではない（＝真である）と言えるのです。

逆・裏・対偶

条件命題を理解する際に、その真理条件（あるいは偽である条件）を学ぶことはもっとも重要ですが、いまから解説する条件命題の「**逆**」・「**裏**」・「**対偶**」を学ぶことも大変重要です。このトピックは高校の「数学A」で習っているはずですが、忘れていてもかまいません。ここでざっと確認しておきましょう。

条件命題$A \rightarrow B$（AならばB）が与えられたとき、その（i）「逆」、（ii）「裏」および（iii）「対偶」はそれぞれ次のように書くことができます。

（i）　$B \rightarrow A$　（逆）
（ii）　Aでない$\rightarrow B$でない　（裏）
（iii）　Bでない$\rightarrow A$でない　（対偶）

このうち、もとの条件命題$A \rightarrow B$から演繹的に導出されるのは（iii）「Bでない$\rightarrow A$でない」（対偶）のみです。具体例に即してこれを確認しておきましょう。

（4）アキラは高知県に住んでいる→アキラは四国に住んでいる

条件命題（4）は真であるとします。まず、（4）からその「逆」は演繹的に導出できるでしょうか。

〔論証6.1.5a〕
前提　アキラは高知県に住んでいる→アキラは四国に住んでいる

結論　ゆえに、アキラは四国に住んでいる→アキラは高知県に住んでいる（前提の逆）

この論証6.1.5aは妥当ではありません。なぜなら、前提が真でも結論が偽である可能性があるからです。アキラは四国に住んでいても、高知県に住んでいない（たとえば愛媛県に住んでいる）かもしれません。一般に、ある条件命題が真であっても、その「逆」が真であるとはかぎりません。

次に、(4) からその「裏」は演繹できるでしょうか。これも論証で確かめてみます。

〔論証6.1.5b〕

前提　アキラは高知県に住んでいる→アキラは四国に住んでいる

結論　ゆえに、アキラは高知県に住んでいない→アキラは四国に住んでいない（前提の裏）

この論証6.1.5bも妥当ではありません。というのも、たとえ前提が真でも、結論は偽であるかもしれないからです。つまり、アキラは高知県に住んでいないからといって、彼が四国に住んでいないとはかぎりません。一般に、ある条件命題が真であっても、その「裏」が真であるとはかぎりません。

最後に、(4) からその「対偶」が演繹できるか確認しておきましょう。

〔論証6.1.5c〕

前提　アキラは高知県に住んでいる→アキラは四国に住んでいる

結論　ゆえに、アキラは四国に住んでいない→アキラは高知県に住んでいない（前提の対偶）

この論証6.1.5cは妥当です。前提が真であれば、必ず結論も真になります。結論に関して言えば、アキラが四国に住んでいないのであれば、彼が高知県に住んでいるはずはありません。一般に、ある条件命題が真であれば、その「対偶」も真になります。

■ 練習問題6.1D

A党の総裁は総選挙を前にして次のように述べた。「今回の選挙でわが党が惨敗したら私は政界を引退する。」

(a) 総裁の発言が偽になる（「嘘」である）のはどのような場合か。

(b) 選挙でA党が惨敗しなかったのに、総裁は政界を引退した。この場合、総裁の発言は偽（「嘘」）だったのか。

■ 練習問題6.1E

「ツヨシが犯人であれば、ツヨシにはアリバイがない」という条件命題の「逆」と「裏」と「対偶」を作りなさい。

■ 練習問題6.1F

「直接的な証拠があれば、容疑者Kは有罪になる」という命題（1）から、「直接的な証拠がなければ、容疑者Kは有罪にならない」という命題（2）は演繹的に導出できるか。

6.2　量化表現

6.2.1「すべての」

論理結合子と量化表現

これまで私たちは「でない」「かつ」「または」「ならば」という4つの論理語を考察してきました。これらの論理語は「論理結合子」というタイプに属します。ここからは「**すべての**」と「**存在する**」という論理語について解説を行いますが、それらは「**量化表現**」というタイプに属します。量化表現もまた、論理結合子と同様、演繹論理にとって不可欠な論理語です。

全称量化

まずは「**すべての**」という量化表現から見ていきましょう。この表現のことを「**全称量化表現**」といいます。「すべてのFはGである」という**全称命題**（全称量化文）は、日常的な推論において、また第5章の仮説演繹法で見たように、科学的な推論の中でも重要な役割を果たします。なぜなら、日常の推論も科学の推論も、**一般的事実**や**法則**に言及する必要があり、それらはふつう全称命題によって表現されるからです。

全称命題は条件構造をもつ

自然言語（日本語や英語）で書かれた全称命題は主語述語構造をもちますが、

論理学では、それを**条件構造**として捉えます。このことを解説します。

(1) すべての犬は哺乳類である。

全称命題 (1) は「(すべての) FはGである」と表現されるため、Fを主語、Gを述語として捉えてしまいがちです。しかし論理学ではそのような捉え方はしません。[3] その代わりに、(1) を次の (2) のような条件構造をもつ命題に書き換えます。

(2) すべてのxについて、xは犬であれば、xは哺乳類である。

この (2) は、「何であれ、それが犬であれば、それは哺乳類でもある」ということを意味します。簡単にするため、文脈に応じて、「すべてのxについて」を省略し、(3) のように書いてもよいことにしましょう。(xは任意の対象を表します。)

(3) xは犬である→xは哺乳類である

念のために確認しておくと、全称命題はつねに「すべての」といった表現を伴うわけではありません。このことは最初の (1) がしばしば次の (4) のように書かれることからも自明でしょう。

(4) 犬は哺乳類である。

もう一つだけ全称命題の具体例を分析しておきましょう。

(5) この病院のすべての看護師は2回目のワクチン接種を終えた。

この (5) は「すべての看護師」の範囲を「この病院」に限定していますが、基本的な考え方はまったく同じです。それは (6) のような条件構造をもつ命題として捉えられます。

---

[3] 主語述語構造をもつ命題は、主語によって指される対象を述語 (が表現する性質) によって特徴づける働きをします。たとえば「ポチは白い」という命題は、「ポチ」によって指される対象を「白い」という述語によって特徴づけます。

(6)（すべてのxについて）xはこの病院の看護師である→xは2回目のワクチン接種を終えた

全称命題の真理条件

全称命題「すべてのFはGである」はどんな場合に真なのでしょうか。わざわざ述べるまでもないかもしれませんが、FであるものがすべてGでもある場合、かつその場合にかぎり「すべてのFはGである」は真になります。

> **全称命題の真理条件**
> 「すべてのFはGである」は真である⇔FであるものはすべてGでもある

この真理条件を図で確かめておきましょう（図6.2.1）。

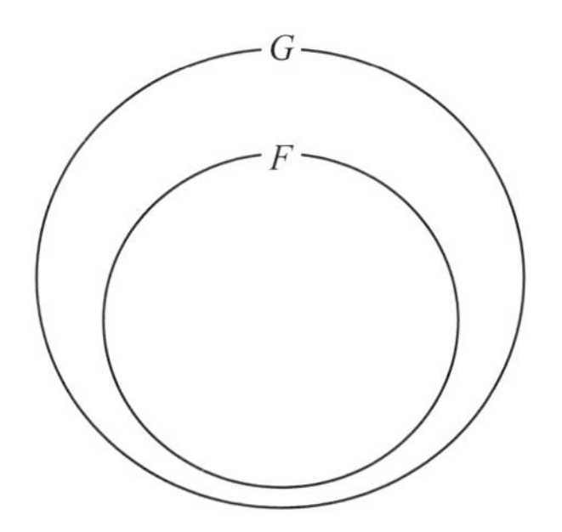

「すべての F は G である」⇔ F であるものはすべて G でもある
⇔ F の集合は G の集合に包含される
（集合 F は集合 G の部分集合である）

図 6.2.1

すでに解説したように、全称命題は条件構造をもちますので、**「すべてのxについて、xがFの集合のメンバーであれば、xはGの集合のメンバーでもある」**と理解することができます。一例を挙げるならば、「すべての犬は哺乳類である」という全称命題が真であるのは、犬の集合が哺乳類の部分集合である場合、かつその場合にかぎります。これは、「すべてのxについて、xが犬の集合のメンバーであれば、xは哺乳類の集合のメンバーでもある」ことに他なりません。

■ **練習問題6.2A**

次の全称命題を、その論理構造が分かる形式で書き換えなさい。

(a) 人間は罪深い生き物である。

(b) すべての物体は、外から力が作用しなければ、静止または等速度運動を続ける。

6.2.2「存在する」

存在命題の論理形式

「すべての」に続いて、「**存在する**」(「ある」) という表現を解説します。この存在量化表現はいわゆる**存在命題** (存在量化文) を作るための重要な表現です。「存在」という語を聞いて、「哲学ではあるまいし」と思った人もいるかもしれません。しかし、「ワクチンを2回接種した後でも感染する人が存在する (いる)」や「10よりも小さい素数は4つ存在する (ある)」や「反粒子としての陽電子が存在する」といった存在命題は、日常的推論、科学的推論のいかんを問わず、あらゆる場面に登場します。

論理学において重要となる存在命題は、端的に「Fが存在する (ある・いる)」というよりは、むしろ「GであるFが存在する」というかたちをしています。これはさらに「あるxが少なくとも1つ存在し、(xはFである) **かつ** (xはGである)」、より分かりやすく言えば、「Fであり**かつ**Gであるようなxが少なくとも1つ存在する」という形式に書き換えられます。

具体例を使ってこのことを確認しましょう。

(1) ワクチンを接種して血栓ができた人がいる。

この存在命題は次の (2) のように書き換えられます。

(2) あるxが存在し、(xはワクチンを接種した) **かつ** (xは血栓ができた)
(ワクチンを接種し**かつ**血栓ができたxが少なくとも1人存在する。)

(3) オオカミの中には単独で狩りを行うものもいる。

この（3）も同じ仕方で書き換えられます。

（4）あるxが存在し、（xはオオカミである）**かつ**（xは単独で狩りを行う）
（オオカミであり**かつ**単独で狩りを行うxが少なくとも一つ存在する。）

存在命題の真理条件

存在命題「GであるFが少なくとも1つ存在する」はいかなる場合に真なのでしょうか。この命題の論理形式からも明らかなように、Fであり**かつ**Gであるもの（「GでありかつFであるもの」でも同じです）が少なくとも1つ存在する場合、かつその場合にかぎり、「GであるFが少なくとも1つ存在する」は真になります。

> **存在命題の真理条件**
> 「GであるFが少なくとも1つ存在する」は真である⇔Fであり**かつ**Gであるものが少なくとも1つ存在する

この真理条件も図で確かめることにしましょう（図6.2.2）。

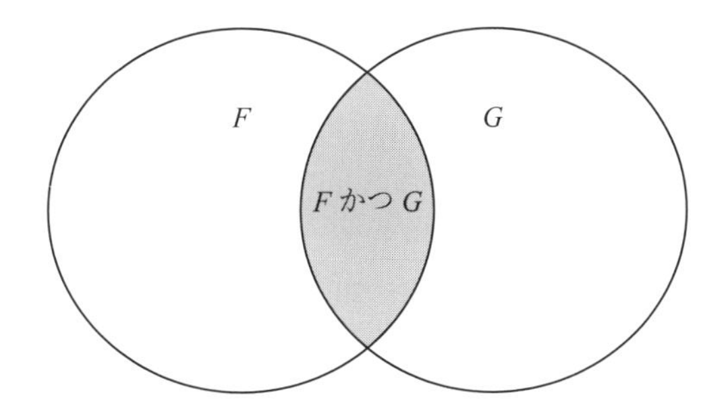

「GであるFが存在する」は真である ⇔ Fであり**かつ** Gであるものが存在する
（Fの集合とGの集合は交わりをもつ）

図 6.2.2

図6.2.2は「GであるFが存在する」が真であるための1つのケースしか図示していませんが、とにかくFの集合とGの集合が重なりさえすれば、Fであり**かつ** Gであるものが存在することになります。

■ 練習問題6.2B

次の存在命題を、その論理構造が明らかに分かる形式で書き換えなさい。

(a) 人に馴れている野良猫がいる。

(b) 論理学者の中には論理的に話さない者もいる。

6.3 否定のいろいろ

6.3.1「*A* ならば *B*」の否定

「*A* ならば *B*」を否定する

否定に関してはすでに6.1.2節で考察しましたが、そこで見たシンプルなケースとは異なり、否定表現が複合的な命題全体に掛かるケースでは、案外と多くの人が論理的な誤りを犯してしまいます。手はじめに、この節では条件命題の否定から見ていくことにします。

「*A*ならば*B*」を否定すると「*A*ならば*B*ではない」となることはたしかです。けれども、これでは「*A*ならば、*B*でない」なのか、それとも「*A*ならば*B*、でない」なのか判然としません。こうしたケースでは、適宜カッコや矢印を使って前者を「*A*ならば(*B*でない)」あるいは「*A*→(*B*でない)」、後者を「(*A*ならば*B*)でない」あるいは「(*A*→*B*)でない」のように書くと違いがはっきりします。

ここで検討したいのは後者の否定表現です。つまり「*A*ならば*B*」全体を否定した「(*A*ならば*B*)でない」という表現です。一般に、「*A*ならば*B*」の否定は、次の表現と論理的に同じ意味をもちます。なお、三本線の“≡”は「論理的に同じ意味」(同値)を表す記号として使用しています[4]。

「*A*ならば*B*」の否定

(*A*ならば*B*) でない≡*A* かつ(*B*でない)

---

[4] やや面倒な話をすると、三本線の記号“≡”でなく、二重の双方向矢印である“⇔”を使ってもかまいませんが、私たちはその記号を、命題の真理条件を日本語(メタ言語)で説明する際に用いています。したがって、2つの命題が「論理的に同じ意味(同値)である」という日本語の略記として“≡”を使うことにしました。なお、「論理的に同じ意味」(同値)という考え方は、“↔”で表現されることもあります。「なぜわざわざ違う記号を導入するのか」という問いに満足のいく答えを与えるには、「対象言語」と「メタ言語」との区別が必要になりますが、本書ではそれらの厳密な区別はしません。その代わりに、必要に応じてインフォーマルな説明を行うことにします。

「AならばB」の否定は、「Aかつ(Bでない)」と論理的に同じ意味（同値）です。やや分かりにくいので、それを自然な日本語である「Aだが、Bではない」、「Aであっても、Bではない」などと適宜言い換えることにします。
6.1.5節で挙げた条件命題を否定したものが次の（1）です。

(1) 雨が降っているならば運動会は中止になる、ということはない。

この（1）は次の（2）と論理的に同じ意味になります。

(2) 雨が降っていても、運動会は中止にならない。

こうした書き換えは、6.1.5節で見たように、条件命題がどのようなケースで偽になるかを考えれば明らかでしょう。否定する前の命題「雨が降っているならば運動会は中止になる」が偽になるのは、**雨が降っているのに運動会が中止にならないケースだけ**であったことを思い出しましょう。

■ **練習問題6.3A**（解答は章末）
私は次のような発言をしました
「私は頑張れば優勝できる！」
Hさんは私の発言を否定します。
「そんなことはないよ。」
Hさんが言いたかったことを正確に述べなさい。

6.3.2「A かつ B」の否定

「A かつ B」の否定は案外と間違いやすい

「AかつB」を否定すると、「AかつBでない」となりますが、この表現は曖昧です。否定を「AかつB」全体に掛けた場合、「(AかつB)でない」と書かなくてはなりません。この命題は「Aかつ(Bでない)」とはまったく異なります。しかし、「(AかつB)でない」の正確な意味とは何でしょうか。この問いに正確に答えられない人は案外と多いようです。
私が「この授業ではテストとレポートが課される」と告知したとします。論理的に言えば、これは「(この授業ではテストが課される) **かつ** (この授業ではレポートが課される)」ということです。いま私が前言を撤回し、「この授業ではテスト**と**レポートが課されることは**ない**」と述べ直したとしましょう。この発言はやや曖昧です。学生たちの中には「やったー、この授業ではテスト**も**レポートも課され**ない**!」と早とちりしてしまう人も出てくるかもしれません。しかし結論から言えば、彼らは間違っています。

私の最初の発言を否定した命題は次のように書くことができます。

(3) [(この授業ではテストが課される) かつ (この授業ではレポートが課される)] ことはない

この (3) は次の (4) と論理的に同じ意味になります。

(4) [(この授業ではテストが課される) ことはない] **または** [(この授業ではレポートが課される) ことはない]

この (4) を言い換えたのが (4*) です。

(4*) (この授業ではテストが課されない) **または** (この授業ではレポートが課されない)

ここで「*A* または *B*」の意味を思い出して下さい。これは *A* か *B* の少なくとも一方が真であるということでしたから、(4) および (4*) は「この授業ではテストかまたはレポートの少なくとも一方が課されない」という意味になります。したがって、私の発言訂正にぬか喜びし、「この授業ではテストもレポートも課されない」と理解した学生たちは間違っています。

「*A* かつ *B*」と両立不可能なケースとは

しかし、なぜ「かつ」を否定すると、「または」が出てくるのでしょう。より正確に言うと、なぜ「*A* かつ *B*」を否定すると「(*A* でない) **または** (*B* でない)」になるのでしょう。これを理解するためには、6.1.2節で見た、否定に関するルール、すなわち、**命題*P*の否定は、*P*と両立不可能なケースをすべてカバーしておかなければならない**というルールを思い出す必要があります。

繰り返し見てきたように、AとBという2つの命題が与えられたとき、それぞれの命題が真であるか偽であるかに応じて、4つの可能なケースを作ることができます。

(i) AもBも真であるケース
(ii) Aは真であるが、Bは偽であるケース
(iii) Aは偽であるが、Bは真であるケース
(iv) AもBも偽であるケース

「AかつB」とは (i) の状態を表します。「AかつB」の否定は、(i) と両立できないすべてのケースをカバーしなければならないので、(ii) (iii) (iv) を表しているはずです。それらの3つのケースを一つの命題で表現すると、少なくともAかBのどちらかが偽になりますから、「(Aでない) または (Bでない)」と書くことができます。それゆえに、「(AかつB)でない」は「(Aでない) または (Bでない)」と同じ意味 (同値) になるのです。

ド・モルガンの法則 I

この同値関係のことを「**ド・モルガンの法則**」(De Morgan's Law) と言います。この法則にはいくつかのバージョンがありますから、それらを区別するために、これを「**ド・モルガンの法則I**」と呼ぶことにしましょう。

「AかつB」の否定 (ド・モルガンの法則I)
(AかつB)でない ≡ (Aでない) または (Bでない)

この法則を使えば、「AかつB」の否定に関する「モヤモヤ」は解消するはずです。確認のために練習問題を解いてみましょう。

■ **練習問題6.3B** (解答は章末)
次の命題を否定し、ド・モルガンの法則Iを使って同じ意味の命題に書き換えなさい。
(a) ケンはたこ焼きと焼きそばを注文した。
(b) アキラもミサトもフランスに行ったことがある。

6.3.3「A または B」の否定

「AまたはB」全体を否定すると「(AまたはB)でない」となりますが、この否定命題の正確な意味とは何でしょう。

私が「あの国では英語かフランス語が通じる」と発言したとしましょう。ある人がこの発言を否定し、「いや、あの国では英語かフランス語が通じるということはない」と主張します。ここで問題です。もし彼が論理的な思考の持ち主であれば、彼はいったい何を主張しているのでしょうか。次の選択肢の中から正解を選んで下さい。

(i) あの国では英語は通じるが、フランス語は通じない。
(ii) あの国では英語は通じないが、フランス語は通じる。
(iii) あの国では英語もフランス語も通じる。
(iv) あの国では英語もフランス語も通じない。

解答できたでしょうか。正解は (iv) です。前節での議論を思い出して下さい。命題Aの否定は、Aと両立不可能なケースをすべてカバーしていなければなりませんでした。まず (i) から考えましょう。(i) は、「あの国では英語か (または) フランス語が通じる」という私の発言と**両立可能**です。つまり、(i) と私の発言は**同時に真である (成り立つ) ことができます**。同様に (ii) も私の発言と両立可能です。それでは (iii) はどうでしょうか。これも私の発言と両立可能です。なぜかと言えば、私の発言は「あの国では英語かフランス語の少なくともどちらかは通じる」と述べるものだからです。ゆえに両言語が通じたとしても問題ありません。

私の発言と**両立不可能**であるのは (iv)「英語もフランス語も通じない」という選択肢だけです。「両立不可能」であるとは、**同時に真である (成り立つ) ことができない**という意味でした。私の発言「あの国では英語かフランス語の少なくともどちらかは通じる」と (iv)「あの国では英語もフランス語も通じない」は、一方が真であれば他方は真ではないという関係に立つがゆえに両立不可能なのです。(iv) だけが私の発言と両立不可能ですから、私の発言と両立不可能なすべてのケースとは (iv) を指します。したがって、「あの国では英語か (または) フランス語が通じる」の否定は、「あの国では英語もフランス語も通じない」でなければならないのです。

「*A*または*B*」の否定である「(*A*または*B*)でない」は、「(*A*でない) **かつ** (*B*でない)」(*A*でも*B*でもない) と論理的に同じ意味です。実はこの同値関係も「ド・モルガンの法則」と言いますが、先に出てきた法則Iと区別するために、ここでは「**ド・モルガンの法則II**」と呼ぶことにしましょう。

「*A*または*B*」の否定 (ド・モルガンの法則II)
(*A*または*B*)でない≡ (*A*でない) かつ (*B*でない)

次の練習問題を解いてみましょう。

■ **練習問題6.3C** (解答は章末)
次の命題を否定し、ド・モルガンの法則IIを使って同じ意味の命題に書き換えなさい。
(a) その裁判ではM氏かN氏が証言する。
(b) この手続きには運転免許証もしくはパスポートが必要である。

6.3.4　全称命題の否定

「すべての*F*は*G*である」の否定

私たちが6.2.1節で学んだ全称命題は「すべての*F*は*G*である」というかたちをしていました。このタイプの命題を否定するとどうなるでしょうか。具体例で考えてみましょう。

(5) すべての日本人は日本語を話す。

次の命題 (6) は、この命題 (5) の否定とは捉えられません。

(6) すべての日本人は日本語を話さない。

命題 (5) の否定とは次の (7) のことをいいます。

(7) すべての日本人は日本語を話すわけではない。

（6）と（7）の違いはお分かりでしょうか。（6）は（5）の否定としては「強すぎ」ます。たとえば誰かが（5）を発話し、あなたがそれを否定するとき、あなたは（6）を、すなわち「日本人はみな日本語を話さない」といった極端なことを主張しているわけではないでしょう。（これは（5）の「**反対**」と呼ばれます。）そうではなく、あなたはむしろ次の（8）を主張したかったのではないでしょうか。

（8）日本語を話さない日本人もいる（存在する）。

この（8）こそが、全称命題（5）の否定、すなわち（7）の意味なのです。[5]

全称命題の否定が、**否定を含む存在命題**と同じ意味になることを示す法則もまた、「ド・モルガンの法則」と呼ばれます。すでに私たちは2つのド・モルガンの法則に言及しましたから、その法則を「**ド・モルガンの法則III**」と呼ぶことにしましょう。

全称命題の否定（ド・モルガンの法則III）
すべてのFはGであるわけではない ≡ GでないFが少なくとも1つ存在する

この法則を使って次の（9）を書き換えると（10）になります。

（9）すべての学生は単位を取得できたわけではない。

（10）単位を取得できなかった学生が少なくとも1人いる（存在する）。

この「全称命題の否定」とあわせて覚えておきたいのが、次に解説する「存在命題の否定」です。

---

[5]　ついでに述べておくと、(8) は、(5) の「反対」である (6) のケースをカバーできます。なぜなら (8) は「日本語を話さない日本人が少なくとも1人存在する」と述べているわけですから、日本語を話さない日本人は何人存在してもかまいません。それは日本人全員であってもよいわけです。つまり、(8) は (5) と両立不可能なケースをすべてカバーできているのに対し、(6) はそのほんの一部しかカバーできていません。ゆえに、(6) は (5) の「否定」そのものではないのです。

6.3.5　存在命題の否定

私たちが6.2.2節で見た存在命題は「*G*である*F*が存在する」というかたちをしていました。この存在命題を否定するとどうなるでしょうか。興味深いことに、それは**否定を含む全称命題**に変換されます。この変換の規則もまた「ド・モルガンの法則」と呼ばれますので、私たちはそれを「**ド・モルガンの法則IV**」と名づけることにします。

存在命題の否定（ド・モルガンの法則IV）
*G*である*F*が存在することはない（存在しない）≡ すべての*F*は*G*でない

誰かが「130歳を超えた日本人は存在する」と発言したとしましょう。あなたは命題（11）を発話して、それを否定します。

（11）130歳を超えた日本人は存在しない。

この否定存在命題を、ド・モルガンの法則IVに従って、同じ意味の命題に書き換えたものが（12）です。

（12）すべての日本人は130歳を超えていない。

これで存在命題の否定から否定を含む全称命題への変換が完了しました。これまでにやたらと「ド・モルガンの法則」が出てきたことに驚いている人もいるでしょう。しかし、ド・モルガンの法則はこうした「変換」——連言と選言との相互変換、全称と存在との相互変換など——を表す総称だと理解するとよいかもしれません。

■ **練習問題6.3D**（解答は章末）
次の命題をド・モルガンの法則を使って同値の命題に書き換えなさい。
(a) すべての哺乳類は卵を産まないわけではない。
(b) 2よりも小さい素数は存在しない。
(c) 卒業できなかった学生も存在する。

文献案内

ここで行ったような、記号を使わない論理語（論理結合子と量化表現）の解説は、野矢（2006）が大変分かりやすいと思います。記号が苦にならず、もう少し難しい内容を勉強したいという人には戸田山（2000）をお薦めします。論理学の哲学的側面に関心がある人は加地（2020）を手にとってみるとよいかもしれません。

練習問題の解答と解説

■ 練習問題6.1Aの解答

「好きである」の否定は「好きでは**ない**」です。しかし、それは「嫌いである」と論理的に同じ意味ではありません。なぜなら「無関心である（好きでも嫌いでもない）」もまた、「好きである」と両立不可能だからです。したがって、友人は、「ハンドボールが好きではない」から「ハンドボールが嫌いである」を（演繹的に）導くことはできません。しいて言えば、友人は「そっか、**君はハンドボールが嫌いか、またはそもそもハンドボールに無関心なんだね**」と会話を締めくくるべきです。

■ 練習問題6.1Bの解答

「東京都にその宣言は適用される、**かつ**大阪府にその宣言は適用される。」

■ 練習問題6.1Cの解答

この論証は演繹的に妥当ではありません。前提1の「ジロウ**か**サブロウ」の「か」を両立的選言とすると、前提1は「ジロウが来るか、**または**サブロウが来るか（の少なくとも一方は真である）」と理解されます。「ジロウが来る」と「サブロウが来る」が両方とも真であっても前提1は真になりますから、前提2で「ジロウが来る」が真であることが分かったからといって、それらから「サブロウが来る」は偽である（「サブロウは来ない」）と演繹的に結論することはできません。つまり、2つの前提が真であったとしても、結論が偽である可能性、すなわちサブロウは来る可能性があります。

ちなみにこの論証は3.1.3節で見た「**選言肯定の誤謬**」だということに気がつきましたか。

■ 練習問題6.1Dの解答

(a) 今回の選挙でA党が惨敗したのに、総裁が政界を引退しなかった場合です。

(b) 総裁の発言は偽（「嘘」）だったということにはなりません。なぜなら、発言が偽であるのは「A党が惨敗したのに、総裁が政界を引退しなかった」場合のみであり、その他の場合には、発言は真になるからです。

■ 練習問題6.1Eの解答

（逆）ツヨシにアリバイがなければ、ツヨシは犯人である。
（裏）ツヨシが犯人でなければ、ツヨシにはアリバイがある。
（対偶）ツヨシにアリバイがあれば、ツヨシは犯人ではない。

■ 練習問題6.1Fの解答

演繹的に導出することはできません。なぜなら命題（2）は命題（1）の「裏」だからです。

■ 練習問題6.2Aの解答

(a) すべてのxについて、xは人間である→xは罪深い生き物である

この(a)は日常生活（宗教的生活？）の中でよく述べられるような「一般的事実」を表現する全称命題です。

(b) すべてのxについて、xに外から力が作用しない→（xは物体である→xは静止または等速度運動を続ける）

この(b)に関しては、「外から力が作用しなければ」という条件をどこに入れればよいのか迷ったかもしれません。条件法が2回も登場するのでややこしく見えますが、考え方としては「外から力が作用していない」という条件下で「すべての物体は……を続ける」と捉えると分かりやすいかもしれません。なお、(b)は次の(b*)のように書くこともできます。

(b*) すべてのxについて、[（xに外から力が作用しない）**かつ**（xは物体である）]→xは静止または等速度運動を続ける

一般に、$A \to (B \to C)$ は $(A \,\&\, B) \to C$と論理的に同じ意味です。こうした同値命題に関しては「続巻」で解説します。

■ 練習問題6.2Bの解答

(a) 人に馴れていて**かつ**野良猫であるxが少なくとも1つ存在する。（あるxが存在し、（xは人に馴れている）**かつ**（xは野良猫である）。）

(*b*) 論理学者でありかつ論理的に話さないxが存在する。(あるxが存在し、(xは論理学者である) かつ (xは論理的に話さない)。)

■ 練習問題6.3Aの解答

答え自体は簡単ですが、この節で学んだことを使って解答してみましょう。

私の発言は「私は頑張る→私は優勝できる」という条件命題で表現されます。条件命題$A \to B$を否定した、「$(A \to B)$でない」は「Aかつ (Bでない)」と同じ意味でした。したがって、Hさんが私の発言を否定することで言いたかったのは、「私は頑張るかつ私は優勝できない」、すなわち「**私は頑張っても優勝できない**」ということです。

■ 練習問題6.3Bの解答

(a) を論理的に書き直すと「(ケンはたこ焼きを注文した) かつ (ケンは焼きそばを注文した)」となります。これを否定した「[(ケンはたこ焼きを注文した) かつ (ケンは焼きそばを注文した)] ということはない」は、ド・モルガンの法則Iより、「(ケンはたこ焼きを注文した) ということはない、または (ケンは焼きそばを注文した) ということはない」に書き換えられます。より自然な日本語に直すと、「**ケンはたこ焼きを注文しなかったか、または焼きそばを注文しなかった**」となります。

(b) は「(アキラはフランスに行ったことがある) かつ (ミサトはフランスに行ったことがある)」という連言命題です。この連言命題を否定したうえで、それにド・モルガンの法則Iを適用すると、「**アキラはフランスに行ったことがないか、またはミサトはフランスに行ったことがない**」(「**アキラかミサトの少なくとも一方は、フランスに行ったことがない**」) となります。

不毛な練習問題だと思われたかもしれませんが、次のような状況を想像しながら解いてみるとよいかもしれません。刑事が「アキラもミサトもその犯行現場にいた」と断言したところ、目撃者が「そんなことない」と刑事の言葉を否定するような状況です。このとき目撃者は「アキラもミサトもその犯行現場にいなかった」ということを言いたかったのでしょうか。ド・モルガンの法則Iを学ぶと、必ずしもそうではないことが理解できるはずです。

■ 練習問題6.3Cの解答

(a) の否定は「[(その裁判ではM氏が証言する) または (その裁判ではN氏が証言する)] ことはない」となります。これにド・モルガンの法則IIを適用すると、「(その裁判ではM氏は証言しない) かつ (その裁判ではN氏は証言しない)」と書き換えられます。これを自然な日本語にすると「その裁判ではM氏もN氏も証言しない」となります。

(b) に現れる「もしくは」という表現は「または」と同じ意味です。(b) を否定し、それにド・モルガンの法則IIを適用すると、「この手続きには運転免許証もパスポートも必要ない」となります。

■ 練習問題6.3Dの解答

(a) 卵を産む哺乳類が存在する。(ド・モルガンの法則III)

(b) すべての素数は2よりも小さくない (2以上である)。(ド・モルガンの法則IV)

(c) すべての学生が卒業できたわけではない。(ド・モルガンの法則IIIの右辺から左辺への変換)

第7章

定義と論理

前章では、論理結合子（「でない」、「かつ」、「または」、「ならば」）と量化表現（「すべての」、「存在する」）という演繹論理にとって不可欠な論理語を学びました。

この第7章では、**定義**（definition）という主題を扱います。定義を論じることのメリットは二つあります。第一に、私たちは前章で習得した論理語に関する知識を、定義の論理形式を学ぶことによって、さらにブラッシュアップすることができます。第二に、しばしば定義は論証の重要な構成要素となりますから、定義の論理形式を理解することは、論証のより深い理解につながります。ゆえに、定義という主題を扱うことは、私たちにとってまさに「一石二鳥」であると言えます。

7.1　定義とは何か

7.1.1　定義の構造

定義とは「語の定義」である

定義とはまずもって語（記号）の定義のことをいいます。定義は対象の定義ではありません。定義が説明しようとする**意味**（meaning）をもちうるのは、あくまで語（記号）であって、対象ではないからです[1]。したがって、「偶数」（という語）の定義や「芸術作品」（という語）の定義という言い回しは正当であるのに対し、いま私が手にしているコップ（という対象）の定義や《モナ・リザ》（という対象）

[1]「対象は意味をもたない」と述べるのはやや言い過ぎかもしれません。対象が広義の意味（＝価値）をもちうることは自明です。たとえば、私の所有するもの（対象）たちは、私にとって何らかの意味ないし価値をもっています。しかし定義を論じる際に問題となるのは狭義の意味、すなわち言語的意味です。

の定義といった言い回しは正当ではありません。(ただし、後で言及するように「○○という**概念**の定義」という言い方は許容されます。混乱しそうであれば、「『○○』という語で表現される概念の定義」と言い換えるとよいでしょう。「偶数」という語で表現される概念(偶数概念)の定義など。)

なお、「語の定義」における「語」に固有名詞は含まれません。「内閣総理大臣」は定義されますが、「菅義偉」は定義される語ではありません。

被定義項と定義項

私たちは、定義される側の語を「**被定義項**」(definiendum)、定義する側の語を「**定義項**」(definiens)と呼びます(図7.1.1)。

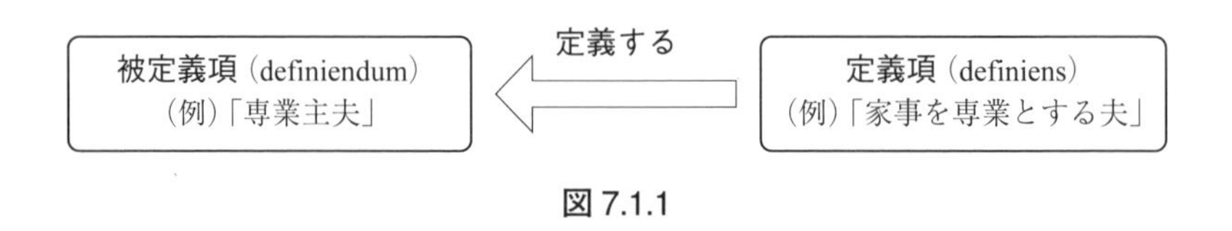

図 7.1.1

たとえば「専業主夫」という語を定義したいとします。このとき「専業主夫」は定義される語ですから被定義項です。「家事を専業とする夫」という言語表現が「専業主夫」を定義するのであれば、「家事を専業とする夫」は(「専業主夫」の)**定義項**です。

定義が成り立つためには、被定義項と定義項の意味は同じでなければなりません。この例では「専業主夫」の意味と「家事を専業とする夫」の意味は同じだと考えられます。

ここで導入した用語を用いると、**定義とは被定義項(定義される語)の意味を定義項(定義する語)によって与えることだ**とまとめることができるでしょう。

7.1.2　外延的定義と内包的定義

「対象の集まり」によって意味を与える

前節の最後で「被定義項の意味を定義項によって与える」という言い方をしましたが、そもそも語の意味はどのように与えられるのでしょうか。これに関しては2つの考え方があります。

1つ目は、**語が指す対象(の集まり)を示すことによって語の意味が与えられ**

るという考え方です。この考え方によれば「太陽系の惑星」という語の意味は、それが指す対象の集まり、すなわち{水星，金星，地球，火星，木星，土星，天王星，海王星}を示すことで与えられます。この対象の集まりのことを「太陽系の惑星」という語の**外延**（extension）といいます。

「対象の性質」によって意味を与える

ある語の外延に属する対象たちについて、それらすべてがもち、かつそれらだけしかもたない何らかの**性質**（property）があると考えるのは自然です。そうした性質が、ある語の外延に属する対象たちを他の対象たちから区別すると思われます。先述した例で言えば、太陽系の惑星について、それらすべてがもち、かつそれらのみがもつ何らかの性質Pを考えることができます。たとえば金星はその性質Pをもつがゆえに「太陽系の惑星」の外延に属します。これに対し、月は性質Pをもたないので「太陽系の惑星」の外延には属しません。また、冥王星は性質Pをもたないことが最近になって判明したので「太陽系の惑星」の外延から除外されました。

語の意味に関する2つ目の考え方はこの「性質」という概念を利用します。すなわちそれは、**語の意味とは、語が指す対象すべてに共通し、かつそれらの対象しかもたない性質を示すことによって与えられる**という考え方です。こうした性質は語の**内包**（intension）と呼ばれます。たとえば「素数」という語の外延は{2, 3, 5, 7, 11,…}ですが、その内包は「1かそれ自身でしか割ることのできない2以上の自然数である」という性質です。

内包的定義の外延的定義に対する優位性

語の意味に関するこれら2つの考え方に応じて、定義は**外延的定義**（extensional definition）と**内包的定義**（intensional definition）とに区分されます。前者の定義は**語の外延を示すことによって語の定義を行う**のに対し、後者は**語の内包を示すことによって語の定義を行います**。

なるほど外延的定義は便利な定義の技法ではあります。「武道って何なの」と子どもに尋ねられたとき、「それは日本で体系化された武技の修練による心技一如の運動文化であり、かつ武士道の伝統に由来するんだ」などと答えるよりは、「それは剣道とか柔道とか空手とかのことだよ」と答えた方がよほど分かりやすいでしょう。これは外延による定義です。しかし、こうしたケースは別として、多くの語は無数の対象をその外延に含んでいます。したがって、しばしば外延的定義は「等々」や「…」という表現を使わざるをえません。「整数とは {…, –3, –2, –1, 0, 1, 2, 3, …} のことをいう」などがそうです。これは外延的定義の大きな欠点の一つです。

さらに言えば、一般に、**語の内包が与えられていなければ、その語の外延を決めることは困難であるよう**に見えます。というのも、ある語の外延とはその語が指す対象の集まりなのですから。(「後期高齢者」の内包、つまり意味が与えられていないのに、その外延を決めることなどできるでしょうか。) したがって、2つのタイプの定義は区別されるものの、**内包的定義は外延的定義に論理的に先立つという意味で優位性をもつ**と言えるでしょう。以後、私たちが「定義」と言うときは、原則として、内包的定義を意味することにします。

■ 練習問題7.1
「国連の常任理事国」という語の外延的定義と内包的定義を述べなさい。

7.2 定義の論理形式

7.2.1 必要条件と十分条件

定義と必要十分条件

しばしば「定義」を表す記号として "$=_{\text{def}}$" や "$\Leftrightarrow_{\text{def}}$" を見かけます。

$$A\text{（被定義項）} =_{\text{def}} B\text{（定義項）}$$

こうした記号は何を表しているのでしょうか。

標準的な答えは、それらは**必要十分条件** (necessary and sufficient condition) を表すというものです。「必要十分条件」という言葉を聞いて、「嫌な予感」がしている人もいるでしょう。この言葉は高校数学の初期の段階で習うとはいえ、苦手意識を払拭できない人も多いようです。しかし安心して下さい。ここでは高校数学の内容をすべて忘れていたとしても問題はありません。

これから私たちは、第6章で学んだ「論理語」が、定義の論理形式――必要十分条件という形式――を理解するうえで不可欠であることを見ていきます。

必要条件

前章で学んだ「**ならば**」（条件法）を、**必要条件**（necessary condition）と**十分条件**（sufficient condition）という観点から捉え直します。

一般に、「AならばB」という命題において、BはAが成り立つための**必要条件**です。次の命題を例にとりましょう。（見やすさのため「ならば」を「→」という矢印で表すことがあります。）

(1) xは父であるならば、xは男である。[2]（xは父である→xは男である）

この命題 (1) において、「xは男である」は、「xは父である」が真である（成り立つ）ための必要条件であると言われます。簡単に言えば、**誰かが「父」であるためには、その人は「男」である必要がある**ということです。[3]

しかし、ある人が「男」であれば、その人は「父」であることになるでしょうか。言い換えれば、「xは男である」ことは、「xは父である」ために十分だと言えるでしょうか。もちろんそんなことはありません。たとえxが男であったとしても、xに子がいなければ、xは父ではありません。ここから言えることは、必要条件は十分条件とは区別されなければならないということです。

十分条件

十分条件について解説しましょう。一般に、「AならばB」という条件命題において、AはBが真である（成り立つ）ための**十分条件**であると言われます。命題 (1) において、「xは父である」は「xは男である」が真であるための十分条件です。すなわち、誰かが父であることは、その人が男であるためには十分だということです。しかし当然ですが、父であることは男であることの必要条件ではありません。ある人が男であるために、その人が父である必要はないからです。

いま述べたことを図で確認しておきましょう（図7.2.1a; 図7.2.1b）。

---

[2] ここでは、「すべてのxについて、xは父であるならば、xは男である」という全称命題が意図されていますが、必要／十分条件に焦点を当てるため、ここでは「すべてのxについて」という量化表現を省略しています。気になる人は、xを「任意のx」（「どんなxも」）と読み替えて下さい。

[3] ここでの「x」は人であることにします。正確に言えば、xは人の範囲を動く変項（変数）ですが、これらに関しては「基礎編」で解説します。

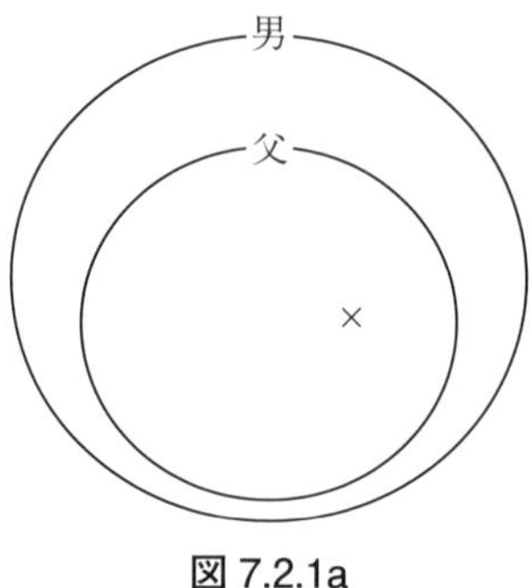

図 7.2.1a

図7.2.1aは「xは父であるならば、xは男である」という条件命題を集合間の包含関係で示したものです。「xは男である」ことは、「xは父である」ことの**必要条件**であると述べましたが、それは何か（×印）が父の集合に入るためには、それ（×印）は少なくとも男の集合に入っている必要があることを意味します。当然のことながら、何か（×印）が男の集合の外にあれば、それが父の集合に入ることはできません。

しかしながら、「xは男である」ことは、「xは父である」ことの**十分条件**ではありません。なぜなら、何か（×印）が男の集合に入っていても、それが父の集合に入っているとはかぎらないからです（図7.2.1b）。

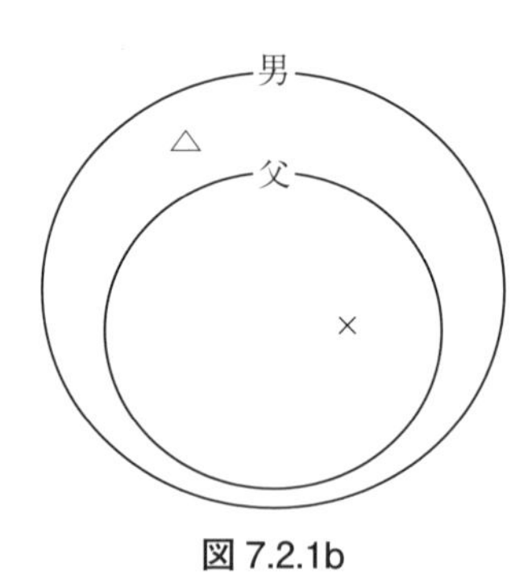

図 7.2.1b

図7.2.1bを見て下さい。何かが男の集合の中に入りうるケースは2通りあります。1つ目は、それが父の集合にも入っているケースです。それは×印で表しました。2つ目は、それが父の集合の中には入っていないケースです。この図ではそれを△印で表しています。つまり、何かが男の集合に入っていたとしても——この2つ目のケースが実現している可能性があるので——それが父の集合に入っ

ているとはかぎりません。言い換えれば、誰かが男であることは、その人が父であるために十分ではない、ということです。

これに対し、何かが父の集合に入っていれば、それは自動的に男の集合にも入っています。これは図の×印を見れば明らかでしょう。つまり、「xは父である」ことは「xが男である」ための十分条件だということです。「父であれば自動的に男だ」と覚えてもよいでしょう。

これを一般化すると次のような図になります（図7.2.1c）。

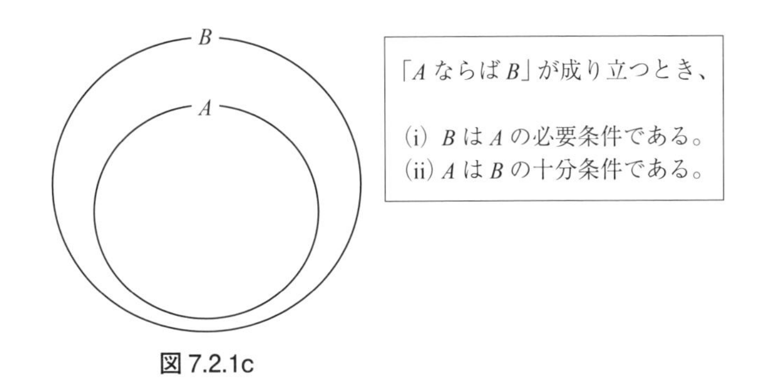

B
A
「AならばB」が成り立つとき、
(i) BはAの必要条件である。
(ii) AはBの十分条件である。

図 7.2.1c

必要十分条件

BがAの必要条件でありかつ十分条件でもあるならば、BはAの**必要十分条件**であると言われます。（「AはBの必要十分条件である」と言っても同じことです。）すなわち「AならばB」と「BならばA」が同時に成り立つとき、BはAの（AはBの）必要十分条件であるということです。

これを次の命題で確認しておきましょう。

(2) xは父であるならば、xは子をもつ男である。（xは父である→xは子をもつ男である）

(3) xは子をもつ男であるならば、xは父である。（xは子をもつ男である→xは父である）

命題（2）と（3）は同時に成り立ちます。したがって、「xは子をもつ男である」ことは「xは父である」ことの必要十分条件です。必要十分条件は「$A \rightarrow B$」と「$A \leftarrow B$」（$B \rightarrow A$）が同時に成り立つことですから、双方向の矢印を使って「$A \leftrightarrow B$」

と表されます。

必要十分条件

$A \leftrightarrow B \equiv (A \rightarrow B)$ かつ $(B \rightarrow A)$

(2) と (3) は同時に成り立ちますから、それらを「かつ」でつなぐと、次の (4) と同じ意味になります。

(4) xは父である$\leftrightarrow$$x$は子をもつ男である

ところで、「子をもつ男」が「父」の定義にもなっていることに気がついたでしょうか。ここでの被定義項は「父」、定義項は「子をもつ男」です。

(5) 父 $=_{def}$ 子をもつ男

このように、定義を表す記号“$=_{def}$”は必要十分条件を表すと一般に理解されています。ただし、“$=_{def}$”の場合は、左辺に被定義項が入り、右辺には定義項が入ります。これらを入れ替えてしまうと奇妙なことになるでしょう。(「父」は「子をもつ男」と定義されるという言い方は正当ですが、「子をもつ男」は「父」と定義されるという言い方は奇妙です。) これに対し、必要十分条件は両辺を自由に入れ替えることができます。したがって、厳密に言えば、定義として意図されている必要十分条件については、左辺に被定義項、右辺に定義項を配置しなければなりません[4]。

前章で学んだ条件法が、定義の論理形式 (必要十分条件) を考察する際に不可欠であるということを理解していただけたでしょうか。次節からは、他の論理語を使って、より細かく定義の論理形式について見ていくことにします。

---

[4] もう一つ細かいことを言えば、必要十分条件 ($\leftrightarrow$) の左辺と右辺には、語 (ないし項) ではなく、命題 (ないし論理式) が入ります。これに対し、定義記号“$\Leftrightarrow_{def}$”の両辺には語 (項) が入ります。両辺に命題 (論理式) を入れたいのであれば、3本線を使った“$\equiv_{def}$”や双方向の矢印を使った“$\Leftrightarrow_{def}$”が適切でしょう。しかしこの段階ではあまり細かなことにこだわりすぎないようにしましょう。

■ 練習問題7.2A

(a)「日本のパスポート（日本国旅券）をもつ」ことは「日本国籍をもつ」ことの必要条件か、十分条件か、それとも必要十分条件か。

(b)「xは日本の医師である→xは大学の医学部を卒業している」という命題が真だとします。このとき「大学の医学部を卒業している」ことは「日本の医師である」ことの必要条件か、十分条件か、それとも必要十分条件か。

7.2.2 連言と定義

「かつ」のふるまい

この節では「かつ」（連言）が、定義の論理形式の中にどのように現れるかを見ていきます。

この論理語は、前節の「父」の定義（4）の中に非明示的な仕方で現れていました。それを明示化すると次の（6）になります。（なお、見やすさのため「かつ」を「&」で表すことがあります。）

（6）xは父である ↔（xは男である & xは子をもつ）

命題（6）の右辺は「子をもつ男である」を「男である」と「子をもつ」に分解して“&”でつないでいます。論理的な観点から言えば、（4）よりも望ましいでしょう。

命題（6）の「→」方向（つまり双方向矢印「↔」の左辺から右辺の方向）は、「xは父である」ならば、「xは男である」と「xは子をもつ」はともに（同時に）成り立つと述べています。逆の「←」方向（つまり双方向矢印の右辺から左辺の方向）は、「xは男である」と「xは子をもつ」がともに（同時に）成り立てば、「xは父である」も成り立つことを述べています。

第6章で見たように、「A & B」（A かつ B）が真であるとは、AとBがともに真であるということです。ついでに述べておけば、前節で考察した必要十分条件それ自体も「かつ」という論理語を使って定式化されました。「$A \leftrightarrow B$」は「$(A \rightarrow B)$ & $(B \rightarrow A)$」だったことを思い出して下さい。これは「$A \rightarrow B$」と「$B \rightarrow A$」が同時に真であることを意味しています。

必要かつあわせて十分な条件

別の例を検討してみましょう。たとえば「次男」はどのように定義されるでしょうか。私たちは「xは次男である」ための必要十分条件を見つけ出さなくてはなりません。まずは必要条件を探してみます。

(7) xは次男である→xは男子である

誰であっても、ある人が「次男」であるためには、その人は「男子」である必要があります。しかし、「男子」であることは「次男」であることにとって十分ではありません。そこでさらなる条件を追加します。

(8) xは次男である→［(xは男子である) & (xは兄弟をもつ) & (xよりも先に生まれた兄弟は1人だけである)］

(8) の後件に現れる3つの条件はすべて“&”で結ばれています。つまり (8) は、ある人が「次男」であれば、それら3つの条件を同時に満たすと述べているのです。ところで (8) の「逆」は成り立つでしょうか。(「$A \rightarrow B$」の逆は「$B \rightarrow A$」です。)そこで次の (9) を検討してみます。

(9)［(xは男子である) & (xは兄弟をもつ) & (xよりも先に生まれた兄弟は1人だけである)］→xは次男である

誰であれ、ある人が「男子」で、かつ「兄弟をもち」、かつ「先に生まれた兄弟を1人だけもつ」という3つの条件を同時に満たせば、その人が「次男」であることは間違いありません。したがって (8) の逆である (9) は成り立ちます。

3つの条件 (「男子である」「兄弟をもつ」「先に生まれた兄弟を1人だけもつ」) のそれぞれは、誰かが「次男」であるための必要条件です。しかしそれら3つをすべてあわせると十分条件にもなることに注意して下さい。こうした条件を「**必要かつあわせて十分な条件**」(necessary and jointly sufficient conditions) と言ったりします。多くのケースにおいて、**定義するとは被定義項の必要かつあわせて十分な条件を見つけ出すこと**です。

7.2.3　選言と定義

両立的選言

「または」（選言）は定義の論理形式の中でどのようなふるまいをするのでしょう。第6章の復習をしておくと、「AまたはB」が真であるとは、AかBの少なくとも一方が真であることをいいます。この「または」は両立的選言ですから、「AまたはB」が偽であるのは、AもBも偽であるときだけです。

具体例：「正当防衛」の定義

刑法36条1項（正当防衛）は「急迫不正の侵害に対して、自己**又は**他人の権利を防衛するため、やむを得ずにした行為は、罰しない」（強調は引用者）であると述べています。ここでの「正当防衛」の定義は次のように書けるはずです。

（10）xは正当防衛である↔（i）xは急迫不正の侵害に対し**自己**の権利を防衛するためにやむを得ずにした行為である**または**（ii）xは急迫不正の侵害に対し**他人**の権利を防衛するためにやむを得ずにした行為である

定義（10）は、何であれ、ある行為が正当防衛であれば、（i）または（ii）の少なくとも一方が真であると述べています。それは**自己**の権利を防衛するためにした行為であっても、**他人**（たとえばあなたと一緒にいた妻）の権利を防衛するためにした行為であっても、**自己と他人**の権利を防衛するためにした行為でもかまわないことになります。（刃物をもった男があなたとあなたの妻に向かって突進してきたようなケースを思い浮かべて下さい。）

逆に、（i）の条件を満たす行為であれば、それは正当防衛です。同様に、（ii）の条件を満たす行為も正当防衛です。（i）か（ii）のどちらか一方だけでも正当防衛になりますし、（i）と（ii）の両方を同時に満たしたとしても正当防衛になります。（両立的）選言の理解が、こうした定義を正確に理解するために欠かすことができないということが分かっていただけたでしょうか。

具体例：「災害」の定義

もう一つ例を挙げておきましょう。「災害」はきちんと定義するのが難しい語ですが、仮に次のような定義を採用したとしましょう。

災害とは、自然現象**や**人為的な原因によって、人間および人間社会に何らかの破壊力が加わって、人命が失われ**たり**社会的財産等が失われることで、それまでに構築されてきた社会的均衡が崩れる事態を指す。[5]

この定義の中の「自然現象**や**人為的原因によって」は、論理的には「自然現象**または**人為的原因によって」と言い換えられます。同様に、「人命が失われ**たり**社会的財産等が失われる」は「人命**または**社会的財産等が失われる」と言い換えられます。「**または**」という論理結合子が2回出てきますのでやや複雑になりますが、これを論理的な仕方で表現すると次の（11）のようになるはずです。

（11）*x*は災害である ↔ (i) *x*は**自然現象**によって、人間および人間社会に何らかの破壊力が加わって、**人命**が失われることで、それまでに構築されてきた社会的均衡が崩れる事態である

または (ii) *x*は**自然現象**によって、人間および人間社会に何らかの破壊力が加わって、**社会的財産等**が失われることで、それまでに構築されてきた社会的均衡が崩れる事態である

または (iii) *x*は**人為的原因**によって、人間および人間社会に何らかの破壊力が加わって、**人命**が失われることで、それまでに構築されてきた社会的均衡が崩れる事態である

または (iv) *x*は**人為的原因**によって、人間および人間社会に何らかの破壊力が加わって、**社会的財産等**が失われることで、それまでに構築されてきた社会的均衡が崩れる事態である

この長ったらしい定義（11）のポイントは、(i)「自然現象によって生じ、人命が失われる事態」、(ii)「自然現象によって生じ、社会的財産等が失われる事態」、(iii)「人為的原因によって生じ、人命が失われる事態」、(iv)「人為的な原因によっ

[5] 『世界大百科事典 第2版』（平凡社）とウィキペディアによる定義を組み合わせました。強調は引用者によるものです。

て生じ、社会的財産等が失われる事態」という4つのケースが区別されるということです。この区別は図7.2.3を見るとよりはっきりするでしょう。「または」(選言）は**枝分かれ**によって表現されます。

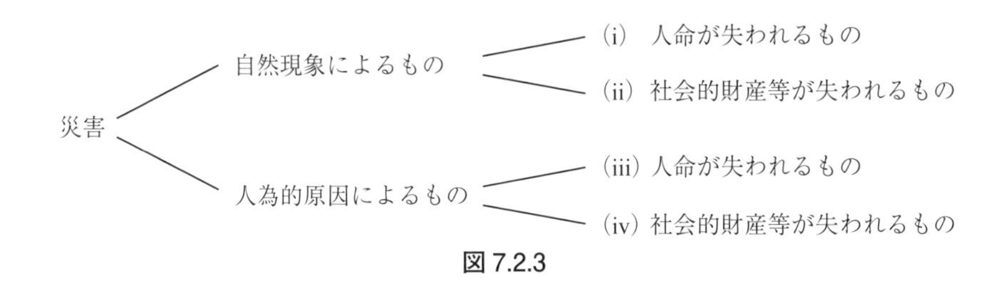

図 7.2.3

定義（11）において、(i)～(iv) は「または」で結ばれていますから、**ある事態が災害であれば、4つのケースのうちの少なくとも1つに当てはまっている**ことになります。逆から考えると、**ある事態が4つのケースのうちの少なくとも1つに当てはまれば、それは災害です**。もちろん「少なくとも1つ」ですから、2つに当てはまっても、3つに当てはまっても、4つすべてに当てはまっても、それが災害であることに変わりありません。

東日本大震災における原子力災害などは（i）から（iv）まですべてに該当すると言ってもよいでしょう。それに対し、火山の噴火に伴う大規模な降灰による災害は、(ii) のケースだけに該当するものが多いと思われます。(人命まで失われることはありませんが、交通機関への影響や、農作物への被害などが認められるケースです。)

多少のニュアンスの違いはあるとはいえ、「あるいは」、「もしくは」という表現が定義の中に現れたら、論理結合子としての「または」(選言）と同じ役割を果たすと考えてかまいません。

■ **練習問題 7.2B**

ある定義に関する次の命題（B）を自然な日本語に書き換えなさい。

（B）xは独身である ↔ (xは18歳以上である) & (xは配偶者をもたない)

■ **練習問題 7.2C**

次の「留年」の定義を、必要十分条件で定式化した命題に書き換えなさい。

「留年」とは、学生が進級・卒業に必要な単位を取得しないで、原級にとどまることをいう（『精選版 日本国語大辞典』小学館）。

7.2.4 定義に対する反論

反論のポイント

この節では与えられた定義に対して反論する仕方を解説します。反論は、定義のどこが拙いのかを正確に指摘しなければなりませんが、その際にポイントとなるのが、**定義の論理形式を把握すること**と、**否定の意味を正確に理解すること**です。前節まででで学んだ必要十分条件による定式化と第6章で学んだ複合的命題の否定がきっと役に立つはずです。

具体例：「失業者」の定義に対する反論

さっそく具体例を検討していきます。ある人が次のように「失業者」を定義したとしましょう。

（12）失業者とは、現在の賃金水準に満足せず、自らの意志で就業しない労働者である。

この「失業者」の定義（12）を必要十分条件を使って定式化した命題が次の（13）です。（ここでは「すべてのxについて」は重要であるので省略せずに書きました。）

（13）すべてのxについて：xは失業者である↔（xは現在の賃金水準を低いと考える労働者である & xは自らの意志で就業しない労働者である）

あなたはこの「失業者」の定義（13）に納得がいきません。しかし、この定義のどこが拙いのでしょう。

あなたは（13）の「→」方向に問題があると考えました。この方向だけを取り出した命題は（14）です。

（14）すべてのxについて：xは失業者である→（xは現在の賃金水準を低いと考える労働者である & xは自らの意志で就業しない労働者である）

あなたの反論は（14）が成り立たないこと、つまり偽であることを主張するものです。言い換えれば、「→」の右辺は左辺の必要条件ではないという反論です。したがって、あなたの主張は（14）の否定として表現されなければなりません。それが次の（15）です。

（15）［すべてのxについて：xは失業者である→（xは現在の賃金水準を低いと考える労働者である & xは自らの意志で就業しない労働者である）］**というわけではない**

6.3.4節で検討した「全称命題の否定」を思い出しましょう。「すべてのFはGである」（「すべてのxについて：xはFである→xはGである」）を否定した命題は、「GでないFが少なくとも1つ存在する」と同じ意味になりました（ド・モルガンの法則III）。したがって、（15）は次の（16）と同じ意味になります。

（16）（現在の賃金水準を低いと考える労働者である & 自らの意志で就業しない労働者である）ことはない失業者が存在する

やや分かりにくい命題ですが、その理由は「GでないFが存在する」の「G」が「G&H」という連言になっているからです。それゆえ、（16）は「（G&H）ではないFが存在する」というかたちをしているのです。

連言の否定「（G&H）ではない」は、前章で見たド・モルガンの法則Iを適用して、「Gではない**または** Hではない」に書き換えられますから、（16）は次の（17）のように書くことができます。

（17）（現在の賃金水準を低いと考える労働者ではない、**または**自らの意志で就業しない労働者ではない）失業者が存在する

この（17）をさらに、「次のような失業者が存在する。その失業者は、現在の賃金水準を低いと考える労働者ではないか、**または**自らの意志で就業しない労働者ではない」と言い換えてもかまいません。

要するに、あなたは、**失業者ではあるが、（14）の後件の2つの条件のうちの少なくとも1つを満たさないような者がいる**という反論を提出しているのです。

もっとざっくばらんに言えば、あなたは次のような反論をしたいのです。「彼

は失業者だけど、現在の賃金水準を低いとは思っていないよ」とか、「彼女は失業者だけど、決して自分の意志で就業していないわけではないよ。彼女は働きたがっているけど、なかなか職が見つからないんだ」といった反論です。「僕の友人Kは失業者だけど、彼は自らの意志で就業していないわけではないし、現在の賃金水準を低いとも考えていないよ」という反論でもかまいません。

ちなみに、ここで例に挙げた「定義」は「**自発的失業者**」の定義であり、失業者全体をカバーできるものではありません。したがって、あなたの反論はもっともです。ケインズ以来、労働市場の需要不足により「働きたくても働けない」労働者も「**非自発的失業者**」として失業者に含める定義が採用されています。「失業者」の適切な定義は、自発的失業者と非自発的失業者の両方をカバーできるものでなくてはなりません。

具体例:「性的マイノリティ」の定義への反論

もう一つ定義に対する反論の具体例を見ておきます。あなたの友人が「性的マイノリティ」を次のように定義したとします。

(18) 性的マイノリティとは女性の同性愛者(心の性が女性で恋愛対象も女性)もしくは男性の同性愛者(心の性が男性で恋愛対象も男性)のことをいう。

あなたはこの定義がうまくいっていないと考え、反論を試みます。まずあなたがするべきことは、**この定義の論理形式を把握すること**です。さっそく(18)を必要十分条件のかたちに書き直してみましょう。

(19) すべてのxについて:xは性的マイノリティである ↔ (xは女性の同性愛者である) **または** (xは男性の同性愛者である)

論理形式を明示化したことにより、あなたは(19)の「→」方向(左辺から右辺の方向)が成り立たないことをはっきりと自覚しました。つまり、右辺は左辺の必要条件ではないということです。あなたが否定したいことは明らかになりましたので、これを(20)として書き出しましょう。

(20) [すべてのxについて:xは性的マイノリティである → (xは女性の同性愛者である) **または** (xは男性の同性愛者である)] **とはかぎらない**

この（20）は「全称命題の否定」ですから、「ド・モルガンの法則III」を使って、否定を含む存在命題に書き換えられます。しかし、その前に注意点を一つだけ指摘しておきます。それは、(20) が「[すべてのxについて、xはFである→ (xはGである) または (xはHである)] とはかぎらない」というかたちをしていることです。これは「(GまたはH) でないFが存在する」と同じ意味であり、さらに「(GまたはH) でない」という選言の否定にド・モルガンの法則IIが適用されます。その結果、「GでもHでもないFが存在する」と書き換えられるのです。

ゆえに、(20) も次の（21）のように書き換えられます。

（21）女性の同性愛者でも男性の同性愛者でもない性的マイノリティが存在する。

定義（18）（19）に対するあなたの反論はおそらく正当なものでしょう。というのも、**性的マイノリティでありながら、女性の同性愛者**（レズビアン）**でも男性の同性愛者**（ゲイ）**でもない人もいる**からです。たとえば両性愛者（バイセクシャル）はそうした人に該当します。

やや面倒に見えたかもしれませんが、定義に対して反論を行う場合、定義の論理形式をはっきりさせ、あなたがその定義のどの部分を否定したいのかを明らかにします。そのうえで、否定の意味に細心の注意を払いながら、反論によってあなたが主張したかったことを明確にする、という作業が必要になります。

■ **練習問題7.2D**

次の「芸術作品」の定義（D）に対して可能な反論を提出せよ。

(D)「芸術作品」とは私たちに快の感情を喚起する人工物である。

7.2.5　補足：「～のときだけ」という表現について

日本人にとっては分かりにくい表現

これまで定義の論理形式は必要十分条件のかたちをとることを繰り返し述べてきました。また、必要十分条件は双方向の矢印「↔」によって表されることも確認しました。しかしながら、この意味での「↔」の代わりに“iff”と記すケースをよく見かけます。“iff”は“if and only if”（イフ・アンド・オンリーイフ）の略記であり、ふつう“*A* iff *B*”は「*A*は、*B*のとき（場合）、かつそのとき（場合）にかぎる」などと読まれます。私自身も、ほとんど何の説明もなく第6章でこうした表現を使ってしまいました。個人的には、「*A*ならば*B*、かつその逆（*B*ならば*A*）も成り立つ」で統一した方が分かりやすいと思うのですが……。

「補足」と名づけたこの節で検討したいのは、“if and only if”に現れる“only if”という表現の意味です。これは「〜のときだけ」、「〜のときにかぎる」と読まれますが、**私たち日本人にとってはかなり分かりにくい**表現です。次の命題の正確な意味をすぐに理解できる人はどれほどいるでしょうか。

（1）授業をするときだけ（授業をするときにかぎり）、K先生は大学に来る。（*Only if* he gives a lecture, Professor K comes to the university.）

命題（1）はどういう意味でしょうか。それは「授業をするのであれば、K先生は大学に来る」ということでしょうか、それとも「K先生が大学に来るのであれば、（彼は）授業をする」ということでしょうか。正解は後者です。ピンと来ないかもしれませんが、次のように考えると分かりやすいかもしれません。「K先生は、授業をするときだけ、大学に来る」のですから、「授業をしないときは、K先生は大学に来ない」。これは「授業をしない→K先生は大学に来ない」と書くことができます。これで（1）の論理構造は分かりました。さらに、この対偶をとれば「K先生は大学に来る→授業をする」となります[6]。

より一般的なかたちでまとめておきましょう。

「*A*のときだけ*B*」（*A*のときにかぎり*B*）の意味

*A*のときだけ*B*（*A*のときにかぎり*B*）≡ *A*でない→*B*でない

≡ $B \to A$

もう一つ例を挙げておきましょう。

（2）希望するときにかぎり（希望するときだけ）、彼らは還付金を受け取ることができる。

---

[6] 第6章の復習をしておくと、$A \to B$の対偶は「*B*でない→*A*でない」です。より正確には、ここでは「*A*でない→*B*でない」の対偶になりますから、「(*B*でない)でない→(*A*でない)でない」としなければなりません。二重否定の除去を認めると、結局は$B \to A$となります。

これまでの考察より、命題（2）の意味は（3）あるいは（4）と同じになります。

（3）希望しない→彼らは還付金を受けることができない
（4）彼らは還付金を受け取ることができる→彼らは（それを）希望している

余談：助教の授業担当

余談ですが、大学のある会議で、助教の授業担当に関する内規の改正について話し合ったときのことです。ある研究室の教員から「助教は、希望すれば、専門科目の授業を行うことができる」という文言の改正案が提出されました[7]。その教員は、助教が彼らの意に反して授業負担を強いられることを回避するために、こうした文言を使ったとのことでした。しかしこの改正案では、助教が希望すれば、必ず専門科目の授業を行うことができるということになってしまいます。私は、各研究室の状況は異なるので、この文言ではまずいと反論し、「助教は、希望するときにかぎり、専門の授業を行うことができる」と修正した方がよいと提案しました。しかし、この修正案はすぐには理解してもらえませんでした。このように修正すれば、「希望しなければ、助教は専門科目の授業を行うことができない」（≡「助教が専門科目の授業を行うことができるのであれば、彼らは（それを）希望している」）となり、彼らの意に反する授業負担を避けることができます。同時に、希望すればいわば自動的に専門科目の授業を受け持つことができるという事態も回避されます。

この余談から分かる教訓とは、「〜のときにかぎり」（「〜のときだけ」）という論理語は、本来は論理的でなければならない教員ですら、使いこなせているわけではないということです。

「*A* は、*B* のとき、かつそのときにかぎる」の意味

「〜のときにかぎり……」の意味が解明されましたので、この節の冒頭で紹介した「*A*は、*B*のとき（場合）、かつそのとき（場合）にかぎる」（*A* if and only if *B*）の

[7]「助教」とは昔の「助手」に相当する職位です。学部によってやや異なりますが、以前は助手が専門科目の授業を受け持つということはありませんでした。しかし、最近では助手に相当する助教が授業を担当することも珍しくありません。とくに1年生向けの一般教養科目の一部は助教に受け持ってもらい、専門課程の教員の負担を減らすといったこともなされています。その一方で、少なくとも文系では大学院を出たばかりで、常勤職をもたない若い研究者たちを経済的に支援するために、助教ポストを非常に短い任期で回すということも行われています。

分析を行うことができます。

この表現の意味は「BのときA（BならばA）」（A, if B）と「BのときにかぎりA」（A, only if B）が同時に成り立つということです。

Aは、Bのとき、かつそのときにかぎる ≡（BのときA）かつ（BのときにかぎりA）

$$A \text{ if and only if } B \equiv (A, \text{ if } B)\ \&\ (A, \text{ only if } B)$$

これを矢印「→」を使ってより分かりやすく書き換えると、

$$A \text{ if and only if } B \equiv (B \rightarrow A)\ \&\ (A \rightarrow B)$$

となります。もちろん右辺は「（BならばA）とその逆である（AならばB）が同時に成り立つ」ということですから、**結局は$A \leftrightarrow B$と同じ意味になります**。これより、いままで例に挙げた定義の中に現れる「↔」をすべて次の (a) のように「iff」で置き換えてもかまいません。

(a) xは父である iff xは子をもつ男である

以上で説明したことはごく「当たり前」のことです。しかし、多くの人にとって「AはBのときかつそのときにかぎる」（A iff B）の意味がいま一つはっきりとしない原因は「〜のときにかぎり」（only if）という論理語にあると考え、あえて冗長な説明を行いました。とはいえ、すでに述べたように、「頭の中」では、A iff Bを「AならばB、かつその逆（BならばA）も成り立つ」と読んだ方が、「AはBのときかつそのときにかぎる」と読むよりもずっと分かりやすいのではないでしょうか。

■ 練習問題7.2E

次の命題を「→」（ならば）を使って書き換えなさい。

(a) 雨が降っているときにかぎり、運動会は中止になる。

(b) その試合に参加できるのは、ワクチンを接種している場合だけである。

(c) 誰であれ、試験を受けることができるのは、休まずに受講しているとき、かつそのときにかぎる。

7.3 定義と概念分析

概念分析とは

この章を終えるにあたって、定義と「**概念分析**」(conceptual analysis) との関係について一言述べておきたいと思います。概念分析とは、哲学で用いられる中心的手法の一つであり、読んで字のごとく、**ある概念を分析（分解）することによって、その概念を解明しようとする方法**を指します。

「定義」と「概念分析」はほぼ同じ意味をもちます。すなわち、定義をすることは概念分析をすることであり、逆に概念分析をすることは定義をすることだと理解することができるのです。両者の違いは、やや大げさに言うと「存在論的な違い」です。定義は**語**（word）ないし**記号**（symbol）という言語的な存在者についてなされるのに対し、概念分析は**概念**（concept）と呼ばれる抽象的な存在者についてなされます。

具体例：知識概念の分析

長いあいだ哲学的な論争の的になってきた**知識**（knowledge）の概念分析を例にとることにしましょう。プラトン以来の哲学的伝統において「知識とは正当化された真なる信念である」(Knowledge is a justified true belief) とされてきました。これは知識という概念を、その構成要素である**信念・真理・正当化**という3つの概念に分解（分析）して説明する概念分析です。この標準的な分析をめぐっては、実に多くの議論が積み上げられてきましたが、ここでの目的はそれらを論じることではありません[8]。そうではなく、この概念分析が「**知っている**」(to know) という動詞の定義とパラレルに行われてきたことを指摘したいのです。次の（K）は「知っている」という語の定義です。（ここでのxは主体を、pは命題を表します。）

（K）xはpを知っている$\leftrightarrow$（i）xはpを信じている＆（ii）pは真である＆（iii）xにはpを信じる正当な理由がある

必要十分条件を用いた定義（K）より、誰かがpを「知っている」と言えるのは、

[8] 知識の概念分析に興味がある人には、上枝（2020）をお薦めします。その著作では、知識概念の古典的な分析から、認識論の最新の話題まで幅広く論じられています。

(i)(ii)(iii) の条件が満たされるときかつそのときにかぎる、とされます。たとえば「ソクラテスは自身が危険人物と見なされていることを知っている」と言えるためには、まず (i) ソクラテスは自身が危険人物と見なされていることを信じている必要があります。自分がそう信じていないにもかかわらず、それを「知っている」と述べることは奇妙です。(「その政治家は新型コロナウイルスが危険であることを信じていないが、彼は新型コロナウイルスが危険であることを知っている」と述べるのはとても奇妙です。)

また、(ii)「ソクラテスが危険人物と見なされている」という命題は真でなくてはなりません。というのも、偽である命題を「知っている」とは言えないからです。(古代ギリシャ人たちは「太陽が地球の周りを回っている」ことを知っていたと述べるのは奇妙です。彼らはせいぜいそれ(偽なる命題)を信じていたにすぎません。)

さらに、(iii) ソクラテスには、自身が危険人物と見なされていることを信ずるに足る正当な理由がなければなりません。たとえば、人々がそう噂しているのを耳にしたことや、尋問を受けたことなどはそうした理由になります。一般に、たんなる当てずっぽうで信じていることを知っていると述べることはできません。(私はいま行われている試合で某選手がホームランを打ったことを何となく信じており、それがたまたま的中していたとしても、私はその選手がホームランを打ったことを知っていたとは言えません。これに対し、ラジオの中継で耳にしたことから、某選手がホームランを打ったと信じているのであれば、実際にこの目で見てはいなくても、その信念は正当化されています。このことから私は某選手がホームランを打ったこと知っていたと述べることができます。)

以上より、「ソクラテスがpを知っている」のであれば、(i)(ii)(iii) の条件はすべて満たされていなければならず、かつ (i)(ii)(iii) の条件がすべて満たされているのであれば、「ソクラテスはpを知っている」と言ってもよいと思われます。

いま検討したのは「知っている」という語の定義ですが、それは、この語が対応する概念、すなわち**知識**の分析にもなっているはずです。このように、語の定義とその語が表す概念の分析はパラレルになっています。

私たちが「語の定義」という本来的な言い回しに加え、「概念の定義」という派生的な言い回しを許容するのはこのためです。

文献案内

定義については、Copi & Cohen & McMahon (2016) の第3章、および Hurley & Watson (2017) の第2章で詳しく論じられています。

練習問題の解答と解説

■ 練習問題7.1の解答

外延的定義：{中国，フランス，ロシア，イギリス，アメリカ}

内包的定義：国際連合の主要機関である安全保障理事会を構成する国々のうちでいわゆる「拒否権」を有する国である。

現在は外延的定義で示した5か国（第2次世界大戦の主要な戦勝国）で固定されていますが、将来いくつかの国が追加されるかもしれません。（もちろんいくつかの国が入れ替わるという可能性もゼロではありませんが。）そうした場合でも、ここに示した内包的定義を変える必要はありません。内包的定義の「優位性」はここにも見て取れます。

■ 練習問題7.2Aの解答

(a)「xは日本のパスポートをもつ→xは日本国籍をもつ」という命題は真です。したがって、「日本のパスポートをもつ」ことは「日本国籍をもつ」ことの**十分条件**です。しかし、その逆である「xは日本国籍をもつ→xは日本のパスポートをもつ」は成り立ちませんので、「日本のパスポートをもつ」ことは「日本国籍をもつ」ことの**必要条件ではありません**。（日本国籍を有していても、日本のパスポートをもっていない人はたくさんいます。）

(b)「大学の医学部を卒業している」ことは「日本の医師である」ことの**必要条件**です。しかし、与えられた条件命題の逆である「xは大学の医学部を卒業している→xは日本の医師である」は成り立たない（偽である）ので、「大学の医学部を卒業している」ことは「日本の医師である」ことの**十分条件ではありません**。（医学部の卒業に加えて、国家試験に合格する必要があります！）したがって、「大学の医学部を卒業している」ことは「日本の医師である」ことの**必要十分条件ではありません**。

■ 練習問題7.2Bの解答

命題（B）は「独身」の定義です。

「独身」とは18歳以上で配偶者をもたないことをいう。

（**独身者とは18歳以上で配偶者をもたない者をいう。**）

■ 練習問題7.2Cの解答

xは留年する　↔　(i) xは学生である & xは進級に必要な単位を取得していない & xは原級にとどまる
または　(ii) xは学生である & xは卒業に必要な単位を取得していない & xは原級にとどまる

煩瑣な書き方になってしまったのは、定義に現れる「進級・卒業」という表現の「・」(中黒) が、論理的には「または」を意味するからです。大学生に当てはめると、(i) は3年生までが留年するケース、(ii) は4年生が留年するケースに該当するでしょう。

■ 練習問題7.2Dの解答例

(D) に対する反論を行う前に、(D) の論理形式 (D*) を確認しておきましょう。

(D*) すべてのxについて: xは芸術作品である ↔ (xは私たちに快の感情を喚起する) かつ (xは人工物である)

(D*) の「←」方向 (右辺から左辺の方向) は成り立たないと反論することができます。つまり、**右辺は左辺の十分条件ではない**という反論です。その反論は、**私たちに快の感情を喚起する人工物であっても、芸術作品ではないものが存在する**という主張として書き出すことができます。たとえば、夏の暑い日に食べるアイスクリームは私たちに快の感情を喚起する人工物ですが、ふつうは芸術作品とは呼ばれません。

また、(D*) の「→」方向 (左辺から右辺の方向) が成り立たないと反論することもできるでしょう。それは、**右辺は左辺の必要条件ではない**という反論です。より具体的には、**芸術作品であっても、私たちに快の感情を喚起しないか、または人工物ではないものが存在する**という主張のことを指します。現代アートにおけるいわゆる**レディメイドの多くは芸術作品と見なされますが、必ずしも私たちに快の感情を喚起するものではありません**。芸術作品であっても、むしろ不快の感情を喚起するものも存在します。

芸術作品であって、人工物ではないものが存在するのかどうかについては議論の余地があるでしょう。しかし、浜辺で見つけた流木を“objet trouvé”(「ファウンド・オブジェクト」）というジャンルの芸術作品として認める人であれば、右辺は左辺の必要条件ではありません。

■ 練習問題7.2Eの解答

(a) 雨が降っていない→運動会は中止にならない

（運動会は中止になる→雨が降っている）

(b) ワクチンを接種していない→その試合に参加できない

（その試合に参加できる→ワクチンを接種している）

(c) すべてのxについて：[（xは試験を受けることができる→xは休まずに受講している）かつ（xは休まずに受講している→xは試験を受けることができる）]

この (c) は簡単に言えば、「休まずに受講していることが、受験資格を得るための必要条件であり、かつ十分条件でもある」ということです。

補論I　定義概念について

第7章では、主要な論理語の復習を交えながら、定義の構造とその論理形式を考察しました。また、定義に対する反論の仕方や定義と概念分析との関係についても検討を加えました。

この補論Iでは、定義概念に関して第7章で論じることができなかった話題を取り上げます。最初に、論証と定義との関係を論じ、次いで、6つのタイプの定義概念について解説します。

1　論証と定義――定義は論証にとって重要であるのか

ふつう定義は論証の構成部分として捉えられない

定義は論証にとって重要なのでしょうか。「何を分かりきったことを聞くのだ。重要に決まっているじゃないか！」という声がすぐさま聞こえてきそうです。しかし、この問いに対する答えは必ずしも自明ではありません。実際、「さほど重要ではない」と答える立場もあるのです。このような立場に立つ人は「定義は自由に決めることができる約束事であり、それ自体は真でも偽でもないのだから、評価の対象にはならない」と主張するでしょう。私たちはこの主張の検討からはじめたいと思います。次の論証1を見て下さい。

〔論証1〕

(0) ある整数kについて、$x = 2k$が成り立つとき、かつそのときにかぎり、xは偶数である（「偶数」の定義）。

(1) ある整数kについて、$8 = 2k$は成り立つ（$k = 4$）。

---

(2) したがって、8は偶数である。

通常、定義が論証の中に現れることはありません。たとえば、この論証1における（0）は偶数の定義ですが、ふつう（0）は論証の構成部分とは捉えられません。なぜなら（0）は、ある事実の記述ではなく、むしろ「『偶数』という語の意味（あるいは使い方）をこう定める！」という一種の**宣言**として理解されるからです。宣言自体は——「適切」あるいは「不適切」と言われることがあっても——真でも偽でもありません。論証の構成部分は、真偽が問われうる**命題**であったことを思い出して下さい（1.1.1節）。

したがって、通常のケースでは、定義に対する反論はできないように見えます。論証1に関して、「私は偶数をそう捉えていない」と反論することは——その定義が矛盾等を含まないかぎり——ナンセンスです。

第2章で考察した「論証の評価」についてここで復習しておきましょう。論証1を評価するとは、第一に、前提（1）から結論（2）をうまく導けるかどうかをチェックすること、第二に、前提（1）が述べていることは本当に真であるのかをチェックすることです。とくに第一のタイプの評価を行うためには（0）をあらかじめ認めておかなければなりません。つまり、たんに定義を述べた（0）については評価の対象というよりは、むしろ評価を行うための「前提」と捉えられるのです。

定義が論証の構成部分となるケース

さて以上の議論から、「定義は論証にとって重要ではない」と結論すべきでしょうか。話はそう単純ではありません。なぜなら、定義には——次節以降で考察するように——たんなる「取り決め」ではないものもあるからです。そうしたタイプの定義が問題となるとき、**定義は論証の重要な構成部分になります**。その場合、すでに第7章の中で見たように、**定義そのものをめぐって議論がなされる**こともあります。具体的な例で考えてみましょう。

〔論証2〕
（0）芸術作品とは作者の感情を美的に表現した人工物である。
（1）A氏のこの作品は彼の感情を美的に表現した人工物ではない。

（2）したがって、この作品は芸術作品ではない。

この論証の（0）は「芸術作品」の定義だと考えられます。しかし、先ほどの論証1とは異なり、（0）に対して反論することは十分に意味をもちます。たとえば、「レディメイドのように、作者の感情が表現されているとは言いがたい芸術作品も存在するのではないか」といった反論や、「河原で拾ってきた流木や小石を美術館に展示すれば芸術作品となるケースもある。したがって、芸術作品を人工物に限定することはできない」といった反論がそうです。また、「『美的に』という語がどのような意味をもつのか分からない」といった、言葉の曖昧さに対する反論もあるでしょう。

なぜこうした反論は意味をもつのでしょうか。それはこの論証において、「芸術作品」の定義は**たんなる約束事（取り決め）として捉えられていない**からです。もし（0）を約束事としてあらかじめ認めてしまえば、論証2は演繹的には非の打ちどころのない——しかし、つまらない——論証になってしまうでしょう。けれども、（0）は真偽が問われうる命題であり、ゆえに論証の一部をなしていると見なせば、そこから興味深い議論をはじめることもできるのです。

定義概念の分類

ここまでの議論で分かったことは何でしょう。それは、定義には少なくとも「通常の評価」を受けつけないタイプのものと、受けつけるタイプのものがあるということです。実際、定義はその目的や用途に応じていくつかのタイプに分類されます。以下では、次の6つのタイプの定義概念を考察します。すなわち（i）**規約的定義（約定定義）**、（ii）**辞書的定義**、（iii）**明確化定義**、（iv）**操作的定義**、（v）**理論的定義**、（vi）**説得的定義**の6つです。定義を評価する仕方、定義に対する反論の向け方は、これらのうちのどのタイプの定義概念が問題となるかに応じて変わります。

なお、以下の分類は網羅的なものではなく、互いに排除し合うものでもありません。それでも、ここでの当面の目的——論証と定義の関係について考えるという目的——にとっては十分であると考えます。

2　規約的定義

定義とは規約（取り決め）である

規約的定義（stipulative definitions）**とは、ある語（記号）に意図的な仕方で意味を割り当てる定義**です。こうした意味の割り当ては自由に行われうることから、定義とは**規約（取り決め、約束事）**であると捉えられます。

このタイプの定義は、多くの場合、ある理論の中に新しいターム（術語）を導入する際に用いられます。たとえば「iPS細胞」は山中伸弥氏によって再生医学の分野に導入されたタームであることはよく知られています。（「i」はアップル社の「iPod」のように広く普及することを期待して付けられたそうです！）そのタームには「人工的に作られた多能性幹細胞」という意味が意図的に割り当てられました。もともと「iPS細胞」といったターム自体は存在しなかったわけですから、山中氏はそのタームが、自身が世界ではじめて作成することに成功した「人工多能性幹細胞」を意味すると規約する（取り決める）ことができたのです。

同様に、「クォーク」（quark）というタームもある素粒子のグループを指すために新しく導入されました。（ちなみにこのタームはジェームズ・ジョイスの『フィネガンズ・ウェイク』の一節に由来するそうです。）新しく導入した語ですから、導入した者（マレー・ゲルマンという物理学者）がそれにどんな意味をもたせても、それは彼の自由です[1]。実際、「彼は『クォーク』の意味を取り違えている」といった反論は意味をなしません。

こうした規約的定義が行われるのは科学の分野だけにかぎりません。「ツイートする」という語には、「ツイッターというSNSに短い文章を投稿する」という意味が割り当てられるといった例は枚挙にいとまがありません。

規約的定義は必ずしも新しく導入されたタームだけに適用されるわけではありません。**古いタームに意図的に新しい意味を付与する**ことも規約的定義として理解されます。その新しい意味はしばしば「制限された意味」として現れるでしょう。本書の中ですでに何度か見たように、論理学において「または」という論理語は**両立的選言**として定義されます。つまり論理学者は「AまたはB」を「AかBの少なくとも一方が成り立つ」という意味で用いると宣言するわけです。こう規約することによって、自然言語の「または」（or）には「AかBのどちらか一方だけ」という**排他的用法**もあるではないか、といった反論をあらかじめ封じるのです。

規約的定義に対して、「それは偽である（間違っている）」というタイプの反論はできません。なぜなら**規約的定義自体は真でも偽でもないから**です。

パスカルの「幾何学の精神」

17世紀フランスの偉大な数学者であり哲学者でもあったパスカルは論証における定義の重要性を十分に認識していました。彼は「幾何学の精神」というよく知られた小論考の中で、「定義のために必要な規則」について次のように述べて

---

[1] ただし、規約的定義が文字通りまったく自由に（いかなる制約も受けずに）なされると考えるのはおそらく間違っているでしょう。少なくとも規約的定義は、理論内の他のタームの定義と整合的でなければなりません。

います。

① 少しでも不分明なところがあったり、曖昧な用語は、定義なしには、認めないこと。
② 定義においては、完全に知られているか、あるいはすでに説明されている用語以外は用いないこと。[2]

しかしながら、その一方で、パスカルは次のように述べていることも見落としてはなりません。

定義は自由であって、異議申し立てされるというようなことはない。[3]

私たちの言葉で言えば、パスカルの語る「定義」とは規約的定義を指します。彼が論証の理想型を幾何学（純粋数学）に求めたことを考えると、これは当然のことかもしれません。

3　辞書的定義

定義とは語の既存の意味を報告することである

辞書的定義（lexical definitions）**とは、被定義項**（定義される語）**がすでにもっている意味を報告する**（report）**定義のことを言います。**規約的定義とは異なり、被定義項を新しく導入して、それに意味を割り当てたり、すでにある被定義項の意味を意図的に制限・改変したりするものではありません。

辞書的定義の真偽は問われうる

このタイプの定義は既存の意味を報告するものである以上、その真偽は問われうることになります。つまり「その定義は正しい／間違っている」といった評価が可能です。次のような会話を考えてみましょう。

〔会話1〕

---

〔2〕　パスカル（2014: 378–381）
〔3〕　同書342頁

ヨシオ：今回の仕事、Tでは役不足だよ。
ハルコ：なんでそう思うの？
ヨシオ：だって、Tはただの教員だろ。今回の仕事はただの教員には荷が重すぎるよ。

この会話1の中で、ヨシオは「Tがただの教員である」こと、そして「ただの教員にとって今回の仕事は荷が重すぎる」ことを根拠にして、「Tでは役不足だ」と結論しています。ヨシオの論証に対しては複数の観点から反論することができるかもしれません。（「Tはただの教員ではない。オリンピックのメダリストだぞ！」など。）しかし、決定的なものとしては、そもそも**「役不足」という語を誤って使用している**、という反論が挙げられます。ヨシオの論証では「xにとって役不足である↔xの立場・能力等に対して役目が重すぎる」という定義が使われているように見えます。ところが「役不足」は「xの立場・能力等に対して役目が軽すぎる」という意味をすでにもっています。これより、**「役不足」という語の辞書的定義についてヨシオは思い違いをしていると反論できる**のです。（この「正しい定義」からは、「Tでは役不足」という結論は出てきません。）

辞書的定義は規範的なのか、それとも事実的なのか

ところで、ヨシオはこの反論に対してどのように弁明できるでしょうか。なるほどヨシオは、「自分は『役不足』という語をしかじかの意味で使うと取り決めたので問題ない」と応じることも不可能ではないでしょう。しかし、この応答はまったく説得力をもちません。（そもそもヨシオはそうした規約的定義について何も述べていません。あえて本来の用法と異なる使い方をしたければ、それをあらかじめ宣言すべきでしょう。）

こうした応答の代わりに、ヨシオが次のように述べたとすればどうでしょうか。「現在、日本人の過半数以上が『役不足』という語を自分と同様の意味で用いている。日常語の誤用が長いあいだ繰り返されれば、それが正式な用法として辞書に載ることもあるではないか」と。これは難しい問題です。たしかにヨシオの言う通り、歴史的には誤用が定着した事例も多々あるからです。日常語の用法ないし定義は**規範的**なものなのか、それともたんに**事実的**なものなのか、言い換えれば「正しい定義」があるのか、それとも多くの人がそう用いているという事実が定義を決めるのか、という問題はにわかに決着がつくようには見えません。[4]

ここでは、定義の中には、被定義項がすでにもつ意味を報告するタイプの定義、すなわち辞書的定義があり、規約的定義とは違ってその真偽は問われうるということを確認するにとどめましょう。

4　明確化定義

定義は語の不明瞭さと曖昧さを取り除く

明確化定義（precising definition）とは、被定義項（定義される語）の不明瞭さ（ambiguity）と曖昧さ（vagueness）を取り除こうとする定義です。語が**不明瞭**（ambiguous）であるとは、ある文脈の中で語が2つ以上の異なる意味をもち、そのいずれが意図されているのかはっきりしないことを言います。（不明瞭さは「**多義性**」と言い換えることもできます。）他方、語が**曖昧**（vague）であるとは、語の適用範囲がはっきりしてないことを言います。言い換えれば、語が適用できるかもしれないし、適用できないかもしれないような**境界事例**があるということです。

語の不明瞭さを取り除く

語の不明瞭さ（多義性）は、比較的容易に取り除くことができます。たとえば、「**リアリズム**」（realism）は多義的な（不明瞭な）語です。「あの哲学者の理論はリアリズムだ」と言われるとき、それがいわゆる「**現実主義**」を意味しているのか、「**プラトン主義**」を意味しているのか判然としません。[5] 前者であれば、「だから理念的なもの（善や美）を一切排除するんだね」といった結論を支持するのに対し（論証2）、後者であれば「だから理念的なものが実在するとされるんだね」という先ほどとは相いれない結論を支持します（論証3）。

---

[4]　ある文化においてどちらが優勢であるかを述べることはできそうです。たとえばフランスでは「アカデミー・フランセーズ」という権威者集団が、フランス語の誤用（や外来語の導入）に目を光らせています。そこでは語の「本来的定義」という規範的側面が重視されているように見えます。これに対し、日本では定義の事実的側面の方が優勢であると言えるかもしれません。とはいえ、どの文化においても、これら二つの側面が見られることに変わりはありません。

[5]「リアリズム」は多様な意味をもちます。哲学では「プラトン主義」の他にも、いわゆる「観念論」（idealism）と対立する立場として知られる「リアリズム」もあります。この立場は、世界が私たちの観念・表象（心や言語や理論など）から独立して存在すると説きます。他方、美術史家であれば「リアリズム」と聞いて、それを哲学的立場としてイメージすることはないでしょう。彼らはそれを「写実主義」として捉えるはずです。

〔論証2〕
あの哲学者の理論はリアリズムだ。

だから、その理論では理念的なものが排除される。

〔論証3〕
あの哲学者の理論はリアリズムだ。

だから、その理論では理念的なものが実在するとされる。

しかし、こうした多義性はそれほど深刻ではありません。あらかじめ「リアリズム」を「現実主義」の意味で用いるのか、それとも「プラトン主義」の意味で用いるのかを決めればよいわけですから。（ただし、これは規約的定義とは若干異なります。なぜなら「リアリズム」にはすでにいくつかの確立した用法があるからです。）

語の曖昧さを取り除く

語の曖昧さについてはどうでしょうか。曖昧さを除去するのが比較的容易な語から話をはじめましょう。たとえば「資産家」がそうです。この語がビル・ゲイツや孫正義に適用できることは明らかでしょう。しかし、それがどの程度のお金持ちにまで適用されるのかは決して定かではありません。この意味で「資産家」は曖昧です。とはいえ、「資産家」の適用範囲を定めることはさほど難しくありません。さしあたり「1億円以上の価値をもつ金融資産か実物資産を保有する人もしくはその一家」といった定義を与えればよいのです。（1億円という額が適当か否かは別として）これで曖昧さは除去され、明確化定義がなされたことになります。[6]

次いで――やや論争的な語――「わいせつ」という語を検討しましょう。この語をめぐっては、幾度となく法廷で争われてきました。近年では、ある女性作家が3Dプリンターで女性器をかたどって作った作品を展示したことにより、わいせつ物陳列容疑で逮捕されたという事例が記憶に新しいかもしれません。話をやや単純化すると、争点となったのはその作家が作った女性器の作品が「わいせつ」

[6]　ちなみに最近よく耳にする「富裕層」という言葉にはわりと明確な定義があるようです。「純金融資産が1億円以上5億円未満の人またはその一家」がその定義です（野村総合研究所）。5億円以上は「超富裕層」と呼ばれるそうです！　したがって「資産家」の定義における「1億円」はまったくの無根拠というわけではなさそうです。

であるか否かです。（大いに関連するとはいえ、その作品が「芸術」であるのかという争点はひとまずおいておきます。）

法律には「わいせつな文書、図画、電磁的記録に係る記録媒体その他の物を頒布し、又は公然と陳列した者は、2年以下の懲役若しくは250万円以下の罰金若しくは科料に処し、又は懲役及び罰金を併科する」（刑法175条1項）とあります。女性作家は「わいせつな……その他の物を……公然と陳列した」容疑で逮捕されました。しかし、はたして彼女が展示した作品に「わいせつ」という語は正しく適用されるのでしょうか。これをめぐっては多くの懐疑的な見方が提出されました。

一般に、法律の条文の中に曖昧な語が現れるのは危険なことです。なぜならそれは権力の側に恣意的な運用を許してしまうからです。（政府に睨まれたあなたもそうした運用によって逮捕されるかもしれません！）さりとて条文の中から一切の曖昧な語を排除することは不可能でしょう。法律は記号論理学の言語で書かれているわけではないからです。そうであれば、条文とは別に、曖昧な語を適用する際の基準を定めなければなりません。まさにそれは明確化定義を行うことです。

法律家たちに広く受け入れられている「わいせつ」の明確化定義は次の通りです。

> 「わいせつ」とは、(1) 徒（いたずら）に性欲を興奮又は刺激せしめ、かつ (2) 普通人の正常な性的羞恥心を害し、かつ (3) 善良な性的道義観念に反するものをいう（最高裁、昭和26年5月10日）。

「わいせつ」なものであれば、この3要件（条件）を同時に満たし、その逆も成り立つということでしょうか。いかにも古臭い定義であり、「ツッコミどころ」が多々あることはたしかです。「普通人の正常な性的羞恥心とは何か」はそのひとつです。

しかしここでは裁判官たちの明確化定義への努力の方に目を向けましょう。彼らは刑法175条の恣意的な運用を防ぐために、「わいせつ」を明確な仕方で定義しようとしたと言えます。

この定義が成功しているかどうかについては論じません。ただ一つだけ言えることがあります。仮に「わいせつ」の明確化定義が成功しているとしても、澁澤龍彦が翻訳したサド侯爵の『悪徳の栄え』にせよ、大島渚の『愛のコリーダ』にせよ、最近の3Dプリンターでかたどった女性器にせよ、上記の3つの要件を同時に満たすようには見えないということです。これは私の個人的見解です。

5　操作的定義

語の適用基準を決定する物理的操作の特定

操作的定義（operational definitions）はもともと物理学において提案された定義概念ですが、現在では社会学や心理学などでもよく使用されています。

ある社会学者が「都市化が進むと人間関係は希薄になる」という仮説を立てたとしましょう[7]。この仮説はきちんとした日本語で定式化されているので、私たちはその意味を文字通りに理解できないなどということはありません。しかし、その仮説を何らかのデータにもとづいて検証したいのであれば、そこに現れる「都市化」という語や「人間関係」という語を明確にして、仮説を検証可能なかたちにしなければなりません。そこで「都市化」を「人口密度がX人以上の地域に住む人口の増加」で測り、「人間関係の深さ」を「家族以外の親類・友人・知人と1か月のうちに実際に会う回数」で測るといったアイディアが現れます。こうした作業を**操作化**といい、**操作化によって得られた定義を操作的定義**といいます。

読者の中には、「この説明では明確化定義とどう違うのかよく分からない」と疑問に思う人もいるでしょう。もちろん操作的定義には明確化の目的もあるのですが、より正確には次のように理解されなければなりません。**操作的定義とは、語の適用基準を決定する物理的操作（physical operation）を特定することによって語を定義することをいいます。**

操作的定義の具体例

「温度」（temperature）を例にとりましょう[8]。「彼は37.5℃の体温（温度）をもつ」と述べるとき、「37.5℃の体温をもつ」は次のように操作的に定義されます。「わきの下あるいは口の中に故障していない（摂氏表示の）体温計を入れ、その水銀柱が（あるいは液晶の数字が）37.5の目盛りまでのぼる（37.5の数字を表示する）」ことである。この定義では、**繰り返し行うことができる物理的操作**が明示されていることに注意しましょう。操作的定義は――よく誤解されてしまうのですが――

[7]　数理社会学会監修『計量社会学入門――社会をデータで読む』（世界思想社、2015年、第1章）の例を拝借しました。

[8]　以下の例はSalmon（1963）の第4章を参考にしました。

曖昧な語（抽象的な語）をたんに数値で表現することではありません。

鉱物の「硬さ（硬度）」（hardness）の操作的定義は次のように定式化されます。「ダイヤモンドはガラスよりも硬い」とは「ダイヤモンドの角でガラスの表面を強く擦ればキズを残すのに対し、ガラスの角でダイヤモンドの表面を強く擦ってもキズを残さない」ということです。この定義でも「（より）硬い」という語の適用範囲を定める物理的操作が具体的に示されています。

「知能」の操作的定義とその問題点

よく知られているように、心理学の領域では「知能」（intelligence）の操作的定義がなされてきました。「AはBよりも知能が高い」とは「AのIQテストの点数の方がBのIQテストの点数よりも高い」などと定義されます。この定義は表面的には「知能」の高低を数値で測るだけのように見えますが、その背景には、IQテストを配布し、解答用紙に答えを書かせて、マークシートを読み取る機器にそれを入れて……といった一連の物理的操作があることを忘れないで下さい。

なお、私たちの「知能」をIQテストに関わる物理的操作によって定義することに違和感を覚える人も多いでしょう。かく言う私もその1人です。しかしながら、その操作的定義を、さきに考察した規約的定義として捉えれば――心理学では知能をこのように操作的に定義すると取り決める――それに対して「間違っている！」という反論を行うことは難しくなります。この場合、「知能」はいわば「IQ知能」であることを認めたうえで、心理学者たちが行う推論を評価する必要があります。

とはいえ、「知能」の原語は“intelligence”（インテリジェンス）であることを考え合わせれば、「知能」（知性）が特定のペーパーテストで測られていいわけがないという反発が生じるのは避けられないでしょう。こうした反発は「定義はたんなる規約ではない」という考え方に由来するものです。

多くの知能テストはある程度豊かな国の中流から上流階級にとって有利な仕組みになっているという批判があります。知能テストの設問形式や、ある時間内に多くの問いに答えるという作業が、ある文化の特定の層にとって答えやすいものになっているとすれば、知能テストにもとづき、ある国（ないし人種）の子どもたちの知能を、他の国（ないし人種）の子どもの知能と比べたり、ある社会階級の人々の知能を、他の社会階級の人々の知能と比べたりすること、さらにそうした比較から特定の結論を導き出すことには慎重であるべきでしょう。

6　理論的定義

理論そのものを提案する、あるいは要約する

「**理論的定義**」(theoretical definitions) の輪郭をはっきりと示すことは容易ではありません。さしあたりこのタイプの定義を次のように定式化しておくことにします。**ある語の理論的定義とは、その語が指す現象（対象・出来事）を説明する理論そのものを提案する、または要約することで、語に意味を与える定義である、**と。

理論的定義の具体例

おそらくこの「理論的定義の定義」を読んでもピンと来ないでしょうから、具体的な例を使って解説しましょう。

「熱 (heat) とは、外部から物体へ移動した運動エネルギーである」と定義されます。この定義は熱力学という理論そのものを提案していると捉えることもできます。熱力学の説明によれば、物体を構成する原子や分子は物体の中で激しく運動しており、この運動は「運動エネルギー」と呼ばれます。これが「熱伝導」によって物体間を「移動」するとされるのです。このように被定義項である「熱」およびその定義項に現れる語は、熱力学という理論の中で、術語のネットワークの中心部に位置すると言ってもよいでしょう。

「熱」のこうした理論的定義は、「熱」の日常的な用法とは相いれないかもしれません。というのも、普段の生活をしている私たちにとって、熱とは感覚される何かであるからです。(それを表す尺度は「温度」です。) しかしながら、物理学における「熱」は日常的な「熱」とは異なる意味をもちます。こうした理論固有の意味を語に付与する定義を「理論的定義」と呼ぶのは奇妙なことではないでしょう。

理論的定義は、哲学においてもしばしば用いられます。実際、多くの哲学者たちは、「実体」、「属性」、「観念」、「因果」、「意識」、「真理」、「可能世界」といった語に、彼らの哲学を理解するために欠かせない理論的定義を与えてきました[9]。たとえばライプニッツは「実体」を「モナド」(単子) によって定義しましたが、この定義はライプニッツの形而上学理論そのものを要約する役割を果たすという意味でまさに理論的定義なのです。

---

[9]　この記述は Hurley (2012:102f) を参考にしています。

7　説得的定義

私たちの態度に影響を及ぼそうとする定義

最後に、「**説得的定義**」(persuasive definitions) と呼ばれる定義を紹介します。**説得的定義とは、定義されるものに対する私たちの態度** (attitude) **に影響を及ぼそうとする定義を指します**。ここでの「態度」は、典型的には、賛成／反対や、ポジティブ／ネガティブという仕方で表明されます。

説得的定義の具体例

たとえば「資本主義とは、ある者が他の者を締め出すことによる資本の占有である」や、「資本主義とは、資本家による労働者からの搾取によって成り立つ経済体制を指す」といった定義は、資本主義に対してネガティブなイメージを与えようとする説得的定義です。また、「原子力発電とは、原子力を利用することで、CO_2を排出せずに大量の電力を安定して供給することができる、環境にやさしい発電のことをいう」といった定義は、「中立的」というよりは、原子力に対する私たちのポジティブな態度を引き出そうとする説得的定義です。

説得的定義でよく用いられる手法は、いまの例の中で示されているように、**感情に訴える意味や価値を帯びた意味を被定義項に割り当てる**ことです。(「締め出し」「搾取」「CO_2を排出しない」「大量の電力を安定供給」「環境にやさしい」など。) 意図的に意味を割り当てるという点では、説得的定義は規約的定義と似ているかもしれません。しかし両者の大きな違いは、規約的定義が意図的な意味の割り当てを「割り当て」として認めるのに対し、説得的定義は、被定義項がそうした意味を本来的にもっている (あるいはもつべきだ) と捉える (あるいは装う) ことです。

私の見るところでは、意味のこうした割り当てに関して自覚していないケースもあれば、意味の割り当てを自覚したうえで、「社会変革」等のためにあえて用いるケースもあります。たとえば、先ほどの「原子力発電」の説得的定義は、保守層に属する多くの人たちにとって前者のケースにあたるでしょう。また、「女とは、男によって抑圧されてきた第二の性である」といった説得的定義は、フェミニストたちにとって後者のケースに該当すると思われます。さらに、「ふりをする」ケース、すなわち意図的な割り当てを自覚しているにもかかわらず、自分たちは語が本来もっている意味を報告しているだけだと装うケースもあるでしょう。電力会社の幹部にとっては、先ほどの原子力発電の説得的定義はそうしたケースにあたるでしょう。

説得的定義は、それが必要十分条件の形式をもつかぎりにおいて、定義のひとつと見なされてもよいでしょう。とはいえ、感情等に訴える語を定義項の中に入れることで、ある効果を得ようとする定義は、議論の中で多用するべきではありません。それは論理ではなく、むしろレトリック（修辞）に関わる事柄だからです。

しかしながら、説得的定義はすべてダメだというわけではありません。私たちは、感情の表現や価値の表現を含む定義をあえて用いることによって、自己や社会の変革を促すことができることを知っています。それを用いる文脈と目的によっては、説得的定義はたんなる辞書的定義よりもはるかに有効なのです。

参考図書

第7章で挙げたCopi, Cohen & McMahon（2016: Ch. 3）, Hurley & Watson（2017: Ch. 2）の他に、Salmon（1983: Ch. 4）も参考になります。

第Ⅳ部　帰納

この第Ⅳ部は1つの章と1つの補論からなります。第8章では、まず帰納的推論の「本家本元」として知られる「帰納的一般化」、すなわち個別的な事例の観察から一般的な事実を結論する推論を考察します。次に私たちが考察するのは「比率的三段論法」です。帰納的一般化が「部分から全体への推論」だとすれば、「比率的三段論法」は「全体から部分への推論」として捉えられます。最後に、「帰納」と密接な関係をもつ「類比（アナロジー）による論証」について解説を行います。補論Ⅱでは伝統的論理学において誤謬推論と見なされてきた「権威に訴える論証」と「対人論証」を、比率的三段論法の一種と捉え、その帰納的な強さ／弱さについて検討します。

第8章

帰納的一般化とその周辺

本書は「**帰納的推論**」(inductive inference) を広い意味で理解しています。それは、確実ではないものの、ある前提からもっともらしい結論を導き出そうとする、あらゆる推論を指します。つまり本書における帰納的推論は、演繹的推論以外のすべての推論をカバーしています。

しかし、多くの人は「**帰納**」(induction) を、「**特殊な命題から一般的な命題への推論**」だと理解しているのではないでしょうか。それは、「**演繹**」(deduction)、すなわち「**一般的な命題から特殊な命題への推論**」の逆向きの推論である、と。たとえば、「いままで観察されたカラスは黒かった」(特殊) から「すべてのカラスは黒い」(一般) を導く論証は帰納の典型例であるのに対し、「すべてのカラスは黒い」(一般) から「いま裏山でカァと鳴いているカラスは黒い」(特殊) を導く論証は演繹の典型例であるとされます。

こうした「帰納」の用法は——本書よりもずっと狭いとはいえ——決して誤りではありません。むしろ帰納の「本家本元」に由来する正統な用法だと言えます。

この第8章では、まず「**帰納的一般化**」(inductive generalization) と呼ばれる論証形式とその評価の仕方を (確率計算を伴わない仕方で) 検討します。この論証形式が、一般的に理解されている「帰納」に相当するものです。その後で、帰納的一般化とは異なる「方向性」をもつ「**比率的三段論法**」(proportional syllogism) を導入します。最後に、帰納的一般化と関連がある「**類比による論証**」(argument by analogy) を解説し、その評価基準についてやや詳しく考察することにします。

8.1 帰納的一般化

8.1.1 単純な枚挙による帰納

部分から全体を推測する

第3章（3.2.3節）の中でも短く解説したように、**帰納的一般化**（inductive generalization）**とは、一定数の対象を観察した結果にもとづき、それらの対象が属する「全体」について一般的な結論を導く推論を指します**。たとえば、コウモリを50匹観察し、それらが超音波を使ったエコロケーション（反響定位）で捕食することから、「すべてのコウモリはエコロケーションで捕食する」という結論を導くのは、帰納的一般化です。それは**「部分」の特徴から「全体」の様子を推し量る推論**だと言えます。多くの人が、「帰納」(induction) と言えば、すぐに帰納的一般化をイメージするように、それは帰納的推論の代表格です。

典型的な帰納的一般化、すなわち**単純な枚挙による帰納**（simple enumerative induction）の論証形式は次のように書くことができます。

◇枚挙による帰納1

前提1　Aに属するa_1はBであった。
前提2　Aに属するa_2はBであった。
　⋮　　　　⋮
前提n　Aに属するa_nはBであった。

結論　すべてのAはBである。

ここでの「A」の位置には、種や類やクラスの名前、たとえば「犬」や「人」や「コウモリ」といった表現が入ります。「a_1」や「a_2」は、Aという種（類、クラス）に属する個体を指す名前であり、「ポチ」や「ヒロコ」といった表現がその位置に入ります。なお、「B」は何らかの性質ないし特徴を表す表現です。

このタイプの帰納的一般化は——やや単純ではあるものの——日常生活のあらゆる場面に登場します。あなたは、K先生の講義に出席したところ、1回目の講義はとても退屈でした。2回目も3回目も同様に退屈であれば、「(あなたにとって) K先生の講義はすべて退屈だ」という結論に至るでしょう。

科学的推論において、単純な枚挙による帰納は、仮説を検証する段階では不十分かもしれません。しかし仮説を思いつく段階では、その力をいかんなく発揮します。一例を挙げると、「タバコは癌の原因となる」という仮説はどのように発見されたのでしょう。その仮説は、喫煙者が癌になる事例を繰り返し観察してきた結果、思いつかれたと考えられます。言い換えれば、**その仮説は単純な枚挙による帰納によって発見された**のです。

個別的な枚挙による帰納

枚挙による帰納には、先に見たような一般的な主張を結論としてもつ推論の他に、特殊な主張を結論としてもつ推論もあります。その形式は次の通りです。

◇枚挙による帰納2

前提1　Aに属するa_1はBであった。
前提2　Aに属するa_2はBであった。
⋮　　　　⋮
前提n　Aに属するa_nはBであった。

結論　Aに属する$a_{(n+1)}$もBである。

「枚挙による帰納2」の結論は、「枚挙による帰納1」の結論とは異なり、ある個別的な対象に関する特殊な主張です。たとえば、これまで観察されてきたn人のウイルスAの感染者たち（$a_1, a_2, \cdots, a_n$）に症状Bが現れたことから、次に観察される$n+1$人目のウイルスAの感染者（$a_{(n+1)}$）にも症状Bが現れるに違いないと結論する推論です。

やや細かくなりますが、この枚挙による帰納2を**個別的な枚挙による帰納**（particular enumerative induction）と呼び、枚挙による帰納1の**一般的な枚挙による帰納**（general enumerative induction）から区別することもあります。「今日まで毎朝太陽は昇ってきたので、明日の朝も太陽は昇るはずだ」という推論は「個別的な枚挙による帰納」の典型です。

8.1.2　枚挙による帰納の欠点

前提が真であっても結論がもっともらしくない可能性

しばしば「帰納法」という語と結びつけられるフランシス・ベーコン（1561-1626）もすでに指摘していたことですが、単純な枚挙による帰納は、「単純」であるがゆえの欠点をもちます。そうした欠点のひとつを明確にするために、次のような例を検討してみましょう。

ある医師が*S*型インフルエンザの患者50人にある薬*T*を投与したところ、彼らはみな5日以内に症状が改善しました。ここから医師は「薬*T*は、すべての（ほとんどの）*S*型インフルエンザ患者の症状を5日以内に改善する」という結論を導き出しました。

これを論証にすると次のようになります。

〔論証8.1.2〕

前提1　*S*型インフルエンザの患者s_1に薬*T*を投与したところ、s_1の症状は3日で改善した。

前提2　*S*型インフルエンザの患者s_2に薬*T*を投与したところ、s_2の症状は5日で改善した。

⋮　　　　⋮

前提50　*S*型インフルエンザの患者s_{50}に薬*T*を投与したところ、s_{50}の症状は4日で改善した。

結論　ゆえに、*S*型インフルエンザの患者に薬*T*を投与すれば、患者の症状は5日以内に改善する。

論証8.1.2は「単純な枚挙による帰納」のかたちをしています。さて、この論証の問題点はどこにあるのでしょうか。

「前提がすべて真であっても、結論が偽である可能性がある」という答えは期待していません。なぜなら、そもそも枚挙による帰納（帰納的一般化）は演繹ではないからです。むしろここで指摘すべきは、「前提がすべて真であっても、結論がもっともらしくない可能性がある」ということです。つまり、論証8.1.2は「うまくいっていない帰納的論証」であるかもしれないということです。しかし、なぜ「うまくいっていない」可能性があるのでしょう。

もっともありそうな説明は、「S型インフルエンザの患者たちは、薬Tを与えられなくても、5日以内に自然と快方に向かったかもしれない」というものでしょう。こうした可能性を排除するためには、薬Tを投与されなかった患者たちの様子も観察しなければなりません。もし彼らの症状が5日経ってもよくならないということであれば、論証8.1.2の結論はある程度強くサポートされるでしょう。しかしながら、彼らの多くが5日以内に自然とよくなったとすれば、結論はもっともらしくありません。要するに、**単純な枚挙による帰納の欠点は、ポジティブな事例だけを扱い、ネガティブな事例を扱わない**ということにあります。（ここでの「ポジティブな事例」とは薬Tを投与したときの事例を、「ネガティブな事例」とは薬Tを投与しなかったときの事例を指します。後者は、薬Tを投与してもよくならなかった事例とは異なるので注意して下さい。）

なお、次の第9章で検討する「ミルの方法」は、この欠点を改良しようとした帰納的一般化として捉えることができます。

8.1.3　統計的一般化

サンプルの比率から母集団の比率を推測する

単純な枚挙による帰納を、もう少し洗練させた論証の例は次のようなものでしょう。

〔論証8.1.3〕
前提1　日本の有権者3000人に支持政党に関するアンケート調査を行った。
前提2　そのうちの51%の人がC党を支持すると回答した。

結論　したがって、有権者の約半数がC党を支持している。

この論証8.1.3もまた帰納的一般化の実例です。しかしそれは、前節で見た「単純な枚挙」とは異なり、**観察された部分（サンプル）の比率から、まだ観察されていないものを含む全体（母集団）の比率に関する結論を導く論証**です。このタイプの帰納的一般化——毎日のように新聞やニュースなどでお目にかかる推論——を**統計的一般化**（statistical generalization）と名づけましょう。その形式は以下の通りです。[1]

◇統計的一般化

前提1　Gに属するメンバーたちについて観察を行った。

前提2　観察されたメンバーたちのz%はFであった。

結論　したがって、G全体の約z%がFである。

数字が出てきたとたんに、それを「確たるもの」と捉えてしまう人がいるかもしれませんが、この統計的一般化も帰納的推論です。たとえ帰納的に十分な強さをもっていたとしても、それは演繹的推論ではありません。

論証8.1.3に即して言えば、アンケート調査を行った有権者3000人のうち、1530人（51%）がC党を支持すると答えたことが真であったとしても、それは「全有権者の約半数がC党を支持している」という結論が真であることを保証するものではありません。とはいえ、論証8.1.3は、帰納的にとても強い、すなわち前提が真であるという条件の下で、結論も真であることはとても確からしいと考える人も多いでしょう。しかし本当にそうなのでしょうか。

統計的一般化に関する注意点

それは調査の仕方によります。統計学を学んだことのない人でも次のことは知っているでしょう。「アンケート調査の対象となる有権者3000人は無作為（ランダム）に抽出されなければならない」ということです。

それでは論証8.1.3の前提1を、次の前提1aに置き換えれば確からしい論証になるのでしょうか。

前提1a：電話帳から無作為に抽出した日本の有権者3000人に支持政党に関するアンケート調査を行った。

---

[1]　もちろん実際の世論調査はそれほど単純なものではありません。世論調査に理論的な基礎を与える「推測統計学」（inferential statistics）については続巻である「基礎編」の最後で扱うことにします。とはいえ、世論調査のもっとも根底にある推論形式は帰納的一般化（統計的一般化）であり、それ以上でも、それ以下でもありません。母集団の理論的な確率分布といったものは、帰納的一般化をより精緻にするための数学的道具立てにすぎません。

日本の全有権者に番号を振り、乱数表を使って3000人を抽出することができるならば話は別ですが、現実にはそれはとても難しいことです。そこで「電話帳」を使ったというわけです。

最近ではプライバシーの問題から、電話帳に自分の電話番号を載せたがらない人が増えています。そういう人たちは、ある意味で「意識が高く」、C党を支持しない層に多いかもしれません。逆に、依然として電話帳に電話番号を載せている人たちにはお年寄りが多く、彼らはC党を支持する傾向が強いかもしれません。そうであれば、これはすでに「偏り」のある調査になっている可能性があります。たとえ、この調査でC党を支持すると答えた人が51%いたとしても、実際のC党の支持率はそれよりもずっと低いかもしれません。また、電話の場合、アンケート調査を行う時間帯も重要になります。午前中や午後の時間帯で電話を取れるのは、お年寄りや主婦といった層になるはずです。おまけに、若年層には固定電話をもたない人も多いでしょう。ここでも調査は偏ってしまう危険性があります。

■ 練習問題8.1

論証8.1.3の前提1を次の前提1bに改めた。前提1bと前提2は結論を強くサポートすると言えるか。

前提1b：LINEのアカウントから無作為に抽出した日本の有権者3000人に支持政党に関するアンケート調査を行った。

さらなる注意点

もし前提1に関する問題点がすべて解決されたとすれば、論証8.1.3は帰納的にとても強いと言えるでしょうか。たとえば、有権者全員がマイナンバーをもっており、それをもとに無作為抽出がなされ、さらに、抽出された3000人全員がアンケートに答えてくれるという理想的な状況を考えてみましょう。ここでは少なくとも先に言及した「偏り」は排除されているはずです。

なるほど前提1の問題点が理想的な仕方で解決されるのであれば、結論はかなりの確からしさで導き出されるように見えます。しかし、それは前提2が「調査された人たちの真意を反映している」という条件の下での話です。念のためもう一度、前提2を見てみましょう。

前提2：その〔無作為抽出した3000人の〕うちの51%の人がC党を支持すると回答した。

この前提2は、調査した3000人のうちの1530人が「C党を支持する」と述べた、「C党」のチェック欄を塗りつぶした（またはクリックした）といった事実を報告するものです。しかし、この前提2から、それらの1530人が本当にC党を支持していると言えるかどうかは分かりません。[2] これがあまりに「懐疑的」だと思う人は、以下の可能性に注意を向けて下さい。

たとえば、C党は「環境保護」や「経済格差の解消」や「協調外交」を訴える、リベラル政党であるとしましょう。それと競合するD党には「経済格差」や「移民の排斥」や「人種差別」を容認する議員たちが多数所属しています。このような状況の下で、一定数の人々は、「本当はD党を支持しているのだけれど、差別主義者と思われたくないので、C党を支持すると回答する」といった行動をとるかもしれません。（実際、アメリカにおけるいわゆる「隠れトランプ支持者」はこの種の行動をとることで知られています。）もしもそうした人が多ければ、実際のC党の支持率は、結論で示された数値（約50%）よりも低くなるはずです。

逆に、C党が極右政党であり、人々の様々な不満の受け皿になっているとしましょう。これに対し競合するD党はリベラル政党です。一定数の有権者は、本当はC党を支持しているのだけれど、公にはそのような立場を表明することが躊躇われ、「C党を支持する」という回答をしないかもしれません。もしもこうした有権者が多ければ、実際のC党の支持率は、調査の結果よりも高いはずです。

選挙において、事前の世論調査とはかけ離れた開票結果が出るということは決して稀なことではありません。

この前提2についての考察から得られる教訓とは何でしょうか。それは、**単純な事実を述べているように見える前提であっても、論証を評価する際には、批判的に眺めてみる必要がある**ということです。

---

[2]「C党の支持者とはC党を支持すると回答する人のことをいう」と説く人がいるかもしれません。そのような人は「すべてのxについて：xはC党の支持者である$\leftrightarrow$$x$はC党を支持すると回答する」という定義を受け入れていることになるでしょう。しかし、この定義にはやや無理があります。なぜなら、C党の支持者であっても、何らかの事情から、C党を支持すると回答しない人もいるでしょうし、逆にC党を支持すると回答しても、本当はC党を支持していない人もいるかもしれないからです。これに比べると、「C党の支持者とは（選挙の際に）C党に投票する人のことをいう」という定義はより確からしいかもしれません。しかし、ここではこの定義が本当に正しいかどうかについては議論しないことにします。

8.2　全体から部分を推論する

8.2.1　比率的三段論法

帰納的一般化が「部分」から「全体」への推論、すなわち「サンプル」から「母集団」への推論を行うのに対し、これから検討する**比率的三段論法**（proportional syllogism）は、それとは「反対方向」の推論を行います。それは「全体」から「部分」への推論、すなわち、ある母集団の特性を根拠にして、そのメンバー（たち）の特性を推測する推論です。

第3章（3.2.3節）で例に挙げたのは次の論証でした。

〔論証3.2.3b（再掲）〕
前提1　オランダの大学院生の95%は英語で論文を書く。
前提2　ヤンはオランダの大学院生である。

結論　ゆえに、ヤンは英語で論文を書いているに違いない。

この論証3.2.3bは、「ある母集団（オランダの大学院生）が、ある性質（英語で論文を書く）をもつメンバーをしかじかの比率（proportion）で含む」という前提1、および「ある個体（ヤン）がその母集団のメンバーである」という前提2から、「その個体（ヤン）が当該の性質（英語で論文を書く）をもつだろう」と結論する推論です。こうした推論は「比率的三段論法」と呼ばれます。第3章で見たように、その論証形式は次のように書くことができます。

◇比率的三段論法（再掲）
前提1　Fのz%はGである。
前提2　xはFのメンバーである。

結論　xはGである／Gではない。

このタイプの論証においては、前提に現れる比率が1、つまり100%に近づくほど、肯定的な結論が強くサポートされます。論証3.2.3bの前提に現れる比率は95%だったので、その結論は非常に強くサポートされると言ってよいでしょう。

（つまり、「ヤンは英語で論文を書いている」という結論は非常にもっともらしいということです。）

この比率が1（$z = 100$）になる場合はどうなるでしょう。もちろん論証は演繹的に妥当になります（比率的三段論法の極限事例 α）。

◇比率的三段論法の極限事例 α（演繹的に妥当な論証）

前提1　Fの100%はGである。（すべてのFはGである。）

前提2　xはFのメンバーである。

結論　xはGである。

また逆に、比率的三段論法の比率が0に近づくほど、否定的な結論が強くサポートされます。次のような論証を考えてみましょう。

〔論証8.2.1a〕

前提1　日本の大学生の5%は英語で卒業論文を書く。

前提2　タケシは日本の大学生である。

結論　ゆえに、タケシは英語で卒業論文を書かないだろう。

なるほど、前提が2つとも真であっても、結論が偽である（つまりタケシが英語で卒論を書く）可能性はありますから、論証8.2.1は演繹的に妥当ではありません。しかし、帰納的にはとても強いと言えるでしょう。

ところで比率的三段論法における「比率」が0になるとどうなるでしょうか。興味深いことに、先ほどと同様、それは演繹的に妥当な論証になります（比率的三段論法の極限事例 β）。

◇比率的三段論法の極限事例 β（演繹的に妥当な論証）

前提1　Fの0%はGである。（いかなるFもGではない。）

前提2　xはFのメンバーである。

結論　xはGではない。

これらの考察から言えることは、通常の比率的三段論法（$0 < z < 100$）は、2

つの極限事例 α と β とのあいだに、確からしさの様々な度合いを伴って位置するということです。

■ **練習問題8.2**

次の比率的三段論法の前提は結論をうまくサポートするか否かを答えよ。

前提1　日本の大学生の50%は何らかの奨学金を貸与されている。
前提2　タケシは日本の大学生である。

結論　ゆえに、タケシは何らかの奨学金を貸与されているだろう。

8.2.2　参照クラスの問題

「確率」を含む結論

前節で検討した比率的三段論法の前提は、「比率」(割合) という数値に言及するものでした。しかし、そこから導出される結論に数値は現れませんでした。そうした結論に関しては、前提に現れる比率の大小に応じて「非常にもっともらしい」、「かなりもっともらしい」といった質的な評価がなされます。それに対し、この節で考察する比率的三段論法の結論はある数値に言及します。その数値は、「比率」ではなく、「**確率**」(probability) と呼ばれるのがふつうです[3]。次の論証はその具体例です。

〔論証8.2.2a〕
前提1　公明党支持者の85%はその選挙で自民党の候補者Jに投票した。
前提2　ヨシコは公明党支持者である。

結論　したがって、ヨシコがJに投票した確率は約85%である。

一般に、比率的三段論法の結論に確率が含まれる場合、論証の形式は次のようになります。

[3]　確率概念の検討はここでは最小限に抑えたいと思います。確率を含む論証については「基礎編」でやや詳しく論じます。

◇比率的三段論法（確率付き）

前提1　Fのz%はGである。

前提2　xはFのメンバーである。

結論　xがGである確率は約z%である。

一見したところ、この形式をもつ論証は帰納的にとても強いように見えます。しかし、ここで厄介な問題が生じます。それは「**参照クラス問題**」(problem of reference class) という名前で知られています。

参照クラス

ここでの参照クラスとは、比率的三段論法の前提に現れる母集団を指します。論証8.2.2aでは「公明党支持者」が参照クラスです。

いま論証8.2.2aに登場するヨシコは「反原発派」でもあるとしましょう。反原発派で自民党の候補者Jに投票した人は5%にすぎません。これより、次の論証8.2.2bを作ることもできるはずです。

〔論証8.2.2b〕

前提1　反原発派の5%はその選挙で自民党の候補者Jに投票した。

前提2　ヨシコは反原発派である。

結論　したがって、ヨシコがJに投票した確率は約5%である。

この論証8.2.2bにおける参照クラスは「反原発派」です。ヨシコを「公明党支持者」という参照クラスで考えた場合、彼女がJに投票した確率は85%であったのに対し、「反原発派」という参照クラスで考えた場合、その確率はたったの5%になります。この違いはいかに説明されるのでしょう。

別の例を検討しましょう。

〔論証8.2.2c〕

前提1　A病院でステージIIの肺がん手術を受けた人の5年生存率は70%である。

前提2　コジロウはA病院でステージIIの肺がん手術を受けた。

結論　ゆえに、コジロウが今後5年間生存する確率は約70%である。

この論証8.2.2cに登場するコジロウは25歳の若者であったとします。さらに、日本全国でステージⅡの肺がん手術を受けた20歳代の患者が5年生存する確率は40%だと分かっていることにしましょう。これを論証にすると次のようになります。

〔論証8.2.2d〕
前提1　ステージⅡの肺がん手術を受けた20歳代の人が5年生存する確率は40%である。
前提2　コジロウは25歳でステージⅡの肺がん手術を受けた。

結論　ゆえに、コジロウが今後5年間生存する確率は約40%である。

ここでも「参照クラス問題」が生じています。つまりコジロウをいずれの参照クラスで考えるのかによって、その5年生存率に関する結論が大きく変わってくるのです。生存率が70%と40%とではかなりの違いだと言わざるをえません。一般に、こうした問題はどのように解決できるのでしょうか。

もっとも単純な解決策は、「ヨシコが……した確率」や「コジロウが……する確率」といった**個別の確率といったものはない**と主張し、問題自体を消去してしまうことでしょう。実際、確率概念の有力な解釈として知られる頻度説によれば、**確率は何度も繰り返されるような事象の集まり**（「コレクティーフ」と呼ばれます）に関するものであり、決して単発の事象に関するものではないとされます。この解釈が正しければ「ヨシコが……した確率は*x*%である」も「コジロウが……する確率は*x*%である」も無意味な命題だということになります。

しかし、こうした個別的確率に関する命題を一掃することは困難だということであれば、何とか問題解決に向けたアプローチをしなくてはなりません。すぐに思いつかれるのは、参照するクラスを限定していくことでしょう。たとえば、コジロウのケースでは、「A病院でステージⅡの肺がん手術を受けた20歳代の患者」を参照クラスにして、その5年生存率を調べるという方法があります。ところがコジロウには心疾患もあり、一般に心疾患をもつ者が肺がん手術を受けて5年生存する確率は、心疾患をもたない者の半分にすぎないというデータがあるとしましょう。これらの情報を活かしたいのであれば「A病院でステージⅡの肺がん手術を受けた心疾患をもつ20歳代の患者」を参照クラスにしなくてはならないでしょう。この作業を延々と続けていけば、最終的にはコジロウ1人のみをメンバーにもつようなクラス（単元集合）が出来上がります。しかしそうしたクラスに関して「比率」を云々できるはずもありません。

この難題をこれ以上追求することはしませんが、一つだけ覚えておいてほしいのは、（確率付きの）比率的三段論法を現実世界に適用するときには慎重になる必要があるということです。多くの場面において、それは理想的な世界における次のような論証とは異なっています。

〔論証8.2.2e〕
前提1　壺の中には赤玉と白玉が50%ずつ入っている。
前提2　コジロウはよくかき混ぜられたその壺から1つだけ玉を取り出した。

結論　　これより、コジロウが取り出した玉が赤玉である確率は50%である。

この論証8.2.2eは確率付きの比率的三段論法ですが、「参照クラス問題」とは無縁です。この論証と、先に見た論証8.2.2aから8.2.2dまでの論証との違いはどこにあるのでしょう。その違いは、壺の中の玉はきわめて貧弱な性質しかもたず、それらが属するクラス（集団）はかぎられているのに対し、ヨシコとコジロウは豊かな性質をもち、彼らは多様なクラス（集団）に同時に属しているという点です。しかも、前者のクラスはまったく均質であるのに対し、後者の多様なクラスは決して均質ではありません。それゆえに、ヨウコやコジロウがあるクラスに属しているとしても、彼らがそのクラスを「代表」するメンバーである保証はないわけです。言い換えれば、彼らはそうしたクラスから無作為に抽出されたサンプルではありません。この違いが比率的三段論法の現実世界への適用を難しくしているのです。

8.3 類比による論証

8.3.1 類似性にもとづく論証

帰納的一般化との関係

ここからは少し話題を変えて、**類比による論証**（argument by analogy）について考察を行います。なお、このタイプの論証はすでに3.2.4節において簡単に紹介しています。

本章の中で類比による論証を論じるのは、それが「枚挙による帰納」と密接な関係をもつからです。なお、このことを明確にするために、次の具体例を見てみましょう。

〔論証8.3.1〕

前提1　これまでにアルバイトで雇った学生S君もT君もK大学の落語研究会に所属しており、とても真面目だった。

前提2　今度アルバイトに来てくれるU君もK大学の落語研究会に所属している。

結論　だから、U君もとても真面目だろう。

この論証8.3.1は、U君が、S君およびT君とある性質（所属する大学とサークル）を共有していること、すなわちある点において類似していることから、U君は、S君とT君がもつ他の性質（真面目さ）ももつだろうと推測しています。これは類比による論証です。このタイプの論証は、誤るリスクを伴うにもかかわらず、私たちが頻繁に利用している論証です。

しかし、なぜ類比による論証は枚挙による帰納と「密接な関係」に立つのでしょうか。一見すると、このタイプの論証は全称命題を結論にもつものではなく、「帰納的一般化」とはほど遠いように見えます。けれども8.1.1節で考察したように、枚挙による帰納の一種である「個別的な枚挙による帰納」は、個別的なものに関する結論をもつ論証でした。したがって、類比による論証が一般的な事実に関する結論をもたないからといって、ただちに帰納とは無関係だということにはなりません。むしろ——こちらの方が強調されなければなりませんが——類比による論証は、**「既知のもの」**から**「未知のもの」を推論する**という特徴を枚挙による帰納と共有している点が重要なのです。(帰納の典型は、部分という「既知のもの」にもとづいて全体という「未知のもの」を推論します。)

論証8.3.1のケースでは、S君とT君がもっている性質、すなわちK大学の落語研究会の所属であるという性質と、とても真面目であるという性質は「既知」です。U君に関して、K大学の落語研究会の所属であるという性質は「既知」ですが、彼の性格については「未知」です。この論証は、すでに「既知」であるものから、アナロジーを用いて、U君に関する「未知」、すなわちその性格を推測しようとしているのです。

さらに言えば、S君、T君と二代続けて同じ大学の同じサークルからアルバイトを雇い、彼らがとても真面目だったことから、同じ大学の同じサークルに所属するU君もとても真面目だろうと推論することは、「**過去はそうだったから未来もそうだろう**」という帰納の原則にもとづくように見えます。この点においても、類比による論証と枚挙による帰納との関連性を指摘することができるでしょう。

論証の形式

類比による論証の形式はすでに3.2.4節で提示しましたが、それをもう一度書き出しておきます。

◇類比による論証（再掲）

前提1　Aは性質$P_1,\cdots,P_n$をもつ。
前提2　Bは性質$P_1,\cdots,P_n$をもつ。
前提3　Aはそれらに加えて性質$P_{(n+1)}$をもつ。

結論　Bも性質$P_{(n+1)}$をもつに違いない。

説明を繰り返すと、前提1と前提2から、AとBはn個の性質を共有していることが分かります。これはAとBが類似している（似ている）ことを示しています。前提3はそれらn個の性質とは別の性質$P_{(n+1)}$をAがもつと述べています。これらは「既知」です。しかし、Bがその性質$P_{(n+1)}$をもつかどうかは分かっていません。それは「未知」ですが、論証は、Aとのアナロジーにもとづいて、「Bも性質$P_{(n+1)}$をもつだろう」と推測（結論）するのです。

類比（アナロジー）はあくまで結論を導くために使用されることに注意して下さい。これが「詩的」なアナロジーの使用との決定的な違いです。詩的なアナロジーとは——より正確には「比喩」（メタファー）と言わなければなりませんが——「彼の体は生まれたての子鹿のように震えていた」といった表現の中に現れます。こうしたアナロジーの使用はそこから何らかの結論を導くことを意図していません。

8.3.2　論証の評価

確からしい論証の基準

類比による論証は妥当な論証ではありません。それは確からしさの様々な度合いをもつ論証です。その中にはとても確からしいものもあれば、あまり確からしいとは言えないものもあります。

しかし、類比による論証の「帰納的な強さ」を評価する基準はあるのでしょうか。むろんこの基準さえ満たせばよいといったような「絶対の基準」はありませんが、強さの目安として機能するような基準は複数あります。とくに2つの論証を比べてどちらの方が「帰納的により強いのか」を評価することは十分に可能です。以下では代表的な5つの基準を順番に見ていくことにしましょう[4]。

① 類似する対象の数

ヒロシの家のすぐ裏には山があり、大雨が降るたびに、土砂崩れが起きて家が押しつぶされるのではないかと不安になります。というのも、二年前の豪雨で隣県に住む友人の家が土砂災害の被害にあったからです。ヒロシの家と友人の家はともに宅地造成によって山のふもとに造られた比較的新しい住宅地に建てられています。

ヒロシが行った推論を論証のかたちにしてみましょう。

〔論証8.3.2a〕

前提1　友人の家の裏には山があり、近年の宅地造成による土地に建てられた。

前提2　ヒロシの家の裏には山があり、近年の宅地造成による土地に建てられ

---

〔4〕 以下で説明する諸基準については、Copi, Cohen & McMahon（2016: 452–457）の記述を参考にしました。

た。

前提3　友人の家は二年前の豪雨による土砂災害の被害を受けた。

結論　ゆえに、ヒロシの家も豪雨による土砂災害の被害を受けるだろう。

この論証8.3.2aはある程度確からしいと言えるかもしれません。しかし、同じ論証をより確からしくするためにはどうすればよいでしょうか。それは**類似する対象の数を増やす**ことです。この論証において、ヒロシの家に類似する対象は「友人の家」だけですが、これが「Aさんの家も同じような状況で同じような被害を受けた」、「Bさんの家も同じような状況で同じような被害を受けた」……といったように対象の数を増やしていけば、論証は帰納的により強くなるでしょう。逆に言えば、類似の対象が1つだけでは、論証は説得力を欠く場合もあります。

これを一般的に書くと次のようになります。

基準① 類似する対象の数

類比による論証は、結論に現れる対象に類似する対象の数が多くなるほど、その帰納的な強さを増す。

② 共有する性質の数

類比による論証の「帰納的な強さ」を評価する基準は①だけではありません。**類似する対象が共有する性質の数**も重要になります。論証8.3.2aで考えてみましょう。その論証におけるヒロシの家と友人の家が共有する性質は(i)「裏山をもつ」、(ii)「近年の宅地造成による土地に建てられた」という2つです。しかし、これらに加え、(iii)「真砂土を多く含む土地に建てられた」や(iv)「宅地造成される前には沢があり、水が流れていた」といった性質を共有していれば、論証の帰納的強さはいっそう増すはずです。つまり、ヒロシの家と友人の家の共通点が多くなるほど、「ヒロシの家も豪雨による土砂災害の被害を受けるだろう」という結論はもっともらしくなります。

これも一般的な基準として定式化しておきましょう。

基準② 共有する性質の数

類比による論証は、結論に現れる対象と前提に現れる対象が共有する性質の数が多くなるほど、その帰納的な強さを増す。

③ 関連性

基準②を補足する役割を果たすのが、いまから解説する「**関連性**」(relevance) の基準です。②に従って「共有する性質の数」を多くすることは重要ですが、論証とは何の関係もないような性質の数を増やしてもあまり意味がありません。

論証8.3.2aに即して言えば、ヒロシの家と友人の家が「仏間をもつ」という性質や「広いキッチンをもつ」という性質を共有していたとしても、それは「ヒロシの家も豪雨による土砂災害の被害を受けるだろう」という結論をサポートするものではありません。なぜなら、それらの性質は豪雨による土砂災害の被害と何の関連性ももたないからです。

したがって、共有する性質の数を増やして論証を強化したいのであれば、関連性に注意する必要があります。しかし、何が関連する性質なのかを正確に述べることはそれほど容易ではありません。ここではさしあたり、「結論に現れる性質とのあいだに因果的な関係が成立しうる性質」を「関連する性質」と理解することにしましょう。この理解が正しければ、「仏間をもつ」ことと「豪雨による土砂災害の被害を受ける」ことのあいだに因果関係は成立しないので、前者は関連する性質ではないと言えます。これに対し、「木造建築である」ことと「豪雨による土砂災害の被害を受ける」こととのあいだには因果関係が成立しうるので、前者は関連する性質であることになります。「因果関係」とは――第9章と10章で検討するように――**原因と結果の関係**のことをいいます。木造建築であること（の脆弱性）が原因となって、（家が押しつぶされるといった）土砂災害の被害を受けるという結果が生じることは十分に考えられます。[5]

ここで言われる関連性には強弱の度合いがあることも付け加えておきます。以下でこの基準を要約しておきましょう。

基準③ 関連性

類比による論証は、対象間で共有される性質が、結論に現れる性質と強い関連性をもつほど、その帰納的な強さを増す。

---

[5] 厳密に言えば、関連性は因果関係に限定されないのですが、ここでは話をよりシンプルにするために、因果関係以外の要素は考えないことにしました。

④ 対象の多様性

4つ目の基準を説明するために前節で例に挙げた論証8.3.1を使いましょう。その論証は、「過去に雇ったアルバイトの学生が2人ともK大学の落語研究会の所属で、とても真面目だった」という前提1と、「今度のアルバイト学生もK大学の落語研究会の所属である」という前提2から、「今度のアルバイト学生もとても真面目だろう」という結論を導くものでした。

この論証8.3.1をより確からしくするためにはどうすればいいでしょう。もちろん基準①に従って、対象の数を増やす、つまり過去に雇った2人に加えて、3人目の同大学同サークル所属の真面目なアルバイト学生、4人目の……と増やしていけば、論証の帰納的な強さは増すはずです。また、基準②に従って、共有する性質の数を増やすことも、論証をより確からしくするでしょう。「K大学の落語研究会の所属である」に加えて、「短髪である」や「眼鏡をかけている」といった性質を加えると、「今度の（K大学の落語研究会の所属で、眼鏡をかけた短髪の）アルバイト学生はとても真面目だろう」という結論はより強く支持されるはずです。

しかしながら、論証8.3.1をより確からしくする方法はそれらだけではありません。過去に雇ったK大学落語研究会のアルバイト学生たちが**多様であること**も論証を確からしくします。なぜでしょう。たとえば、過去に雇ったK大学落語研究会のアルバイトの中には男子学生も女子学生も（トランスジェンダーの学生も）いたという事実は、「K大学の落語研究会の所属だから、ではなく、たんに男子学生だから真面目なのではないか」といった反論から論証を擁護することができます。同様に、過去に雇ったK大学落語研究会のアルバイトたちが所属する学部は多様であった（文学部の学生もいれば、経済学部の学生もいれば、理学部の学生もいれば、工学部の学生もいた）という事実によって、「K大学の落語研究会の所属だから、ではなく、たんにみな文学部の学生だから真面目なのではないか」という反論は成り立ちにくくなります。

このことを一般的な基準にすると次のようになります。

基準④ 対象の多様性

類比による論証は、（前提のみに現れる）対象が多様であるほど、帰納的な強さを増す。[6]

---

[6]「（前提のみに現れる）対象」とは、論証8.3.1においては S と T です。これに対し、U は前提と結論の両方に現れる対象です。

⑤ディスアナロジー

最後に解説する基準は「ディスアナロジー」(disanalogy) です[7]。簡単に言えば、問題とされている対象のあいだに**無視できないような違い**があれば、類比による論証の帰納的な強さは減じてしまうという基準です。ここでの「ディスアナロジー」は、たんに「類比（類似性）を欠く」というよりは、むしろ「重要な違いをもつ」と理解されるべきです。

たとえば論証8.3.2aにおいて、ヒロシの家の裏山は硬い岩盤をもつのに対し、友人の家の裏山は脆い火山灰を多く含むといった「無視できない違い」があれば、たとえ他の点でいくつもの共通点があったとしても、「ヒロシの家も土砂災害の被害を受けるだろう」という結論を導く力は弱くなります。また、ヒロシの家の裏山が過去に土砂崩れを起こしたことはないのに対し、友人の家の裏山はたびたび土砂崩れを起こしてきたという「重要な違い」があれば、たとえその他の多くの点で2つの対象が類似していたとしても、論証自体の帰納的強さは減じてしまうでしょう。

「無視できない違い」や「重要な違い」と書いているのは、とるに足らない違いであれば、いくらでもあるからです。（ヒロシの家の裏山にはイノシシがたまに出るが、友人の家の裏山にはイノシシではなくサルが出没する、など。）なお、違いが「無視できる／できない」、「重要である／でない」の評価に関しては、基準③「関連性」が適用できます。

基準⑤ ディスアナロジー

類比による論証は、結論に現れる対象と前提のみに現れる対象とのあいだに無視できない違いがあれば、それだけ帰納的に弱くなる。

■練習問題8.3

類比による論証8.3Aに、(a) から (e) までの追加の前提を1つずつ付け加えると、論証Aは帰納的により強くなるのか、それとも弱くなるのかを述べなさい。また、評価する際に用いた基準も述べなさい。

---

[7]「反類比」や「非類比」と訳すこともできるかもしれませんが、やや分かりにくいのでそのまま「ディスアナロジー」と片仮名で表記しました。

〔論証8.3A〕

前提1　都市Aは人口が多く、人口密度も高い。
前提2　都市Bは人口が多く、人口密度も高い。
前提3　都市Aでは感染症Xのパンデミックが生じている。

結論　ゆえに、都市Bでも感染症Xのパンデミックが生じるに違いない。

追加の前提

(a) 都市Aと都市Bには大きな歓楽街があり、夜間の人流が減らない。
(b) 人口が多く、人口密度も高い都市Cでも感染症Xのパンデミックが生じている。
(c) 都市Aではテレワークやリモート授業が普及しなかったのに対し、都市Bでは助成金制度を導入してテレワークやリモート授業をいち早く取り入れた。
(d) 都市Aはヨーロッパの都市であるが、類似したアジアの都市Cでも、南米の都市Dでもパンデミックが生じている。
(e) 都市Aの首長は男性であり、都市Bの首長も男性である。

文献案内

枚挙による帰納および統計的一般化について興味がある人はSalmon（1983）をお薦めします。類比による論証に関しては、Sinnott-Armstrong & Fogelin（2005: Ch. 9）の記述が参考になります。

練習問題の解答と解説

■ 練習問題8.1の解答

厚生労働省は2020年にLINEを使って「新型コロナウイルス対策のための全国調査」を行いました。このように、SNSを用いた調査自体は珍しいものではなくなってきています。しかし、LINEを普段から使いこなしている人は、高齢者よりも若者に多いのは明らかでしょう。もしC党が若年層のあいだで不人気であるのに対し、LINEのアカウントをもっていない高齢者層で多くの支持を集めているとすれば、C党の実際の支持率は、調査から結論された約50%よりもずっと高いかもしれません。これらの分析が正しいとすれば、**前提1bと前提2は結論を強くサポートするとは言えません**。

■ 練習問題8.2の解答

少々厄介な問題です。解答を述べれば、**前提は結論をサポートしません**。「当たり前だ」と思う人もいるでしょうが、少し論理的に考えてみましょう。

比率がちょうど50%という点に注意して下さい。もし比率が50%で、「タケシは何らかの奨学金を貸与されている」という結論がサポートされるとすれば、まさに同じ理由で「タケシは何らかの奨学金を貸与されていない」もサポートされなければならないでしょう。同じ前提が、ある命題の肯定と否定をともにサポートするというのは奇妙です。

■ 練習問題8.3の解答

(a) 追加の前提 (a) を論証8.3Aに加えると、論証の帰納的な強さは増します。（論証はより確からしくなります。）この評価に用いた基準は②「共有する性質の数」です。この基準に従えば、問題となる対象が共有する性質の数が増えれば、論証はより確からしくなります。

(b) 追加の前提 (b) を加えると、論証の帰納的な強さは増します。評価には①「類似する対象の数」を使いました。この基準に従えば、結論に現れる対象と類似する対象の数が増えるほど、論証はより確からしくなります。

(c) 追加の前提 (c) を加えると、論証の帰納的な強さは減じます。（論証は確からしくなくなります。）この評価に用いた基準は⑤「ディスアナロジー」です。この基準によれば、問題となる対象（ここでは都市Aと都市B）のあいだに「重要な違い」があれば、他に共通点があったとしても、論証の確からしさは減じてしまいます。

(d) 追加の前提 (d) を加えると、論証の帰納的な強さは増すと思われます。ここで用いた基準は④「対象の多様性」です。この基準によれば、前提に現れる対象（ここでは都市Aと都市Cと都市D）が多様であるほど、論証は確からしくなります。

(e) 追加の前提 (e) を加えても、論証の帰納的強さは変わりません。用いた基準は③「関連性」です。この基準は「対象間で共有される性質が、結論に現れる性質と強い関連性をもつほど、論証はその帰納的な強さを増す」と説くものですが、ここで追加された「首長の性別」に関する性質は、「パンデミックが生じる」という性質と何ら関連性をもちません。したがって、その類似性はもともとの論証8.3Aの確からしさを変えるものではありません。

補論II　権威に訴える論証と対人論証

しばしば私たちは、ある権威ないし専門家の見解に依拠して、何らかの主張を正当化しようとします。「あの人がそう言っているのでこの結論は正しい」といったように。このタイプの論証は**権威に訴える論証**（argument from authority）と呼ばれます。また反対に、「あの人がこう言っているのでこの結論は正しくない」と論証することもあります。言い換えれば、こんなに信用ならない人の主張は正しくないはずだという論証です。これは伝統的に**対人論証**（argument *ad hominem*）と呼ばれてきました。

ふつう論理学では、これら2つのタイプの論証は典型的な**誤謬**（fallacies）として扱われます。たしかに「Xさんが P と言っているので P だ／ P でない」というのは説得力のある論証には見えませんし、一種の「思考停止」ですらあるかもしれません。しかしながら、こうした論証が例外なく「誤り」であるのかと言えばそうではありません。

この補論IIでは「権威に訴える論証」と「対人論証」を、第8章で見た比率的三段論法の一種として捉え、それらの形式と評価基準について考察を行うことにします。

1　権威に訴える論証

論証形式と具体例

私たちがある主張を根拠づけたいときに、ある領域の**権威**（authority）あるいは**専門家**（expert）の見解を引き合いに出すことはよくあります。ここでの権威は必ずしも人である必要はなく、団体でも著作でもかまいません。こうして出来上がった論証は「**権威に訴える論証**」と呼ばれます。

このタイプの論証の基礎となるのは次のような論証形式です。

◇権威に訴える論証：形式1

前提　XはPと主張している。

結論　したがって、P（は真である）。

この形式1をもつ論証は「うまくいっていない」ように見えます。たとえば「総理大臣は来週あたりに辞任するよ」と述べる人が、「あなたがそう主張する根拠は何か」と問われ、「いやー、ゆうべ居酒屋の大将がそう言ってたからね」と答えたとしたら、きっと私たちは「信憑性がない」と判断するに違いありません。

〔論証1a〕

前提　居酒屋の大将が総理大臣は来週あたりに辞任すると主張していた。

結論　だから、総理大臣は来週あたりに辞任する（だろう）。

権威による論証のもっとも基本的な骨格は形式1です。けれども、そこに現れるXは誰でもよいわけではありません。Xの位置にはある分野のエキスパート（権威）が入らなければなりません。

たとえば、論証1aにおいて「居酒屋の大将」の代わりに、「官邸を取材している記者」や「Y新聞」を入れるとどうなるでしょうか。

〔論証1b〕

前提　官邸を取材している記者（あるいはY新聞）が総理大臣は来週あたりに辞任すると主張している。

結論　だから、総理大臣は来週あたりに辞任する（だろう）。

官邸を取材している記者は政局に詳しい専門家だと考えられています。また全国紙であるY新聞は官邸と近い関係にあり、総理の動向についてどのメディアよりも早く情報を得ることができると目されています。彼らが総理の辞任に関する何らかの「証拠」をつかんでいたとしても不思議ではありません。

したがって、論証1bは論証1aよりも確からしいと言えるでしょう。もう一つ例を挙げておきます。

〔論証1c〕

前提　国立感染症研究所は、不織布マスクの正しい着用によって新型コロナウイルスへの感染リスクを抑えることができると主張している。

結論　ゆえに、不織布マスクの正しい着用によって新型コロナウイルスへの感染リスクを抑えることができる（だろう）。

この論証1cは、国立感染症研究所という感染症研究の権威に訴えて結論を正当化するものです。それは「友人がそう言っているから」や「SNSで読んだから」といった正当化の仕方とは異なります。またそれは「自分や周辺の人間が不織布マスクをしていて感染しなかったから」といった正当化の仕方とも異なります。

権威（専門家）は不可謬である、すなわち絶対に誤らないなどと言っているわけではありません。権威でも誤ることはあります。しかし、ある分野の権威は「居酒屋の大将」や「友人」や「私の身近な経験」よりも確かな証拠をもっていることは認めてもよいでしょう。ゆえに、こうした「権威に訴える論証」のすべてを否定することは得策とは思えませんし、実際のところ不可能に近いでしょう。

信頼に足る権威への言及

ここで権威による論証の形式2を書き出しておきます[1]。これは先ほどの論証形式1よりも少しだけ洗練されています。

◇権威に訴える論証：形式2

前提1　*X*は*P*に関して信頼に足る権威である。

前提2　*X*は*P*と主張している。

結論　*P*（は真である）。

ここでの「**信頼に足る**」(reliable) とは[2]、正確に言えば (i) 当該の分野に精通しており、(ii) たいていの場合、主張していることは真であり、(iii) その主張が、他の人によっても検証されうる証拠（根拠）にもとづいており、(iv) 主張が誤りだと判明すれば撤回する誠実さをもちあわせていることを意味します。上で例に挙げた国立感染症研究所といった科学者集団にせよ、新聞社（あるいはジャーナリストたち）にせよ、——程度は様々ですが——これらの条件を満たす

[1]　Salmon (1963: 98) を参照。

[2]　第2章の中で、「信頼できる」という言葉を、あるタイプの帰納的論証に適用したので、ここでの "reliable" は「信頼に足る」と訳し分けました。両者は同じ言葉ですが、異なる意味で使われていると理解して下さい。

がゆえに「信頼に足る権威」だと言うことができるのです。

比率的三段論法の特殊ケース

サモンによれば、——私もここで著名な科学哲学者の権威に訴えています！——権威に訴える論証は次のような仕方でも表現されます。

◇権威に訴える論証：形式3

前提1　主題*S*に関して*X*が主張してきた命題の大多数は真である。

前提2　*P*は主題*S*に関して*X*が主張する命題である。

結論　*P*（は真である）。

この形式3は先の形式2をさらに洗練させたものです。サモンはこの形式を私たちが8.2.1節で見た比率的三段論法の特殊ケースとして位置づけます。（サモン自身の用語は「統計的三段論法」（statistical syllogism）です。）ここで比率的三段論法（統計的三段論法）について復習しておきましょう[3]。

◇比率的三段論法（再掲）

前提1　*F*の*z*%は*G*である。

前提2　*x*は*F*のメンバーである。

結論　*x*は*G*である（だろう）。

繰り返しの解説になりますが、この形式をした論証は、zの値が100に近づくほど、その（帰納的な）強さを増すのでした。$z = 100$であれば演繹的論証になります。また、zの値が50よりも小さければ（$z < 50$）、前提は結論を支持しません。むしろ結論の否定である「*x*は*G*ではない（だろう）」を支持することになります[4]。

たとえば、$z = 90$、*F*を「若手教員」、*G*を「博士号取得者」として具体的な論

---

[3]　Salmon（1963: 95）。サモンは述べていませんが、ここでの統計的三段論法は「素朴統計学」にもとづく論証です。「素朴統計学」とは、統計学が誕生する前から人間が用いてきた前理論的な思考様式を指します。

[4]　練習問題8.2で見たように、$z = 50$の場合、前提は「*x*は*G*である」という結論を支持しません。なぜなら、もし「支持する」としてしまえば、同じ理由から、前提は「*x*は*G*ではない」という結論も支持してしまうことになるからです。同一の前提が、ある結論とその否定を同時に支持することは不合理です。

証を作ってみましょう。

〔論証1d〕
前提1　若手教員の90%は博士号取得者である。
前提2　ジロウは若手教員である。

結論　　ゆえに、ジロウは博士号取得者である。

もちろんこの論証1dは妥当ではありません。前提1と前提2が真であっても、結論は偽でありうるからです。しかしながら、その論証が確からしいことは否定できないでしょう。

もちろん「90%」の代わりに「大多数」という表現を使っても、帰納的な強さは維持されます。

〔論証1d*〕
前提1　若手教員の大多数は博士号取得者である。
前提2　ジロウは若手教員である。

結論　　ゆえに、ジロウは博士号取得者である。

話を戻しましょう。サモンによれば、権威に訴える論証は比率的三段論法（統計的三段論法）の特殊ケースでした。その理由は次の通りです。すなわち、「信頼に足る権威が*P*と主張していることを根拠にして、*P*という結論を導く論証」は、「権威による*P*という主張の大多数は正しいという前提から、*P*という結論を導く論証」の一種だと考えられるからです。

もう少し平たく言えば、権威の言っていることはたいていは正しいのだから、特別な理由がない限りは、それを正しいと認めた方が誤りは少ないという推論です。「たいてい」を90%とすれば、いままで信頼に足る権威（国立感染症研究所でも、気象庁でも、ノーベル賞受賞者でも、A新聞でもかまいません）が述べてきたことは10回のうち9回は正しかったので、それを信じて繰り返し行動すれば、間違えるのは10回に1回程度で済むだろうということです。

もちろん威張っているだけで、よく嘘をつく一部の政治家や官僚を「信頼に足る権威」と呼ぶことはできません。だからこそ私たちは「権力」はもっていながらも、「信頼に足る権威」ではない人や機関の主張から結論を導くことに関して、つねに慎重である必要があるのです。

2　典型的な誤謬

典型的な誤謬

前節では「権威に訴える論証」は、ある条件（信頼に足るという性質）を満たすことによって、確からしい論証（帰納的に強い論証）になりうることを考察しました。とはいえ、冒頭でも指摘したように、論理学においては「権威に訴える論証」は典型的な**誤謬**（fallacy）として扱われてきたことも事実です。つまり、それは「誤りを含む推論」と見なされてきたのです。

以下では、どのようなケースにおいて「権威に訴える論証」は誤謬と見なされるのかを確認していきましょう。

(i) 引き合いに出された権威が主張*P*の属する分野の権威ではないケース

権威と目される人や集団は様々な分野（学問・芸術・スポーツ・芸能・政治・ビジネスなど）で活動しています。言うまでもなく、ある分野における権威が、他の分野においても権威であるとはかぎりません。次の例を見てみましょう。

〔論証2a〕
前提1　著名な俳優であるAは、がんは代替治療で完治すると主張している。
前提2　Aは映画界の権威である。

結論　ゆえに、がんは代替治療で完治するだろう。

この論証2aがうまくいっていないことは一目瞭然でしょう。Aは映画界の権威ではあっても、がん治療の専門家ではありません。ゆえにAは当該の主張に関して信頼に足る権威ではないのです。

この例の誤謬は明白であるとはいえ、世間では知名度やある分野での功績を利用して、他の分野に属する主張が行われることがよくあります。これらの多くは根拠に乏しいとはいえ、そのすべてが誤りだということにはなりません。そうした主張に関してはケースバイケースで評価する必要があるでしょう。たとえば、再生医療の世界的権威が、感染症対策について何らかの主張をしている場合は、それを論証2aと同等のものとして捉えることはできません。なぜなら、2つの専門分野のあいだには、映画とがん治療のあいだには見られない関連性があるからです。

(ii) 権威が正しく引用あるいは解釈されていないケース

ある主張を根拠づけるために引き合いに出された権威の言葉ないし考えが不適切な仕方で引用されていたり、曲解されていたりする場合は誤謬と見なされます。

〔論証2b〕

前提1　ゲーデルは不完全性定理によって、人間の知性は不完全であることを主張した。

結論　ゆえに、人間の知性は不完全である。

「人間の知性は不完全である」という結論は――分かりきったことでつまらないとはいえ――真でしょう。問われているのは、この結論を権威ある論理学者（クルト・ゲーデル）の「主張」によってサポートしようとする論証2bがうまくいっているのかということです。残念ながら、ゲーデルは不完全性定理によって、そのような大胆なこと（陳腐なこと？）は主張していません。したがって、仮に論理学者が「人間知性」に関する専門家であることを認めたとしても、その考えが誤って引用されている以上、論証2bは誤謬だと判断されます。

似たような誤謬として、「すべての道徳原理は相対的であり、絶対に正しいと言えるものなどない」という主張を根拠づけるためにアインシュタイン（相対性理論）を引き合いに出したり、「自由意志は存在する」という主張をサポートするためにハイゼンベルクら（量子力学）に言及したりする例が挙げられます。

(iii) 同程度に信頼できる権威たちのあいだで見解の一致が見られないケース

同じ分野の専門家たちのあいだでも見解が割れている主題があります。こうした主題に関する主張をサポートしたいときに、ある専門家だけを引き合いに出すのはフェアではありません。こうしたやり方が許されるのであれば、論証を作る者は自分の結論に都合のよい権威だけを引用すればよいことになってしまいます。

たとえば、「凶悪な犯罪は刑の厳罰化によって減る」と主張している専門家Aと、「凶悪な犯罪は刑の厳罰化によっては減らない」と主張している専門家Bがいるとします。ここではAとBは同程度に信頼できる権威であるとしましょう。

ところであなたは、重大な犯罪に対する刑の厳罰化を求めています。そこで次のような論証を作りました。

〔論証2c〕
前提1　Aによれば、凶悪な犯罪は刑の厳罰化によって減る。
前提2　Aはこの分野において信頼に足る権威である。

結論　したがって、凶悪な犯罪は刑の厳罰化によって減るのだ。

ところが、あなたの友人はBに訴えて同様の論証を作ることができます。

〔論証2d〕
前提1　Bによれば、凶悪な犯罪は刑の厳罰化によっては減らない。
前提2　Bはこの分野において信頼に足る権威である。

結論　したがって、凶悪な犯罪は刑の厳罰化によっては減らない。

もしあなたとあなたの友人がこの主題をめぐって論争するとすれば、議論は平行線をたどるでしょう。この例では2人の権威のもつ信頼度が同程度であると仮定されていますが、とくに一方の主張に賛同する専門家たちの数と、他方の主張に賛同する専門家たちの数が拮抗するほど、「権威に訴える論証」は弱いものになるでしょう。こうしたケースでは、権威が依拠する根拠（証拠）そのものに訴えて、あなたの結論をサポートする必要があります。

しかしながら、Aの主張が専門家集団の中の少数意見であるのに対し、Bの主張は多数派の見解であるならば、単純に考えて、後者に訴える論証の方が強いと言えます。地球温暖化の例で考えてみて下さい。少数の科学者たちは「地球温暖化は人間の活動とは無関係に生じている気候変動にすぎない」と主張するのに対し、多数派は「その原因が人間による温室効果ガスの排出にある」と主張します。私たちの多くは、多数派の専門家たちの主張にもとづいて「化石燃料の使用を減らすべきだ」と結論します。（実際に、その結論に従って行動もしています！）私たちは、自らの手でその仮説を検証する手段をもたないので、「権威に訴える論証」に頼らざるをえないのです。しかし注意して下さい。これはあくまでも帰納的な論証であり、多数派の主張が間違っている可能性は排除できません。私たちはそれを承知したうえで温室効果ガスの排出量を抑える努力を重ねています。そして、このことは決して不合理ではありません。

3　対人論証

あの人が*P*と言っているから、*P*ではない

伝統的な“argumentum ad hominem”は「**人身攻撃**」、「**人格攻撃**」、「**個人攻撃**」などと訳されることがあり、誤謬推論のひとつとして紹介されることがつねです。ここでは「**対人論証**」(argument against the person) という訳語を採用したいと思います。というのも、こちらの方が問題となる事柄に対してより「中立的」だからです。

「対人論証」は「権威に訴える論証」と対をなします。権威に訴える論証では、権威と目される人（人の集まり）が*P*と主張することを、「*P*（は真である）」という結論を導く根拠としました。これに対し、**対人論証では、あるタイプの人が*P*と主張していることを、「*P*ではない（は真ではない）」という結論を導く根拠にします**。

◇対人論証

前提1　*X*はあるタイプに属する人である。

前提2　*X*は*P*と主張している。

結論　　*P*ではない（は真ではない）。

この形式をもつ論証は、主張*P*そのものではなく、その主張*P*がまさに*X*という人物によってなされている事実を根拠にして、「*P*ではない」と結論します。たとえば、「*P*ではない」のは、黒人である*X*が*P*と述べているからだ、女である*X*が*P*と主張しているからだ、イスラム教徒である*X*が*P*と言っているからだ、といった論証を行います。けれども、*X*がしかじかのタイプに属するということを、*X*の主張が真でないことの根拠とするのは馬鹿げているように見えます。このことから、対人論証は誤謬であるとされてきたのです。

とはいえ、「対人論証」はすべて誤りだと言い切れるでしょうか。いまから見ていくようにこの形式をもつ論証にも――例外的にではありますが――帰納的に強いものが含まれます。以下で2つのタイプの対人論証を区別しながら、論証の結論が正当化されうるケースと、そうでないケース（誤謬）を検討していきましょ

う。[5]

(i) 主張否定型の論証

「**主張否定型**」の対人論証は頻繁に見られます。たとえば、官邸に重用されている官僚Aの国会での答弁を想像して下さい。閣僚の不祥事について野党議員の追及を受け「関連する文書はすでに破棄されている」などと主張していましたが、しばらくして文書は保存されていたことが明らかになったとします。つまりAは虚偽答弁をしていたことになります。しかもその文書は改ざんされていたことも判明しました。このとき次のような対人論証を作ることができます。

〔論証3a〕
前提1　Aは官邸に重用されている官僚である。
前提2　Aは閣僚の不祥事に関する文書の存在について嘘の答弁を行った。
前提3　Aは文書の改ざんについて何も知らないと主張している。

結論　　これより、Aは文書の改ざんについて何かを知っているだろう。

この論証は**Aのポジションおよび過去の行動を根拠にして、Aの主張を否定する対人論証**です。手短に言えば、いままで嘘をついてきたので今度も嘘をついているのだろうという日常的な推論です。もちろん前提がすべて真でも結論が偽である可能性、つまり実際にAは文書の改ざんについて何も知らない可能性は排除できません。しかしながら、この論証がある程度の確からしさをもつことは認めざるをえないでしょう。

もっとも、Aの虚偽を明らかにしたいのであれば――ひいては閣僚の不祥事を暴きたいのであれば――この論証は「出発点」にすぎません。あなたは論証の結論から「Aは文書の改ざんについて何かを知っている」という仮説を立て、その仮説を批判的に吟味したり、それを検証したりする必要があります。そしてこれは対人論証ではない、別の形式の論証（アブダクションや仮説検証型論証）を要求するでしょう。

---

〔5〕 Sinnot-Armstrong & Fogelin（2005: 309）を参照。

うまくいかない事例

多くのケースにおいて、対人論証にはやはり問題があります。以下では主張否定型の対人論証がうまくいかない事例を検討しましょう。

〔論証3b〕

前提1　BはメソッドZを取り入れることで野球は上達すると主張している。
前提2　現役時代のBは目立たない野球選手でずっとベンチを温めていた。

結論　ゆえに、そのメソッドZを取り入れても野球は上達しないだろう。

この論証3bは、メソッドZの中身ではなく、むしろBが現役時代にパッとしない野球選手であったことから、Bが主張するメソッドZの有効性を否定する論証です。しかし、メソッドZの有効性とB個人の能力とは何の関係もありません。よって、論証は誤謬です。この種の対人論証――しばしば出自や学歴や思想信条などに関連する――はよく見かけるとはいえ、その大部分はたんなる偏見であることが多く、誤謬だと言わざるをえません。

(ii) 権利否定型の論証

次に考察したい対人論証は、あるタイプの人の主張を否定するというよりは、むしろその人が主張を行う権利自体を否定するものです。さっそく例を見てみましょう。

〔論証3c〕

前提1　Cはあなたに対して「子どもの将来のことを真剣に考えているのであれば、私立小学校を受験させるべきだ」と主張した。
前提2　Cは同じ幼稚園に子どもを通わせるママ友である。

結論　これより、あなたはCがそう述べること自体が間違っていると主張する。(「Cは自身の子どもの教育に専念すればよく、他人の子どもの教育に口を出すべきではない」と主張する。)

この論証3cでは、あなたはCの主張を否定しているわけではありません。もしかするとあなたはCの主張に賛成しているかもしれません。(実際には、やや根拠に乏しい主張に見えますが……。) むしろあなたが否定しているのは、たんなるママ友のCがあなたに対してそうした主張を行う権利です。端的に言えば「あなたには関係ないでしょ！」ということです。このタイプの対人論証を「**権利否定型**」と呼ぶことにします。

いま見た権利否定型の論証3cはそれなりの説得力をもつと考えられます。この例は私的な領域からとってきましたが、権利否定型の対人論証は公的な文脈でも頻繁に見られます。たとえば、ある学術的な団体に新たに加入できるメンバーは、その団体に属しているメンバーたちの合議によって決定されるとしましょう。ところが何らかの事情で、団体のメンバーではない者が「あの人物は不適格であるから、メンバーに加えるべきではない」と主張してきたとします。当該の団体のメンバーたちはどう反論するでしょうか。むろんその者の主張が誤っているという仕方で反論することができます。しかし、それ以前に「あなたにそうした主張をする権利（権限）はない」と反論する方が自然です。

誤謬の例

ここからは権利否定型の対人論証における誤謬を見ていくことにします。次の論証3dは説得力をもつでしょうか。

〔論証3d〕

前提1　Dは、アルコール度数の高い缶酎ハイは危険であるから、若者は安易に手を出すべきではないと主張している。

前提2　Dは大酒飲みであり、しかも酔っぱらって問題を起こしたことがある。

結論　そもそも、Dは自身の飲酒量を抑えてからそういったことを主張するべきだ。

この論証は説得力をもつと考える人は少なからずいるのではないでしょうか。「自分のことすらコントロールできていない人に、そんなことを主張する資格はない」といったところでしょうか。（乱暴に言えば、「どの口が言っているか！」という反応です。）しかし、冷静に考えてみて下さい。Dは自身の体験から、特定のアルコール飲料の危険性をよく知っているかもしれません。あるいはDは自分と同じ失敗をしてほしくないと願って若者にアドバイスしているのかもしれません。

こうしたタイプの人間が主張を行う権利を、ことごとく対人論証によって否定することは誤っています。「自分のことは棚に上げて」というのは道徳的に望ましくないかもしれませんが、ここでは道徳的な評価が問題になっているわけではありません。Dの論証——アルコール度数の高い缶酎ハイの危険性を根拠に、若者は安易に手を出すべきではないという結論を導く論証——は、さしあたりDの行いとは独立に評価されるべきでしょう。

このように対人論証には（i）主張否定型と（ii）権利否定型の2つのタイプがありますが、そのいずれにおいても、帰納的に強い論証と弱い論証があります。権威に訴える論証に関しても同じことです。個々の論証が「強い」のか「弱い」のかを判断する作業はケースバイケースにならざるをえませんが、この補論の中で検討した概念的区分や基準はそうした個別的な判断を下す際の助けになるでしょう。

参考図書

権威に訴える論証と対人論証についてより詳しく知りたい人は、第8章の文献案内の中でも挙げたSalmon（1983: Ch. 3）とSinnot-Armstrong & Fogelin（2005）を読むとよいでしょう。また、専門家の「信頼性」に関する議論については植原（2020）の第VI部が参考になります。

第Ⅴ部　因果と相関

現象Aと現象Bとのあいだに想定される因果関係を推論するためにはどうすればよいでしょうか。言い換えれば、「現象Aが原因となって現象Bが生じた」と主張するためにはどのような根拠が必要になるでしょうか。第9章では、19世紀のイギリスの哲学者ジョン・スチュアート・ミルの方法（「ミルの方法」）を導きの糸として、この因果についての問いに取り組みます。私たちは、ミルの「一致法」、「差異法」、「組み合わせ法」を必要条件と十分条件という概念によって理解することを試みます。続く第10章では、記述統計学の基本概念を使った論証が検討されます。その中でもとくに重要となるのは、2つの変数のあいだの「相関関係」を主張するタイプの論証です。私たちは、「相関」と「因果」の混同を戒めつつも、前者から後者へと至る「手がかり」についても考察を行うつもりです。

第9章

ミルの方法——原因を推論する

因果推論は、日常生活と科学的実践の双方において頻繁に見られるタイプの推論であり、帰納論理の重要なトピックの一つでもあります。2つの事象のあいだに因果関係があると主張したり、ある事象が他の事象の原因（ないし結果）であるという仮説を確証したりすることは、いったいどのようなことなのでしょうか。

この第9章では、因果推論に関する初歩的な話題を提供した後、インフォーマルな帰納論理の分野でよく論じられる**ミルの方法**（Mill's Methods）について解説を行います。「ミルの方法」とは、19世紀イギリスの哲学者ジョン・スチュアート・ミル（John Stuart Mill, 1806-1873）が——その『論理学体系』（1843）の中で——様々な現象のあいだの因果関係を推論するために提示した4つ（正確には5つ）の方法を指します。

ミルの方法は、「もっともらしい原因」を推測するための方法であると同時に、「ありそうにない原因」を消去する方法でもあります。それはよく練られたものですが、因果推論の方法のひとつにすぎません。また、その方法は——19世紀半ばの定式化ですから無理もないことですが——今日の私たちにとってやや分かりにくい仕方で表現されています。しかし、それにもかかわらず本書の中でミルの方法を取り上げる理由は、いまなおその方法が日常生活と科学の推論において意識されることなく使われているからです。

9.1　因果に関する知識

9.1.1　因果推論の基本

推論の具体例

私たちの日常生活と科学実践において、因果推論はもっとも頻繁に見られるタイプの推論であるかもしれません。以下は、（説得力があるか否かは別として）その具体例です。

(1) 少人数クラスを導入した小学校における共通テストの平均点は、少人数クラスを導入しなかった小学校における共通テストの平均点よりも軒並み高かった。ゆえに、少人数クラスの導入が学力向上の**原因**だと結論できる。

(2) 広告を出さなかった年の商品の売り上げは、広告を出した年の売り上げから大きく減少している。したがって、広告を出すことで、売り上げが増えるという**結果**を得ることができるだろう。

(3) 市場で野生動物を取引していた人たちが、最初にそのウイルスに感染した。これより、その野生動物との接触がウイルスへの感染を**引き起こした**と推測される。

推論 (1) は学力向上の「原因」を推測するものであり、(2) は広告を出すことの「結果」を予測するものであり、(3) は「野生動物との接触」と「ウイルスへの感染」とのあいだには「因果関係」が成立すると主張する推論です。こうした推論はすべて「因果推論」と呼ばれます。

原因と結果の知識

なぜ私たちは原因と結果に関する知識を獲得することにかくも熱心なのでしょうか。当然のことながら、この「大きな問い」には可能な解答が複数あるはずです。しかし、それらの解答は主として「理論的な動機にもとづく解答」と「実践的な動機にもとづく解答」とに分かれるように見えます。

理論的な動機をもつ者は、先の問いに対して、「私たちは、世界の因果的構造の原理、すなわちその**因果法則**（causal law）を発見したいからだ」と答えるでしょう。これに対し、実践的な動機をもつ者は、「私たちは原因を知ることで、ある結果を生じさせることや、生じさせないことができるからだ」と答えるに違いありません。（これは必ずしも「法則の発見」といったものまで要求しません。）たとえば、子どもたちの学力向上の原因を知ることで、学力を向上させるという結果を生じさせる、あるいは商品の売り上げ増という結果をもたらした原因がテレビCMにあると突き止めることで、今後も売り上げを増やすために、テレビCMを出し続けるといったケースがそうです。あるウイルスへの感染の原因がコウモリとの接触であることが分かれば、コウモリとの接触を避けることで、そのウイルスへの感染という結果が生じるのを防ぐ、というケースもそうでしょう。これらのケースが示すように、私たちにとって因果の知識は、たんなる理論知であるだけでなく、重要な**実践知**の一部でもあるのです。

「因果」は、昔から哲学者たちを悩ませてきた概念のひとつであり、いまでもそれをめぐって多くの議論がなされています。しかし、ここでは因果概念についての哲学的論争に深入りすることなく、「AはBの原因である（BはAの結果である）」、「AはBを引き起こした（生じさせた）」といった主張をサポートする推論（因果推論）がなされる一つの仕方を、ミルの洞察に依拠しつつ、考察していくことにします。

9.1.2　ミルの方法を理解するための準備作業

必要条件と十分条件

ミルの方法を明確に理解するために、現代の論者たちが用いる道具立ては**必要条件**と**十分条件**です。この道具立ての導入は意外に映るかもしれませんが、しばしば因果関係が必要条件および十分条件によって理解される（また逆も然り）のは事実であるように思われます。むろんこの理解には問題がないわけではありません。なぜなら第7章で詳しく論じたように、十分条件や必要条件は、「ならば」（条件法）という論理語によって完全に規定される論理的な概念であり、それらは因果的な概念とは区別されなければならないようにも見えるからです。

しかしいったんそのことには目をつぶって、いまから言及する十分条件と必要条件は、第7章で導入した同概念の特殊ケースだと考えてみましょう。このような捉え方のもとでは、十分条件も必要条件も、命題というよりは、むしろ**事象**（event）に関わる概念として理解されます。

十分条件と原因

まずは十分条件の定式化から見ていきます。

十分条件

SはEの十分条件である⇔Sが生じる（occurs）ならば、Eも生じる
（Sがある (present) ならば、Eもある）

具体例を使ってこの定式化の意味を確認しましょう。

（4）マリー・アントワネットはギロチンにかけられたことが原因となって死亡した。

この（4）が正しいとすれば、**原因は十分条件として理解されています**。というのも、（マリー・アントワネットが）ギロチンにかけられるという出来事が生じるならば、つねに（彼女の）死という出来事も生じるからです。つまり、ギロチンは死の十分条件になっています。（ギロチンは人を死に至らしめるのに十分です！）
しかし、ギロチンは死の必要条件ではないことに注意して下さい。実際、死を生じさせるためには、ギロチン以外の様々な方法があります。

必要条件と原因

次は必要条件の定式化を見ます。

必要条件1

NはEの必要条件である⇔Nが生じなければ、Eも生じない
（Nが不在 (absent) ならば、Eも不在である）

必要条件は次のように定式化することもできます。

必要条件2

NはEの必要条件である ⇔Eが生じれば、Nも生じる
（Eがあるならば、Nもある）

これらの定式化の意味を具体例で確認しておきます。

（5）コップの中には酸素が残っていたがゆえに燃焼が生じた。

この（5）は、コップの中の酸素の存在が燃焼の原因（のひとつ）だったと述べています。このとき、**原因は必要条件として理解されています**。先ほどの定式化を使えば、「コップの中に酸素がなかったら、燃焼も生じなかった」と言い換えられます。「燃焼が生じたのであれば、そこには酸素があった」と言っても同じことです。もちろん酸素は燃焼の十分条件ではありません。酸素が存在するあらゆる場所で燃焼が生じるわけではないからです。

この節で示した「十分条件としての原因」と「必要条件としての原因」というアイディアは、次節で検討するミルの方法を理解するうえでも重要となります。

■ 練習問題9.1（解答は章末）

次の文の（　　）の中に、「必要」、「十分」、「必要十分」の語句のうちから1つを選んで入れなさい。

(a) アイスクリームを常温で1時間放置することは、それが溶けるための（　　）条件である。

(b) 海水温が高いことは、台風が発生するための（　　）条件である。

(c) 野球の試合において、試合が終了した時点で相手チームよりも多くの得点をとっていることは、相手チームに勝つための（　　）条件である。

9.2　ミルの方法

9.2.1　一致法

事例すべてに共通する先行状況が原因である

これから**ミルの方法**（Mill's Methods）から3つを選んで順番に見ていくことにします[1]。以下の議論は、基本的にはミルのアイディアに依拠していますが、話をいくぶん分かりやすくするために、ミル自身の定式化につねに忠実であるとはかぎらないことをお断りしておきます。

[1]　ミルからの引用はすべてMill（2006）からです。

ミルの第一の方法は**一致法**（the Method of Agreement）です。ミル自身はこの方法を次のように定式化しています。

> 探求している現象（phenomenon）の2つ以上の事例が、ただ1つの状況（circumstance）を共通してもつならば、それらすべての事例が一致する唯一の状況が、その現象の原因（cause）〔……〕である（Mill 2006: 390）。[2]

ここで「現象」と言われるものは——私たちがその原因を探ろうとしている——**結果**であり、「状況」と言われるものは**原因の候補**です。ここでは「状況」をもっぱら**先行状況**（antecedent circumstance）という意味で理解することにします。[3]

ミルの言葉をもう少し分かりやすく言い換えると、「**問題となる結果が生じている複数の事例を観察して、それらすべてに共通する先行状況をただ1つ見出すとすれば、それがその結果の原因である**」ということになります。具体例を用いて、この一致法の使い方を確認しておきましょう。

具体例への適用

ある日のこと、タロウとジロウとハナコという同じ大学に通う3人の学生たちが、激しい腹痛を訴えて病院にやってきました。彼らには嘔吐や発熱といった症状が見られることから、医師は彼らに食中毒という診断を下し、その原因を探ろうとします。医師（保健師でもよい）が最初のステップとしてやるべきことは、「原因の候補」のリストを作成することです。学生たちへの聞き取り調査から、彼らが3人とも、その前日に同じ学食で昼食をとったことが分かりました。ここで医師が、食中毒の原因は、学食で提供された何らかの食べ物だと推測するのは自然でしょう。さらなる聞き取りから、学生たちがその日に学食で何を食べたかが明らかになりました。タロウはオクラのサラダとカレーとプリンを、ジロウはオクラのサラダとネギトロ丼とプリンを、ハナコはカレーとプリンとドーナツを注文し、それらを残さず食べたとのことです。

---

[2] ミル自身の定義では〔……〕の部分に「あるいは結果（effect）」という表現が入っています。しかし、状況が「原因あるいは結果」だということになれば、話が複雑になり、この方法のエッセンスが見えにくくなる恐れがあります。また、状況が結果となるようなケースはほとんど考えられていません。こうした事情により、私たちは、「あるいは結果」という表現を省略し、状況をもっぱら「原因の候補」として捉えることにしました。

[3]「先行状況」における「先行」とは、状況が現象に（時間的に）先立つことを意味します。原因は結果に時間的に先立つという意味で捉えてもらってかまいません。

これを表にしたものが次の表9.2.1aです。（表の中の「○」は該当する先行状況または結果が生じていること、「×」は生じていないことを表すことにします。）

表9.2.1a

	先行状況（原因の候補）					現象（結果）
	オクラ	カレー	ネギトロ	プリン	ドーナツ	食中毒
タロウ	○	○	×	<u>○</u>	×	○
ジロウ	○	×	○	<u>○</u>	×	○
ハナコ	×	○	×	<u>○</u>	○	○

一致法によれば、食中毒という現象（結果）が生じている複数の事例（タロウ・ジロウ・ハナコ）について、それらすべてが一致する（共通してもつ）ただ一つの先行状況があれば、それが食中毒の原因です。この例では、プリン（を食べたこと）だけがそうした状況に相当するので、食中毒の原因はプリンだということになります。

方法の問題点

この方法に対する「ツッコミどころ」はいくつもあるでしょう。たとえば、いま検討している例で、3人に共通するただ一つの先行状況が、「イヤホンで音楽を聴きながら食事した」であったとすれば、それが食中毒の原因であることになるのでしょうか。実際、すべての事例に共通はしていても、問題となる現象の原因とは考えにくい先行状況は数多くあると思われます。

また、現象の原因として相応しい先行状況が複数生じている場合はどうするのでしょうか。たとえば、3人に共通する先行状況は、「プリンを食べたこと」と「体調不良であったこと」の二つだったとします。もしかすると、これら二つがともに原因となって食中毒を引き起こしたのかもしれません。ところが、ミルの一致法は、こうした複合的原因のケースには適用できないように見えます。

ありそうにない原因の消去

しかしながら、**一致法は、ありそうにない原因を消去する際に役に立ちます**。ある先行状況が「ありそうにない原因」であるとは、現象が「○」であるのに、先行状況が「×」である場合をいいます。表9.2.1aでは、たとえばオクラは食中毒のありそうにない原因です。なぜなら、ハナコは食中毒になっています（現象は「○」）が、オクラは食べなかった（先行状況は「×」）からです。同様の理由で、カレーもネギトロもドーナツも、ありそうにない原因として消去されます。

これらのことは、**一致法が、必要条件としての原因を見つけ出そうとする方法である**と解釈することによって、よりよく理解することができます。

「必要条件としての原因」の探求

いま述べたことをもう少しはっきりさせるために、食中毒の調査に、もう1人の学生を加えましょう。その学生はエミといいます。彼女は同じ日に学食で食事をしましたが、食中毒にはなっていません。エミの情報を加えたものが表9.2.1bです。

表9.2.1b

	先行状況（原因の候補）					現象（結果）
	オクラ	カレー	ネギトロ	プリン	ドーナツ	食中毒
タロウ	○	○	×	○	×	○
ジロウ	○	×	○	○	×	○
ハナコ	×	○	×	○	○	○
エミ	○	×	○	<u>○</u>	×	<u>×</u>

興味深いことに、エミの情報を足したとしても、依然として一致法はプリンが食中毒の原因であると判定します。

しかし、エミはプリンを食べているにもかかわらず、食中毒にはなっていません。（下線を付した2箇所を見て下さい。）このことは何を意味しているのでしょうか。それは、**一致法が見つけ出す（と称する）原因は、結果にとっての必要条件ではあるが、十分条件ではない**ことを意味します。もし原因が十分条件として捉えられているとすれば、プリンを食べたエミは食中毒になっているはずです。しかし実際にはエミは食中毒になっていません。それでも一致法がプリンを食中毒の原因と見なすのは、原因を必要条件として捉えているからに他なりません。

原因が結果の必要条件であるならば、前節の定式化「必要条件2」を使うことができます。それは「NはEの必要条件である ⇔ Eが生じるならば、Nも生じる」と述べるものでした。これより、「現象（結果E）が生じるならば、先行状況（原因の候補N）も生じる」という条件命題は真です。「ありそうにない原因の消去」を行うには、この条件命題を偽にする先行状況（原因の候補）を見つけ出して消去します。つまり、**現象（結果E）が生じているにもかかわらず、生じていない**

先行状況（原因の候補N）を探して消去するのです。[4]

表9.2.1bに即して述べれば、現象（食中毒）が生じているにもかかわらず、生じていない先行状況を探すのですから、現象が「○」であるのに、先行状況が「×」のケースを探します。現象が「○」であるのは、タロウのケース、ジロウのケース、ハナコのケースの3つです。まずタロウのケースにおいて、ネギトロとドーナツは「×」なので、それらは「ありそうにない原因」として消去されます。すなわち食中毒の必要条件（＝原因）ではないと判定され、消去されるのです。次にジロウのケースにおいて、カレーは「×」なので消去されます。最後に、ハナコのケースにおいてオクラは「×」なので消去されます。これで「ありそうにない原因の消去」は完了します。

これらに対し、プリンは、食中毒が「○」である3つのケースですべて「○」になるため「生き残り」ます。なお、エミのケースはそもそも現象（食中毒）が「×」であるのでチェックする必要はありません。これより**一致法は、生き残ったプリンが食中毒の原因（＝必要条件）であると結論する**のです。

一致法が導く肯定的な結論は偽である可能性がある

先ほどの肯定的な結論（「プリンが食中毒の原因である」）は、否定的な結論（「ネギトロもドーナツもカレーもオクラも食中毒の原因ではない」）とは違って、偽である可能性があります。なぜかと言えば、「しかじかの先行状況は必要条件の定式を満たさないがゆえに原因ではない」という否定的な結論を下すことは——「原因＝必要条件」という前提を受け入れれば——演繹的な推論であるのに対し、**「この先行状況は必要条件の定式を満たすがゆえに原因である」という肯定的結論は、さらなる経験的探求によって比較的容易に覆されうる**からです。

先ほどの例を使ってこのことを解説します。食中毒の調査が拡大され、新たなケースが付け加わったとしましょう。それはサブロウのケースです（表9.2.1c）。

[4]　復習しておくと、6.3.1節において、条件命題の否定「(*A* ならば *B*) でない」は「*A* かつ (*B* でない)」と同じ意味（同値）であると述べました。よって、「*E* が生じるならば、*N* も生じる」の否定は、「*E* が生じるのに、*N* は生じない」と同じ意味になります。

表9.2.1c

先行状況（原因の候補）						現象（結果）
	オクラ	カレー	ネギトロ	プリン	ドーナツ	食中毒
タロウ	○	○	×	○	×	○
ジロウ	○	×	○	○	×	○
ハナコ	×	○	×	○	○	○
サブロウ	○	×	○	×	○	○

この表9.2.1cで示したように、調査の結果、サブロウには食中毒という現象が生じたにもかかわらず、プリンを食べていないことが判明しました（下線を引いた部分）。一致法に従えば、このことから、**プリンは食中毒の必要条件ではなかったこと、つまり食中毒の原因ではなかったこと**が結論されます。こうして、**新たなケースが追加されることで、すでに得られていた肯定的な結論は覆された**のです。（これに対し、否定的な結論は、新たなケースを追加したところで覆されるものではありません！）

9.2.2　差異法

ミルによる定式化

ミルの第二の方法は**差異法**（the Method of Difference）と呼ばれます。しかし、ミル自身による以下の定式化が現代の私たちにとって分かりづらいことは否めません。

> 探求している現象が生じている1つの事例と、その現象が生じていないもう1つの事例が、ある1つの状況を除いて、すなわち前者の事例においてのみ見られる状況を除いて、すべての状況を共有するならば、2つの事例がそれにおいてのみ異なる状況がその現象の〔……〕原因〔……〕である（Mill 2006: 391）。[5]

少しばかりめまいがしそうな定式化です。さっそく具体例で考えていきましょう。いま「探求している現象」は大学での成績の低下だとします。その現象が生

[5]　ここでも話を単純にするために、最初の〔……〕において「結果あるいは」という表現を省略し、二番目の〔……〕で「その原因に不可欠な部分」という表現を省略しました。

じている事例をサトシ、生じていない事例をワタルだとします。それぞれの先行状況を記した表は次の通りです（表9.2.2a）。

表9.2.2a

先行状況（原因の候補）						現象（結果）
	スマホゲーム	マンガ	サークル	授業中の居眠り	異性との交際	成績の低下
サトシ	○	×	○	○	×	○
ワタル	○	×	○	×	×	×

この表9.2.2aを見ると、サトシとワタルは、ある1つの先行状況を除くすべての先行状況を共有しています。つまり彼らは、スマホゲーム、マンガ、サークル活動、異性との交際という先行状況で一致していますが、授業中の居眠りに関する先行状況だけ一致しません。成績の低下という現象が生じているサトシにだけ、授業中の居眠りという先行状況があり（「○」）、成績の低下という現象が生じていないワタルにおいてその状況は不在です（「×」）。**差異法に従えば、成績低下の原因は授業中の居眠りだということになります。**

差異法を強化する

むろん差異法で導き出された結論が偽である可能性はあります。それでも差異法は「もっともらしい原因」を推測する際に一定の役割を果たすと考えられます。ワタルの代わりに、サトシにもっとよく似た人物、たとえば「1年前のサトシ」を入れれば、先の推論は帰納的により強くなるはずです（表9.2.2b）。（もちろん「現在のサトシ」と「1年前のサトシ」は同一人物ですが、ある意味で両者はよく似た2つの対象でもあります。）

表9.2.2b

先行状況（原因の候補）						現象（結果）
	スマホゲーム	マンガ	サークル	授業中の居眠り	異性との交際	成績の低下
現在のサトシ	○	×	○	○	×	○
1年前のサトシ	○	×	○	×	×	×

一般に、「現在のサトシ」と「1年前のサトシ」は、この表9.2.2bで示した先行状況の他にも、多くの状況を共有していると考えられます。（一般的に、そうした状況が多いほど推論の強度は上がると考えられます。）そして、「なぜ現在の成績低下

が生じたのか」と問われたとき、**多くの状況の中で、ひとつだけ1年前**（**成績の低下が生じていなかった時期**）**には生じていなかった状況**、すなわち授業中の居眠りが多くなったことを、そのもっともらしい原因と見なすことは自然です。

「十分条件としての原因」の探求

この差異法が見つけ出そうとする原因とは、一致法のそれとは異なり、**十分条件としての原因**であると考えられます。なぜなら、**差異法が選び出す先行状況のもとでは、必ず現象（結果）も生じなければならない**からです。（先ほどの例で言えば、授業中に居眠りをしているのに成績が低下しないケースを認めません。）

差異法が「十分条件としての原因」を特定する方法だとすれば、十分条件でありえない状況を消去することで、もっともらしい原因の候補としての状況を残すことができます。（この点については9.3.2節で詳しく解説することにします。）

差異法の拡張

ミル自身が定式化した差異法は、2つのケースしかない場合は機能しますが、ケースが3つ以上になると適用が困難になります。こうした事情から、次のように差異法を拡張する試みがあります。

> **差異法の拡張**
>
> (i) 現象Pも先行状況Aも生じているケースがあり、かつ (ii) 現象Pが生じておらず先行状況Aも生じていないケースが1つ以上あるとき、その先行状況Aは現象Pの原因である。[6]

この「拡張された差異法」の使い方については練習問題9.2Cの解答で説明します。

9.2.3 組み合わせ法

一致と差異の組み合わせ

もっともらしい原因を特定するミルの第三の方法は、**一致と差異の組み合わせ法**（the Joint Method of Agreement and Difference）と呼ばれます。まずはミル自身の言

[6] Johnson（2016: 106）

葉を引用しておきましょう。

> 現象が生じている2つ以上の事例がただ1つの状況を共有するのに対し、現象が生じていない2つ以上の事例がその状況の不在を除いていかなる状況も共有していないとする。事例たちの2つの集まりが唯一異なっているその状況こそが、当の現象の〔……〕原因〔……〕である（Mill 2006: 396）。

これも何とも晦渋な表現です。簡単に言い直すと、この組み合わせ法は、**現象が生じているときにはつねに生じており、かつ現象が生じていないときにはつねに生じていない先行状況が、その現象のもっともらしい原因である**と述べています。さっそく具体例で考えてみましょう。

K先生が前期に行った「哲学講義III」では、単位が取れた人もいれば、取れなかった人もいました。受講者たちは、次の学期も連続してK先生の講義を履修するかどうかを決めるため、単位の取得を決定した原因を探ることにしました。表9.2.3は、受講者6名の単位取得と先行状況に関するデータです。

表9.2.3

	先行状況（原因の候補）					現象（結果）
	半分以上の出席	積極的な発言	小テストの高得点	レポート提出	講義中の態度	「哲学講義III」の単位取得
ヨウコ	○	×	×	○	○	○
ヒロコ	○	○	○	○	×	○
クミコ	×	×	○	×	×	×
シュンイチ	○	○	×	×	×	×
ヒデジロウ	○	○	○	○	○	○
タケシ	×	×	×	×	○	×

組み合わせ法は、どの先行状況を単位取得の原因として選択するのでしょうか。組み合わせ法によれば、「(i) 現象が生じているときにはつねに生じており、かつ (ii) 現象が生じていないときにはつねに生じていない先行状況が、その現象のもっともらしい原因です」。これは、**原因を現象の必要かつ十分な条件として捉えている**ことを意味します。

現象の必要十分条件としての原因

まずは (i) の条件を満たす先行状況を探しましょう。「現象が生じているときにつねに生じている先行状況」を調べるためには、単位が取得できた人（ヨウコ、ヒロコ、ヒデジロウ）の諸状況をチェックします。ヨウコのケースでは、「○」が付いているのは「半分以上の出席」、「レポート提出」、「授業中の態度」です。ヒロコのケースでは、「○」が付いているのは、「半分以上の出席」、「積極的な発言」、「小テストの高得点」、「レポート提出」です。最後のヒデジロウのケースではすべてに「○」が付いています。したがって、「現象が生じているときにつねに生じている先行状況」とは、「半分以上の出席」と「レポート提出」の2つを指します。

差異法に従えば、これら2つが「もっともらしい原因」ということになります。しかし、ここで調べているのは組み合わせ法による解答であることに注意して下さい。組み合わせ法は、原因となる先行状況にもう一つの条件を課していました。それは「現象が生じていないときにはつねに生じていない」という条件です。この条件を満たす状況を調べるためには、単位が取得できなかった人たち（クミコ、シュンイチ、タケシ）の先行状況をチェックする必要があります。つまり彼らに何が欠けていたのかを調べればよいのです。クミコのケースで「×」が付いているのは、「半分以上の出席」、「積極的な発言」、「レポート提出」、「授業中の態度」です。シュンイチの場合は、「小テストの高得点」、「レポート提出」、「授業中の態度」です。最後のタケシの場合は、「半分以上の出席」、「積極的な発言」、「小テストの高得点」、「レポート提出」です。したがって、これらのケースすべてに欠けているのは「レポート提出」のみということになります。

組み合わせ法は「(i) 現象が生じているときにはつねに生じており、**かつ** (ii) 現象が生じていないときにはつねに生じていない先行状況が、その現象のもっともらしい原因である」と説く方法でした。(i) の条件を満たす先行状況は「半分以上の出席」と「レポート提出」であり、(ii) の条件を満たす先行状況は「レポート提出」です。したがって、(i) を満たしかつ (ii) も満たす先行状況は「レポート提出」だけです。よって、「哲学講義III」の単位取得（現象）のもっともらしい原因は「レポート提出」ということになります。言い換えれば、**「レポート提出」は、単位取得の必要かつ十分な条件である、つまり必要十分条件であると捉えられます。**

より簡素なやり方

しかし、いま見た組み合わせ法による原因の調べ方はかなり面倒です。実は、これよりも簡素なやり方で、組み合わせ法が推測する原因を探し出す方法があります。

すでに述べたように、組み合わせ法は、現象の必要十分条件である先行状況を、その現象の原因と見なす方法です。これは、言い換えれば、現象の必要条件ではないか**または**十分条件ではない先行状況を、原因の候補から**消去**する方法です。[7] この消去のやり方にしたがって、表9.2.3の事例の解答を求めてみましょう。

少なくとも現象の必要条件ではないか、または十分条件でない先行状況があれば、それを消去できます。まずは、現象の必要条件ではない先行状況から探しましょう。繰り返しますが、必要条件ではない先行状況とは、「現象が生じているにもかかわらず、生じていない先行状況」を指します。(こうした先行状況は、結局のところ、現象が生じるために必要ではなかったということです。) これを特定するためには、現象が「○」であるのに先行状況が「×」というケースがないかチェックします。現象に「○」が付いているのは、ヨウコ、ヒロコ、ヒデジロウの3人です。まずヨウコの場合、「×」が付いている先行状況は「積極的な発言」と「小テストの高得点」である。これら2つは、単位取得の必要条件ではないので消去されます。次にヒロコの場合、「×」が付いているのは「講義中の態度」です。ゆえにこれも消去されます。最後にヒデジロウの場合、「×」が付いた状況はないので、何も消去されません。この作業を通じて消去されたのは「積極的な発言」、「小テストの高得点」、「講義中の態度」の3つです。

次に、十分条件ではない先行状況を探します。十分条件ではない先行状況とは、「現象が生じていないにもかかわらず、生じている先行状況」を指します。(こうした先行状況は、結局、現象が生じるために十分ではなかったということです。) これを特定するためには、現象が「×」であるのに状況が「○」というケースがないかチェックします。現象に「×」が付いているのはクミコ、シュンイチ、タケシの3人です。まずクミコの場合、「○」が付いた状況は「小テストの高得点」です。ゆえに、この状況が消去されます。次にシュンイチの場合、「○」の付いた状況、すなわち「半分以上の出席」と「積極的な発言」は消去されます。最後に、タケシの場合、「○」の付いた「講義中の態度」が消去されます。この作業を通じて消去されたのは「小テストの高得点」、「半分以上の出席」、「積極的な発言」、「講

[7]　同値(論理的に同じ意味)の性質と「ド・モルガンの法則I」(6.3.2節)を利用します。「[(先行状況は現象の必要条件である) かつ (先行状況は現象の十分条件である)] ↔ 先行状況は現象の原因である」は同値命題ですから、両辺を否定しても同じ意味になります。両辺を否定したものは、「[(先行状況は現象の必要条件ではない) **または** (先行状況は現象の十分条件ではない)] ↔ 先行状況は現象の原因ではない」です。(左辺を否定した際に「ド・モルガンの法則I」を適用しました。)「現象の必要条件でないか、または十分条件ではない先行条件の消去」はこの命題にもとづいています。

義中の態度」の4つです。

最終的に消去されるのは、これら2つの消去作業の少なくとも1つによって消去された先行状況ですから、「小テストの高得点」、「半分以上の出席」、「積極的な発言」、「講義中の態度」の4つになります。

したがって、2つの消去作業に耐えて生き延びたのは「レポート提出」のみであり、これが現象のもっともらしい原因であることになります。より効率的にチェックしたいならば、第一の消去作業で生き残った「半分以上の出席」と「レポート提出」の2つの先行状況についてだけ、第二の消去作業で消去されるかどうかをチェックして下さい。

消去の方法の利点は、たんに通常の組み合わせ法よりも効率的であることだけにとどまりません。これに関しては次節で解説することにします。

■ 練習問題9.2A

表9.2Aの情報にもとづいて、ノロウイルスへの感染のもっともらしい原因を推測しなさい。また、その原因はノロウイルス感染にとって、必要条件であるのか、十分条件であるのか、それとも必要十分条件であるのかを述べなさい。

表9.2A

	先行状況（原因の候補）					現象（結果）
	生牡蠣	アサリ	ジュース	ステーキ	桃	ノロウイルス感染
アサコ	○	○	○	○	×	○
キミエ	×	×	○	○	×	○
ハルコ	○	×	×	○	○	○

■ 練習問題9.2B

表9.2Bの情報にもとづいて、成績アップのもっともらしい原因を推測しなさい。また、その原因は成績アップにとって、必要条件であるのか、十分条件であるのか、それとも必要十分条件であるのかを述べなさい

表9.2B

先行状況（原因の候補）						現象（結果）
	塾	家庭教師	通信教材	予習・復習	担任の交代	成績アップ
A君	○	○	○	○	○	○
B君	○	×	○	×	○	×
Cさん	×	○	×	○	○	○
D君	×	×	○	○	×	○
Eさん	○	×	×	×	○	×

■ 練習問題9.2C

表9.2Cの情報にもとづいて、水虫のもっともらしい原因を推測しなさい。また、その原因は水虫にとって、必要条件であるのか、十分条件であるのか、それとも必要十分条件であるのかを述べなさい。

表9.2C

先行状況（原因の候補）						現象（結果）
	プール	大浴場	ジム	ヨガ教室	スキー	水虫
アキラ	○	○	×	○	×	○
タケシ	○	×	○	○	×	×
ハルキ	○	×	×	×	○	×

9.3　消去テスト

9.3.1　必要条件テスト

消去による帰納

上で検討した「ミルの方法」の目的は、与えられた現象の「もっともらしい原因」を特定することにありました。この方法は、「**消去による帰納**」、すなわち（1）原因の候補となる複数の先行状況から出発し、（2）それらの中から、ありそうにない原因を消去し、（3）最後に残った候補を「もっともらしい原因」と見なすというステップからなる方法として捉えることもできます。

この方法の一部は前節の最後ですでに見ましたが、「消去」のステップをより簡潔に定式化したものを以下で考察することにします。それは3つの**消去テスト**、すなわち①**必要条件テスト**、②**十分条件テスト**、および③**組み合わせテスト**から構成されます。[8]

必要条件テスト

必要条件テスト（the necessary condition test: NCT）はミルの一致法に対応する消去テストです。

> **必要条件テスト**
> 現象（結果）が生じているケースにおいて生じていない先行状況は、その現象の原因（必要条件）ではありえないものとして、消去される。

具体的な例で考えてみましょう。簡易検査の結果Cウイルスにクラスター感染したことが疑われる4人（ショウコ、ヨウコ、シュリ、カナコ）について、保健所がその原因を調査しているとしましょう。大学の同じサークルに属する4人の行動履歴を調べ、いくつかの先行状況が原因の候補として挙げられました。なお、より精密な検査の結果、ヨウコだけはCウイルスに感染していないことが判明しました。これをまとめたものが次の表9.3.1aです。

表9.3.1a

	先行状況（原因の候補）					現象（結果）
	屋形船	ライブハウス	サークル合宿	ホストクラブ	満員電車	Cウイルス感染
ショウコ	○	○	○	○	×	○
ヨウコ	○	○	×	○	○	×
シュリ	×	○	○	×	○	○
カナコ	○	×	○	×	○	○

必要条件テストが適用されるケースは、現象（結果）が生じているケースのみです。つまりこの例では、ショウコ、シュリ、カナコのケースです。それらのケースで生じていない先行状況は、その現象の必要条件ではありえないため、原因の候補から消去されます。

まず、ショウコのケースにおいて「×」が付された「満員電車」は、原因の候補から消去されます。（ヨウコのケースは現象がそもそも生じていないのでテストする

[8] それはミルの方法の「簡易版」あるいは「現代版」です。Sinnott-Armstrong & Fogelin 2005: 220-224.

必要はありません。）次いで、シュリのケースにおいて「×」が付された「屋形船」と「ホストクラブ」が消去されます。最後に、カナコのケースにおいて「×」が付された「ライブハウス」が消去されます。（「ホストクラブ」は、シュリのケースですでに消去されたのでテストする必要はありません。）こうして、「サークル合宿」以外の先行諸状況は、クラスター感染の原因ではないと結論されます。

消去されなかった先行状況は原因であるのか

これより、消去されなかった「サークル合宿」をクラスター感染の原因であると考えてよいのでしょうか。この調査から確実に言えることは、他の諸状況は原因ではないということです。この否定的結論を導く推論は——「必要条件テスト」という前提のもとで——演繹的です。

これに対し、「サークル合宿はクラスター感染の原因である」という肯定的結論を導く推論は帰納的なものです。それは、たとえ確からしい推論ではあっても、確実な推論ではありません。実際、さらなる調査によって、当初は「もっともらしかった」肯定的結論が否定される可能性は十分にあります。たとえば、調査の対象を拡大し、次のようなケースが観察されたとしましょう。すなわち、新たに調査の対象となったノリコは、先の4人と同じサークルに属しており、ほぼ同時期に感染していたにもかかわらず、サークル合宿に行っていなかったケースです（表9.3.1b）。

表9.3.1b

	先行状況（原因の候補）					現象（結果）
	屋形船	ライブハウス	サークル合宿	ホストクラブ	満員電車	Cウイルス感染
ノリコ	○	○	×	○	×	○

こうしたケースが付け加われば、先ほどの肯定的結論「サークル合宿はクラスター感染の原因である」は否定されます[9]。

[9]　消去テストを用いた推論が理屈の上では「演繹」になることはたしかですが、現実世界の事象にそれを適用する際には「演繹にならない」こともあります。いまの例で言えば、ノリコのケースから導かれた結論（「サークル合宿はクラスター感染の原因ではない」）は真ではないかもしれません。というのも、ノリコ以外の3人はサークル合宿でクラスター感染し、ノリコだけは他の場所で感染した可能性もあるからです。

9.3.2　十分条件テスト

差異法に対応する消去テスト

前節で検討した必要条件テストがミルの一致法に対応するのに対し、これから見る**十分条件テスト**（the sufficient condition test: SCT）はミルの差異法に対応する消去テストです。

> **十分条件テスト**
> 現象（結果）が生じていないケースにおいて生じている先行状況は、その現象の原因（十分条件）ではありえないものとして、消去される。

これについても具体例に即して考えてみます。いま肥満の傾向がある40歳代の男性4人に、体重を落とすための様々なアドバイスをして、半年後にその効果（結果）を調べる調査を行ったとしましょう。それをまとめたのが表9.3.2aです。

表9.3.2a

	先行状況（原因の候補）					現象（結果）
	ジョギング	玄米	禁酒	サプリメント	サウナ	5kg以上の減量
シュンイチ	○	×	×	○	×	×
ヒロシ	○	○	×	○	×	×
タロウ	○	○	○	×	○	○
ヤスシ	○	×	×	×	○	×

この例では、4人のうちの1人（タロウ）だけが「5kg以上の減量」に成功し、残りの3人はそれに失敗しています。さて、「5kg以上の減量」の原因ではないものとして消去されるのはどの状況でしょう。

十分条件テストは、現象が生じていないケースのみに対して適用されます。ゆえに、テストが適用されるのは、シュンイチとヒロシとヤスシのケースです。（タロウのケースは、現象が生じているのでテストする必要はありません。）

まず、シュンイチのケースを見ると、「ジョギング」に「○」が付いています。これは、シュンイチがジョギングをしたにもかかわらず、5kg以上の減量を達成することができなかったことを意味します。つまり、ジョギングは、5kg以上の減量の十分条件ではなかったということです。これより、「ジョギング」は原因の候補から消去されます。同様の理由で、「サプリメント」も原因の候補から外されます。次に、ヒロシのケースを見てみましょう。「ジョギング」と「サプリメント」は、すでに消去されているのでチェックする必要はありません。それら以外で「○」が付いているのは「玄米」です。これより、「玄米」も減量の十分条件ではありえず、原因の候補から消去されます。最後に、ヤスシのケースにおいて「サウナ」が消去されます。

これらから、「ジョギングも玄米もサプリメントもサウナも、5kg以上の減量の原因（必要条件）ではない」と結論されます。

肯定的結論について

それでは「十分条件テストに耐えて消去されなかった『禁酒』は減量の原因である」と述べることができるでしょうか。この問いに対しては、前節で見た必要条件テストの場合とまったく同じように答えることができます。すなわち、十分条件テストに従って、先行状況を消去するのは（一定の前提のもとで）確実な推論です。これに対し、「最後までテストに耐え抜いた先行状況は現象の原因である」と結論するのは確実でない推論です。

このことを確認するために、次のような想定をしてみます。いま「禁酒が原因となって5kg以上の減量を引き起こした」という主張をよりもっともらしくするために、被験者を増やして観察を続けたとします。その中でヨシオのケースが出てきました（表9.3.2b）。

表9.3.2b

	先行状況（原因の候補）					現象（結果）
	ジョギング	玄米	禁酒	サプリメント	サウナ	5kg 以上の減量
ヨシオ	○	×	○	○	×	×

表9.3.2bによれば、ヨシオは、禁酒をしたにもかかわらず、5kg以上の減量に失敗しています。これより、十分条件テストは「禁酒」を原因の候補から消去します。このことが意味するのは、**「しかじかの先行条件が原因である」という肯定的結論は、さらなる経験的探究によって否定されうる**ということに他なりません。これに対し、「しかじかの先行条件は原因ではない」という否定的結論は——少なくともこの章で検討しているミル流の因果推論に従えば——新たなデータが追加されたとしても、覆されることはありません。

9.3.3 組み合わせテスト

必要条件テストと十分条件テストを同時に実施する

組み合わせテスト（the joint test）とは、必要条件テストと十分条件テストを「組み合わせた」テストのことをいいます。これがミルの組み合わせ法に対応する消去テストであることは容易に想像できるでしょう。

組み合わせテスト

現象（結果）が生じているケースにおいて生じていないか、または現象（結果）が生じていないケースにおいて生じている先行状況は、その現象の原因（必要かつ十分な条件）ではありえないものとして、消去される。

簡単に言えば、**必要条件テストか、または十分条件の少なくとも一方によって消去される先行条件は、現象の原因ではない**ということです。ここでは非常に強い意味での原因、すなわち「必要十分条件としての原因」が想定されています。

具体例に関しては、組み合わせ法を論じた9.2.3節の後半（「より簡素なやり方」）ですでに検討していますので、ここでは割愛します。

9.3.4 因果推論の難しさ

この章で検討したミルの方法、あるいはそれを簡素化した「消去テスト」によって、私たちは、首尾よく物事の原因を突き止めることができるのでしょうか。本章で見たように、残念ながら話はそう簡単ではありません。ミルの方法（消去テスト）は、「しかじかの先行状況は現象の原因ではない」という否定的結論を導くときには確かな推論ですが、「しかじかの先行状況は現象の原因である」という肯定的結論を導く際には、誤るリスクを伴った「不確かな」推論にならざるをえません。それは「もっともらしい原因」を推測することはできても、断じて決定的なものではないのです。

ミルの方法（および消去テスト）は、因果推論（原因と結果に関する推論）の形式の一つにすぎません。しかしながら、ここで垣間見た因果推論の「難しさ」は、因果推論一般に共通していると、私は考えています。それにもかかわらず、私たちは、因果の知識、およびそれを獲得するための推論を決して諦めようとはしません。これはある意味で驚くべきことかもしれません。

■ 練習問題9.3

表9.3Aと表9.3Bと表9.4Cのそれぞれに関して次の3つの問いに答えなさい。

(a) 先行状況A, B, C, Dのうち、必要条件テストによって、現象Pの原因（必要条件）として消去されない状況はどれか。

(b) 先行状況A, B, C, Dのうち、十分条件テストによって、現象Pの原因（十分条件）として消去されない状況はどれか。

(c) 先行状況A, B, C, Dのうち、組み合わせテストによって、現象Pの原因（必要十分条件）として消去されない状況はどれか。

表9.3A

	先行状況（原因の候補）				現象（結果）
	A	B	C	D	P
ケース1	○	○	×	○	×
ケース2	×	○	○	○	○
ケース3	○	×	○	○	○

表9.3B

	先行状況（原因の候補）				現象（結果）
	A	B	C	D	P
ケース1	○	○	○	○	○
ケース2	×	○	○	○	○
ケース3	○	×	○	○	○

表9.3C

	先行状況（原因の候補）				現象（結果）
	A	B	C	D	P
ケース1	○	○	○	○	×
ケース2	×	○	○	○	○
ケース3	○	×	○	×	○

文献案内

私の知るかぎり、Von Wright（1951: Ch.4）は、ミルの方法を必要条件と十分条件によって理解する最初期の試みです。それ以降、帰納論理の教科書の多くはフォン・ウリクトの理解の仕方を踏襲してきたように見えます。たとえばSkyrms（2000: Ch. V）はそうですし、最近のJohnson（2016: Ch. 4）も例外ではありません。また、ミルの方法にもとづいた「消去テスト」の詳細については、Sinnott-Armstrong & Fogelin（2005: Ch. 10）を読んでみるといいでしょう。ミルの原著に挑戦したい人は、Mill（2006）が比較的容易に手に入ります。

練習問題の解答と解説

■ 練習問題9.1の解答

(a) 十分、(b) 必要、(c) 必要十分

(a) について、アイスクリームを常温で1時間放置すれば、必ずアイスクリームは溶けます。言い換えれば、常温で1時間放置することが原因となり、溶解という結果が生じます。ここでは「十分条件としての原因」が語られています。

(b) について、海水温が高くなければ、台風は発生しません。（台風が発生するのであれば、海水温は高いということです。）言い換えると、海水温が高いことが原因（の一つ）となって、台風が発生します。ここでは「必要条件としての原因」が語られています。

(c) について、試合が終了した時点で相手チームよりも多く得点していれば、相手チームに対する勝利が生じます。かつ、相手チームに対する勝利が生じるならば、試合が終了した時点で相手チームよりも多く得点しています。つまり、試合が終了した時点で相手チームよりも多く得点していることは、勝利のための必要十分条件であり、ある意味でその「原因」と言うことも不可能ではありません。（しかし、勝利が原因となって、相手よりも多く得点しているという結果が生じるということは明らかに奇妙です。）

■ 練習問題9.2Aの解答

ノロウイルスへの感染のもっともらしい原因はステーキです。

「一致法」を適用します。一致法に従えば、現象（ノロウイルス感染）が生じているすべてのケースに共通するただ一つの先行状況がその現象の原因です。その先行状況は「ステーキ」ですから、「ノロウイルス感染の原因はステーキである」という結論が導かれます。

ステーキはノロウイルス感染にとっての必要条件です。なぜなら、ノロウイルス感染が生じているすべてのケースにおいて、ステーキも生じているからです。なお、ステーキがノロウイルス感染の十分条件であるかどうかは分かりません。というのも、この表9.2Aには、ノロウイルス感染が生じていないケースの情報がないからです。（それゆえに、「差異法」は適用できません。）

■ **練習問題9.2Bの解答**

成績アップのもっともらしい原因は予習・復習です。

「組み合わせ法」を適用します。組み合わせ法によれば、「現象（成績アップ）が生じているときにはつねに生じており、かつ現象（成績アップ）が生じていないときにはつねに生じていない先行状況」が、その現象（成績アップ）の原因だとされます。「予習・復習」はこの条件を満たしますから、それが成績アップ（現象）の原因であるという結論を導くことができます。

予習・復習という原因は、成績アップの必要十分条件です。

■ **練習問題9.2Cの解答**

水虫のもっともらしい原因は大浴場です。

この結論に至った理由は次の通りです。「一致法」を適用しようとした人がいるかもしれませんが、その方法を適用するには、現象（水虫）が2つ以上のケースで生じている必要があります。いま検討している問題では現象（水虫）が生じているケースはアキラだけですから、一致法の適用範囲外です。

他方、「差異法」は適用できます。しかしミル自身の差異法は適用できません。その代わりに、9.2.2節の最後に言及した「拡張された差異法」を使います。それによれば「(i) 現象Pも先行状況Aも生じているケースがあり、かつ (ii) 現象Pが生じておらず先行状況Aも生じていないケースが1つ以上あるとき、その先行状況Aは現象Pの原因である」とされました。(i) のケースは、「水虫」（現象）も「大浴場」（先行状況）も生じているアキラのケースであり、(ii) のケースは、「水虫」（現象）が生じておらず「大浴場」（先行状況）も生じていないケースは2つ（タケシのケースとハルキのケース）あるので、大浴場が水虫の原因であるという結論が得られます。

この「拡張された差異法」によって推論された原因（大浴場）は、現象（水虫）の十分条件です。

ちなみに、他の先行状況は現象の十分条件ではありえません。なぜなら、タケシとハルキのケースで「プール」は「○」ですが「水虫」は「×」であり、タケシのケースで「ジム」は「○」ですが「水虫」は「×」であり、「ヨガ教室」も「スキー」も同様のケースをもつからです。（先行状況が「○」であるのに現象が「×」であれば、先行状況は現象の十分条件ではありえません！）

■練習問題9.3の解答

表9.3Aに関して：

(a) 必要条件テストによって消去されずに生き残る先行状況はCとDです。
(b) 十分条件テストによって消去されずに生き残る先行状況はCだけです。
(c) 組み合わせテストによって消去されずに生き残る先行状況はCになります。

(a) について、必要条件テストは「現象が生じているケースにおいて生じていない先行状況を消去する」テストでしたから、消去されるのはAとBです。よって、CとDが消去されずに残ります。（なお、消去されたAとBは、現象Pの原因（必要条件）ではありえないと考えられます。）

(b) について、十分条件テストは「現象（結果）が生じていないケースにおいて生じている先行状況を消去する」テストでしたから、消去されるのはA, BおよびDです。これよりCが消去されずに残ります。

(c) について、組み合わせテストによって消去されない先行状況は、必要条件テストによっても十分条件テストによっても消去されない先行状況ですから、(a)と (b) より、Cが残ります。

表9.3Bに関して：

(a) CとDが消去されずに残ります。
(b) どの先行状況も消去できないので、A, B, C, Dすべてが残ります。
(c) (a) と (b) より、CとDが残ります。

表9.3Cに関して：

(a) Cが消去されずに残ります。
(b) A, B, C, Dすべてが消去されるので、生き残る先行状況はありません。
(c) (a) と (b) より、消去されずに残る先行状況はありません。

第10章

記述統計学と論証
——観測されたデータについて何事かを主張する

この最後の章では「観測されたデータについて何事かを主張するタイプの論証」を考察します。もちろんそうは言っても、そうしたタイプの論証には多様なものが含まれていますから、考察する範囲を限定したいと思います。ここで扱う論証はどれも**記述統計学**（descriptive statistics）の基本概念と関係するものです。

記述統計学は主にデータの要約・整理を行うことによって、データの特徴を明らかにしようとする分野であり、基本的には観測されたデータのみを扱います。この章のサブタイトルを「観測されたデータについて何事かを主張する」としたのはそのためです。「観測されたデータから何事かを主張する」というタイトルも可能ですが、それだとあまりにも範囲が広くなってしまいます。観測されたデータの背後に母集団を想定し、その仮想的な母集団の特性を推論する**推測統計学**（inferential statistics）については、やや複雑な道具立てと「存在論」を必要とするため、この本の続巻である「基礎編」の中で扱うことにします。

10.1　データの整理

10.1.1　データと変数

データとは

「データを集める」や「データの特徴を記述する」と言われるときの、「データ」とはいったい何を意味しているのでしょうか。「データ」の原語は“datum”（与えられたもの）の複数形“data”であり、哲学などでは比較的広い意味で用いられます。たとえば「センスデータ」(sense data) という言葉がありますが、これは感覚器官に与えられたもの（「感覚与件」）という意味で理解されます。しかし、この章では統計学の慣例に従い、「データ」は実験や観察によって測定された数値の集まりを意味することにします[1]。こうした数値のことを「観測値」あるいは「測定値」と呼びます。

たとえば、ある小学校の1年生男子10人について、彼らの身長、算数テストの点数、入学前の保育形態（幼稚園・保育園・その他）を調査したとしましょう。その調査からは次のようなデータ（測定値の集まり）が得られるはずです。

①身長（cm）：{105.3, 131.2, 118.7, 115.1, 109.6, 124.5, 123.2, 130.7, 122.1, 110.9}
②算数テストの点数（10点満点）：{9, 8, 2, 5, 5, 4, 8, 10, 5, 9}
③入学前の保育形態（幼稚園＝1, 保育園＝2, その他＝3）：{2, 2, 2, 3, 3, 2, 1, 1, 3, 2}

データ①と②と③はそれぞれ10個の観測値からなります[2]。各データにおいて観測値は同じ値をとることもあれば、異なる値をとることもあります。

変数とは

このように調査する対象（ここでは小学1年生男子10名）によって異なる値をとりうるものを「**変数**」(variable) と呼びます。データ①における変数は「身長」、データ②における変数は「算数テストの点数」、データ③における変数は「入学前の保育形態」です。

変数はいくつかのタイプに区分されますが、ここではごく簡単に、変数には**質的変数**と**量的変数**があり、さらに量的変数には**離散変数**と**連続変数**があることを説明しておきましょう（図10.1.1）。

[1]　ここでのデータはひとつひとつの数値というよりは、むしろ測定された**数値の集まり**を指します。しかしながら、各々の観測値も「データ」と呼ばれることがあります。基本的に本書では観測値の集まりをデータと呼びますが、誤解が生じないかぎり、個々の値も「データ」と呼んでもよいことにします。

[2]　もちろん目的に応じて①と②をひとつのデータとして扱ってもかまいません。身長と算数テストの点数との「関係」を調べたいのであればそうする方がよいでしょう。同様に、算数テストの点数と入学前の保育形態との「関係」を調べたいのであれば②と③をひとつのデータと扱います。こうしたデータは「2変数のデータ」です。（「変数」についてはすぐ後で解説します。）

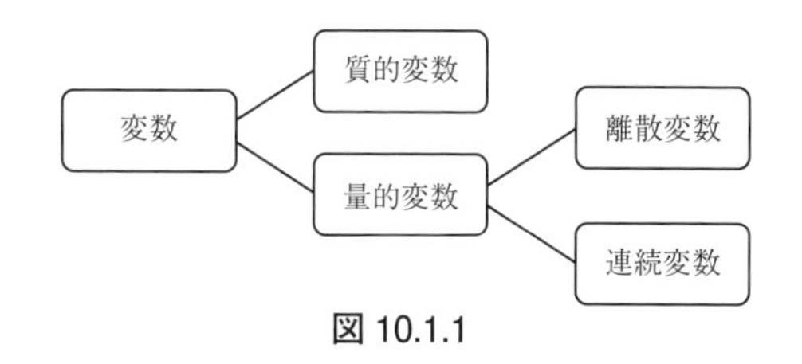

図 10.1.1

質的変数

質的変数とは、たんに分類するだけの変数であり、その値は数でなくてもかまいません。先に例として挙げた「入学前の保育形態」は質的変数です。この変数は対象を「幼稚園に通っていた者」、「保育園に通っていた者」、「その他の者」という3つのカテゴリーに分類します。上ではそれぞれのカテゴリーに数1, 2, 3を割り当てていますが、それはたんなるラベルにすぎません。したがって、数の代わりに「A, B, C」を割り当てても、「甲、乙、丙」を割り当てても本質的には何ら変わりはありません。質的変数の他の例としては、「性別」や「血液型」などが挙げられます。

量的変数：離散変数と連続変数

量的変数では、値としての数値はたんなるラベルではありません。このことを量的変数の下位区分である**離散変数**と**連続変数**に即して例示しておきます。

離散変数とは「とびとびの」数を値にとる変数です。たとえば、世帯ごとの子どもの数を調査するとき、「子どもの数」は離散変数です。なぜならその変数は0, 1, 2,…という「とびとびの」値（自然数）をとるからです。ある世帯が0.5人の子どもや1.7人の子どもをもつことはありません。

これに対し、**連続変数**は連続的な数を値にとる変数です。「連続的な数」とは具体的には実数を指します。上で例に挙げた「身長」は――ふつう小数第1位くらいまでしか測りませんが、もし厳密に測ろうとすれば（理論的には）小数点以下の数がどこまでも続くだろうという意味で――連続変数として扱われます。一般に、連続変数の値に関しては足し算と引き算ができ、多くのケースでは掛け算と割り算もできます。

順序関係・差の大きさ・比率

ここでは各タイプの変数を「尺度」（名義尺度、順序尺度、間隔尺度、比率尺度）

の概念を使って厳密に規定するということはしません。しかし大雑把に言えば、量的変数において、**順序関係**（$a > b$）だけが問題になるような変数（マラソン大会での1等、2等、3等、……など）、順序関係に加えて、**差（間隔）の大きさ**（$a - b = c - d$）が見分けられる変数（5月の日中と夜間の気温差20℃ –10℃は、9月の日中と夜間の気温差30℃ –20℃に等しいという判断ができる）とを区別することができます。

さらにこれらに加えて、**比率**（$a \div b = c \div d$）を問題にできる変数もあります。たとえば「長さ」であれば20cm ÷ 10cm = 2という割り算から、ある固定された点からの距離20cmは、同じ点からの距離10cmの2倍だと判断できます。こうした変数では、比率を比較することも可能です。20cmは10cmの2倍であり、その比率は40cmと20cmの比率に等しいことが判断できます。しかし、こうした判断は温度については成り立ちません。というのも、気温が1℃から2℃に上昇しても、「気温が2倍になった」とは考えないからです。もしそう考えるとすれば、1℃から2℃への気温の上昇と20℃から40℃への気温の上昇は「同程度」ということになってしまうでしょう。

言うまでもありませんが、質的変数では、順序関係についても、差の大きさについても、比率についても判断ができません。血液型A, O, B, ABにそれぞれ1, 2, 3, 4という数値を割り振ったとしても、「1＜2」から「A型がO型よりも順位が上だ」などと述べることはナンセンスですし、「2 − 1 = 1」から「O型とA型との差は1（= A型）である」という言明もナンセンスです。また「2 ÷ 1 = 4 ÷ 2」であることから「O型とA型の比は、AB型とO型の比に等しい」と説くことも意味不明です。

以上、簡単な仕方で「データと変数」について解説しました。この章で扱う**記述統計学とは、調査したい変数の値を収集することで得られたデータを整理・要約し、その特徴を明らかにする統計学の一分野です。**

それでは「データを整理・要約する」とはいったいどのようなことなのでしょう。これを次節から見ていきたいと思います。

10.1.2　分布：度数分布表とヒストグラム

データの整理

ある大学の論理学の講義でテストを行いました。テストを受けた20人分の点数のデータは以下の通りです（100点満点）。

{86, 51, 61, 71, 97, 81, 42, 51, 66, 66, 71, 85, 73, 72, 67, 53, 76, 78, 84, 69}

データはそのままではたんなる数字の羅列にすぎません。このデータの特徴を読み取るために、とりあえず数字を小さい順に並べ替えて整理してみましょう。

{42, 51, 51, 53, 61, 66, 66, 67, 69, 71, 71, 72, 73, 76, 78, 81, 84, 85, 86, 97}

データの様子が少しだけ見やすくなったかもしれません。40点台に1人、50点台に3人、60点台に5人、70点台に6人、80点台に4人、90点台に1人いることが容易に分かります。このようなデータの散らばりを「**分布**」(distribution）と呼びます。これを表のかたちに整えたものが**度数分布表**（frequency table）です（表10.1.2a)。

表10.1.2a 度数分布表

階級	度数
40点以上50点未満	1
50点以上60点未満	3
60点以上70点未満	5
70点以上80点未満	6
80点以上90点未満	4
90点以上100点以下	1
合計	20

度数分布表の作り方

度数分布表の作り方を簡単に説明しましょう。まずデータをいくつかの**階級**(class interval）に区分する必要がありますが、その際にはデータの**最小値**と**最大値**に着目します。この「論理学テストの点数」の例では、最小値が42で最大値が97です。これよりだいたい40から100までの範囲をカバーできるような階級を設定すればよいことが分かります。各階級の幅の決め方に関してはいくつかのガイドラインがあるようですが、ここで細かいことにこだわる必要はありません。10点刻みで階級を分けていけば自然な表になると思われます。また、各階級に入る観測値の個数は**度数**（frequency）と呼ばれます。(「**頻度**」という訳語の方がしっくりくるのですが、「度数」の方が一般的なのでさしあたりはこちらを使用します。）次に、この度数を表に書き込んでいきます。

以上がもっともシンプルな度数分布表の作り方です。たとえシンプルでも、この表を見ればデータのおおよその特徴をつかむことができます。すなわち、(1) 中心の位置はどこにあるのか、(2) ばらつきの程度はどれほどか、(3) 分布はどのような形状をもつのか（山は一つなのか二つなのか、など）といった特徴です。しかし、こうした特徴をよりはっきりと「見る」ためには、表よりもグラフの方が適しています（図10.1.2）。

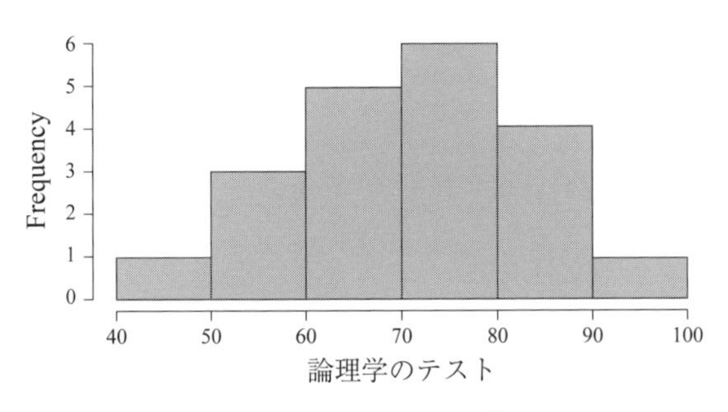

図 10.1.2　ヒストグラム

この図10.1.2のようなグラフを「**ヒストグラム**」といいます。横軸には論理学テストの点数が10点刻みに、つまり階級の幅が10で記されています。縦軸には“frequency”（度数、頻度）が記されています。たとえば50点以上60点未満の階級に入っている人数（度数）は3人であることが容易に見て取れます。

相対度数分布表

度数分布表およびそれにもとづくヒストグラムの作成では、階級および度数（頻度）、すなわち各階級に属する観測値の個数が用いられましたが、それらの情報に**階級値**（midpoint）や**相対度数**（**相対頻度** relative frequency）などの数値を付け加えた**相対度数分布表**を作成すると、データの特徴がより詳しく分かります（表10.1.2b）。

表 10.1.2b 相対度数分布表

階級	階級値	度数	相対度数
40点以上50点未満	45	1	0.05
50点以上60点未満	55	3	0.15

60点以上70点未満	65	5	0.25
70点以上80点未満	75	6	0.30
80点以上90点未満	85	4	0.20
90点以上100点以下	95	1	0.05
	合計	20	1

「階級値」とは階級の幅の真ん中の数値のことをいいます。たとえば「40点以上50点未満」という階級の階級値は40と50の真ん中の数値45です。また、「相対度数」とは各階級の度数をデータの総数で割った数値を指します。たとえば「40点以上50点未満」という階級の相対度数は、その階級の度数1をデータの総数20で割った数値0.05になります。同様に、「50点以上60点未満」の階級の相対度数は、その階級の度数3をデータの総数20で割った0.15です。つまり各階級の相対度数とは、データ全体のうちに占める各階級の度数の**割合**（**比率**）になっています。

相対度数は100倍して「%」で表示した方が直観的には分かりやすいかもしれません。論理学のテストにおいて、「50点以上60点未満の人たちは全体の15%を占める」とか、「もっとも割合が多かったのは70点台の人たちで、全体の30%もいる」といった言い方はよくなされます。

■ 練習問題10.1

次の数値の集まりはA社の管理職を除く全従業員20人の給与のデータである（単位：万円）。

{21, 19, 16, 19, 24, 39, 32, 22, 21, 19, 18, 27, 23, 26, 21, 19, 17, 33, 27, 18}

このデータを (a) 度数分布表のかたちで整理し、(b) ヒストグラムを作成しなさい。

10.2 データの要約

10.2.1 代表値：平均と中央値

データの特徴を把握する際のポイント

前節で示したように、表やグラフによるデータの整理は、データの特徴をはっきりさせるための有効な手段です。とはいえ、データの特徴をより客観的な仕方で記述したいのであれば、それを数値によって表す必要があります。これは「**数値要約**」と呼ばれます。

すでに述べたように、データの特徴を把握する際には3つのポイントが重要になります。すなわち (a) 中心の位置、(b) ばらつきの程度、(c) 分布の形状です[3]。この節では (a) の数値要約、次節では (b) の数値要約を扱います。

データの中心を表す数値のことを「**代表値**」といいますが、以下では（1）**平均**（mean）と（2）**中央値**（median）という2つの代表値を解説していきます。

平均：代表値（1）

「平均」と呼ばれる代表値を知らない人はいないでしょう。テストの平均点、代表チームの平均身長、A社の平均月収、日本人の平均寿命、日経平均株価、客1人あたりの平均単価など、「平均」という言葉を耳にしない日はありません。

一般に、n個の観測値$x_1, x_2, \cdots, x_n$の平均とは、n個の観測値をすべて足し合わせてnで割った数値のことです。ふつう平均は$\bar{x}$（エックスバー）と表記されます。

平均（標本平均）[4]

$$\bar{x} = \frac{x_1 + x_2 + \cdots + x_n}{n} = \frac{1}{n}\sum_{i=1}^{n} x_i$$

一言付け足しておきましょう。平均$\bar{x}$は「**標本平均**」(sample mean) と呼ばれることがありますが、これは母集団から抽出された標本データ（実際に観測された値

[3] 最後の (c) を数値で表すのは少し面倒ですからここでは扱いません。

[4] シグマ記号にアレルギーがある人は、その記号の手前まで眺めてもらえれば、それでけっこうです。最後にシグマ記号を使ったのは、簡潔な記述を好む人もいると考えたからです。

の集まり）の平均であることを強調するためです。しかし、目下私たちは記述統計学に徹しており、観測データを母集団の特徴を推測するために用いているわけではありません。ですから、わざわざ平均を「標本平均」と呼んで、それを「**母平均**」（母集団の平均）から区別することはしません。

たとえばここに、哲学研究室を20XX年度に卒業した5人の月収データがあるとします。彼らは全員就職して5年が経っているとしましょう。

{25, 32, 29, 26, 38}（単位は万円）

この5人分のデータを**要約する**もっとも簡単な方法はその平均を求めることです。平均は、観測値をすべて足し合わせて、それを観測値の個数で割ることで求められます。

$$\bar{x} = \frac{25 + 32 + 29 + 26 + 38}{5} = \frac{150}{5} = 30$$

5人の月収の平均は30万円です。これより「哲学研究室の20XX年度卒業生の月収はおおよそ30万円くらいだ」と主張できそうです。言ってみれば、5人分の観測値データをたった1つの数値で要約したことになります。30という数値がデータを**代表する**と述べてもよいでしょう。（平均が「代表値」の一つであるとはこうした意味においてです。）

ここまでは何の問題もないと思います。そこで次の論証を考えてみましょう。

〔論証10.2.1a〕

前提1　哲学研究室の3年生5人のアルバイト代を調査したところ、その平均は月額8万円だった。

結論　したがって、哲学研究室の3年生はアルバイトで月にだいたい8万円ほど稼いでいる。

この論証10.2.1aは確からしいと言えるでしょうか。残念ながらそうは言い切れません。なぜなら、5人のアルバイト代が次のような分布をしているかもしれないからです。

$$\{5, 3, 2, 4, 26\}$$（単位は万円）

たしかに5人のアルバイト代の平均は $\frac{5+3+2+4+26}{5}=8$（万円）です。しかしこの5人の中に1人だけ26万円も稼いでいる人がいて、彼（彼女）のアルバイト代が全体の平均を押し上げています。したがって、いくら平均が8万円だからといって、それが5人のアルバイト代を「代表」すると主張することには無理があります。何と言っても、平均8万円の半分以下しか稼いでいない人が5人中3人もいるわけですから。

他の観測値と比べて極端に大きい（あるいは小さい）観測値は「**外れ値**」(outlier) と呼ばれます。この例における値26は明らかに外れ値です。平均という代表値は、もっともよく使われる代表値ですが、**外れ値の影響を受けやすい**という欠点をもっています。

中央値：代表値 (2)

外れ値の影響を受けにくいのは、平均とは異なる代表値として知られる**中央値**（メディアン）です。**中央値とは、n個の観測値x_1, x_2,…, x_nを小さい順**（大きい順でもよい）**に並べたときに、その真ん中に位置する値のことをいいます。**

上で例にした哲学研究室の3年生のアルバイト代データを使って考えましょう。まずはデータの数値を小さい順に並べ替えます。

$$\{2, 3, 4, 5, 26\}$$（単位は万円）

この並べ替えたデータの真ん中に位置する値は4ですから、中央値は4万円ということになります。中央値を出すためにデータの数値をすべて用いる必要はありませんから、外れ値の影響は受けません。（データの数値に一部しか用いないというのは中央値の「弱点」でもあります。）また、5人のうち、アルバイト代が中央値の4万円よりも少ない人が2人、多い人も2人であることに注意して下さい。（これは中央値の求め方から当然の帰結です。）これらの理由により、中央値4万円をこのデータの「代表」と見なすことは自然です。

いま見た例では観測値の個数が5つですから、その「真ん中」は一意的に求められます。（つまり真ん中の数値はただ1つに決まります。）しかし、観測値の数が偶数の場合は、「真ん中」の数値が2つ出てきてしまいます。たとえば、先ほどのデータにもう1つ観測値5を加えた次のデータを見てみましょう。

$\{2, 3, 4, 5, 5, 26\}$（単位は万円）

このデータでは4と5が真ん中に位置しています。こうしたケースではそれら2つの平均を中央値とします。つまりこのデータでは（$(4 + 5) \div 2 = 4.5$）です。

一般に、n個の観測値の中央値Medは次のように定義されます。

中央値（メディアン）

$$Med = \begin{cases} x_{(n+1)/2} & n\text{が奇数のとき} \\ \dfrac{(x_{n/2} + x_{(n/2)+1})}{2} & n\text{が偶数のとき} \end{cases}$$

ちょっと面倒ですが、正確に書くとこうなります。哲学研究室の3年生のアルバイト代のデータは5つの観測値（$x_1, x_2, \cdots, x_5$）からなるものでした（$n = 5$）。小さい順から並べると次の表のようになります（表10.2.1a）。

表10.2.1a

x_1	x_2	x_3	x_4	x_5
2	3	4	5	26

真ん中に位置するx_3の添え字の番号3は、総数$n = 5$に1を足し、それを2で割った数（$\frac{5+1}{2} = 3$）に他なりません。これよりnが奇数のときの中央値は$x_{(n+1)/2}$とされるのです。nが偶数のときの定義はみなさんで確かめてみて下さい。

■ 練習問題10.2

心理学演習の履修者6人に統計学のテストを行って次のような得点データを得た。

$\{65, 70, 65, 80, 5, 75\}$（100点満点）

この得点データの平均は60点である。しかし、(a) なぜこのことから「履修者の統計学テストの点数はおおよそ60点だった」と結論することは確からしくないのかを説明せよ。また、(b) 平均とは異なる代表値を用いてこのデータを数値要約しなさい。

10.2.2 散布度：分散と標準偏差

「データのばらつきの程度」を要約する散布度：代表値との違い

ここからは**データのばらつきの程度**（散らばりの様子）**を記述する方法**を見ていきます。データの中心的な位置を要約する統計量は「代表値」（平均、中央値など）と呼ばれたのに対し、データのばらつきの程度を要約する統計量は「**散布度**」と呼ばれます。

そもそもなぜ散布度が重要であるのかを理解するために、次の2つのデータを見てみましょう。データAとデータBはそれぞれグループAとグループBが受けた論理学テストの点数（100点満点）だとします。

データA：{60, 50, 70, 80, 40}
データB：{20, 30, 60, 90, 100}

一見して、これら2つのデータの様子は異なることが分かりますが、その「違い」を代表値で記述することはできません。なぜならデータAの平均とデータBの平均はともに60点だからです。おまけに中央値も同じ60点です。つまり、**代表値の観点から言えば、2つのデータはまったく同じ特徴を有していることになります**。もしデータの特徴を要約する統計量が代表値だけであるとすれば、次のような論証が成り立ってしまうでしょう。

〔論証10.2.2〕
前提1　グループAにおける論理学テストの平均と中央値はともに60点であった。
前提2　グループBにおける論理学テストの平均と中央値はともに60点であった。

結論　論理学の習熟度に関して、グループAとグループBのあいだに違いは

ない。

この論証10.2.2は確からしいでしょうか。そうは見えません。なぜなら、2つのデータの「ばらつき具合」の違いに注意すれば、たとえ前提はすべて真であっても、結論が真であることは確からしくないからです。

いまの例から分かるのは、**データの特徴を十全に記述するためには、代表値とは異なる要約統計量が必要になる**ということです。その統計量こそが、データの散らばり具合を要約する**散布度**なのです[5]。

この節ではよく使われる散布度である**分散**（variance）と**標準偏差**（standard deviation）を解説しますが、これらを求めるためにはまず**偏差**（deviation）の概念を理解しておく必要があります。

偏差とは

偏差は、各観測値が平均からどれくらい離れているのかを測ります。したがって、それはデータの各観測値からデータの平均を引いた量として表されます。（x_iはデータの中の任意のi番目の観測値、$\bar{x}$はデータの平均です。）

$$偏差 = 観測値 - 平均 = x_i - \bar{x}$$

先ほどの論理学テストのデータAとデータBに即して偏差を計算してみましょう。平均はともに60でしたから、各観測値から60を引けば偏差が求められます。

データA

観測値	60	50	70	80	40
偏差（$x_i - \bar{x}$）	60－60＝0	50－60＝−10	70－60＝10	80－60＝20	40－60＝−20

データB

観測値	20	30	60	90	100
偏差（$x_i - \bar{x}$）	20－60＝−40	30－60＝−30	60－60＝0	90－60＝30	100－60＝40

[5]「統計量」（statistic）という語を何の説明もなく使っていますが、それはデータ（観測値の集まり）を要約する数値（ないしその計算に使う関数）のことをいいます。これまでに見た平均も中央値も、これから登場する分散や標準偏差も統計量です。なお、この章で考察する統計量は「要約統計量」あるいは「記述統計量」ともいいます。

2つのデータAとBの**散らばり具合の違いを偏差によって測りたい**わけですから、まず思いつかれるのは、データごとに偏差を足し合わせ、それらを比較するというアイディアでしょう。これはアイディアとしては悪くないのですが、困ったことに偏差をすべて足し算すると0になってしまいます。(確かめて下さい。0と0を比べても意味がありません。)

偏差を足し合わせると0になってしまうのは、偏差には負の数値が出てくるからです。ある観測値が平均よりも小さいとき、偏差は負になります。それが、平均よりも大きな観測値から得られる正の偏差と打ち消し合って0になるのです。これを避けるためには、2つの方法が考えられます。第一の方法は「絶対値」を用いる方法です。すなわち、偏差を絶対値 $|x_i - \bar{x}|$ にすることで、各偏差が負になることを回避できます。しかし、ここではそれよりも一般的な第二の方法を採用します。それは**偏差を2乗する**という方法です。各偏差の $(x_i - \bar{x})^2$ をとれば、負の偏差も2乗されて正になるというわけです。

偏差の2乗和

こうして各偏差を2乗してすべて足し合わせた量、すなわち「**偏差の2乗和**」(**偏差平方和**) と呼ばれる量が計算されます。

$$\text{偏差の 2 乗和} = (x_1 - \bar{x})^2 + (x_2 - \bar{x})^2 + \cdots + (x_n - \bar{x})^2 = \sum_{i=1}^{n}(x_i - \bar{x})^2$$

ふたたび先ほどの例を使って計算してみましょう。

データA

観測値	60	50	70	80	40	総和
偏差 $(x_i - \bar{x})$	0	−10	10	20	−20	0
偏差の2乗 $(x_i - \bar{x})^2$	0	100	100	400	400	<u>1000</u>

データB

観測値	20	30	60	90	100	総和
偏差 $(x_i - \bar{x})$	−40	−30	0	30	40	0
偏差の2乗 $(x_i - \bar{x})^2$	1600	900	0	900	1600	<u>5000</u>

各表の3行目に偏差の2乗を計算した値が入っています。そしてその行の右端にそれらをすべて足し合わせた総和（偏差の2乗和）が記されています。(下線を

引いた数値です。）データAにおける偏差の2乗和は1000であるのに対し、データBにおけるそれは5000です。これより、データBのばらつきの程度はデータAのそれの5倍であることが分かります。たんに偏差を足し合わせた総和は両データともに0になってしまいますが（2行目の右端）、**偏差の2乗和は両データのばらつき具合の違いを記述することに成功しています。**

ところが、ふつうは偏差の2乗和をそのまま散布度を表す統計量として使用することはありません。なぜでしょう。それは次の2つの欠点をもつからです。すなわち（i）2乗することによって、もともとの観測値と「単位」が異なってしまうという欠点と、（ii）データのサイズ（観測値の個数）に値が左右されてしまうという欠点です。まず（ii）の欠点を取り除く方法を見た後で、次いで（i）の欠点を取り除く方法を見ることにしましょう。

分散

重要な散布度として知られる**分散**（variance）は「偏差の2乗の平均」のことをいいます。上で導入した**偏差の2乗和をデータのサイズnで割れば「偏差の2乗の平均」、すなわち分散が得られます**。なお、分散を表す記号はs^2です。これはすぐ後で出てくる標準偏差（standard deviation）がsで表記されるからです。分散s^2の正の平方根$\sqrt{s^2}=s$が標準偏差として定義されますから（つまり標準偏差sの2乗が分散ですから）、この記号s^2は理に適っています。

分散s^2

$$s^2=\frac{(x_1-\bar{x})^2+(x_2-\bar{x})^2+\cdots+(x_n-\bar{x})^2}{n}=\frac{1}{n}\sum_{i=1}^{n}(x_i-\bar{x})^2$$

先の2つの例に即して言うと、データAの分散は$\frac{1000}{5}=200$、データBの分散は$\frac{5000}{5}=1000$となります。（2つのデータのサイズは5でした。）

分散の利点と欠点

分散の利点としては、偏差の2乗和とは違い、その値がデータのサイズ（観測値の個数）に左右されないことが挙げられます。たとえば、10人のクラスにおけるテストの点数のばらつきと、5人のクラスにおける同一テストの点数のばらつきを比較したいときに、偏差の2乗和を散布度として用いることはできません。というのも、一般に、サイズがより大きいデータの偏差の2乗和の方がより大きくなるからです。このケースでは、偏差の2乗和をクラスの人数(データのサイズ)で割り、1人あたりの平均的な偏差の2乗、すなわち分散を求めたうえで比較を行います。

しかしながら、分散は偏差の2乗を使って計算されるので、その単位はもとの観測値の単位の2乗になっています。たとえて言うならば、分散では、cm(長さ)を単位とする観測値のばらつき具合を表すために、cm²(面積)を単位として用いているのです。この欠点を解消するのが、次に解説する標準偏差です。

標準偏差

標準偏差は分散の平方根をとることによって得られます。つまり、標準偏差は、分散において2乗(平方)されてしまった単位をもとの観測値の単位に戻してくれるのです。

標準偏差 s

$$s = \sqrt{s^2} = \sqrt{\frac{(x_1 - \bar{x})^2 + (x_2 - \bar{x})^2 + \cdots + (x_n - \bar{x})^2}{n}} = \sqrt{\frac{1}{n}\sum_{i=1}^{n}(x_i - \bar{x})^2}$$

先ほどのデータAでは、分散が200でしたから、その正の平方根$\sqrt{200} \fallingdotseq 14.14$が標準偏差になります。同様にデータBでは、分散が1000だったので、$\sqrt{1000} \fallingdotseq 31.62$が標準偏差です。[6]

標準偏差はもっともよく使われる散布度です。それは観測値が平均$\bar{x}$のまわりにどのように散らばっているのかを表します。**標準偏差が小さいほど、観測値は**

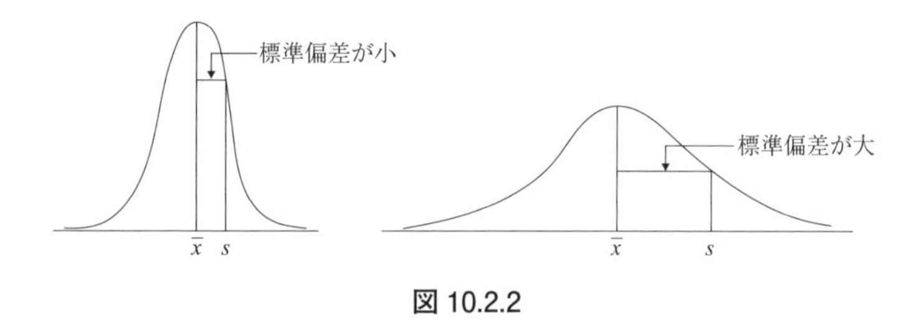

図 10.2.2

[6] "≒"は「おおよそ等しい」という意味で使っています。平方根の計算は残念ながら(!)電卓に頼るしかなさそうです。

平均のまわりに集中して分布し、逆に標準偏差が大きいほど、観測値は平均から離れたところに散らばります（図10.2.2）。

10.3　標準化およびデータの線形変換

10.3.1　標準化

異なるデータの比較

次の論証を検討することから話をはじめましょう。

〔論証10.3.1a〕

前提1　タカシは100点満点の英語のテストで50点をとった。

前提2　タカシは100点満点の統計学のテストで70点をとった。

結論　ゆえに、タカシに関して言えば、統計学の成績の方が英語の成績よりも良かった。

この論証10.3.1は確からしい論証でしょうか。この問いに対しては、「確からしいとは言えない」と答える人は多いはずです。そう答える人は間違っていません。

それではなぜ「確からしいとは言えない」のでしょうか。多くの人は次のように答えるでしょう。「結論が真であるかどうかは、それぞれのテストがどれくらい難しかったかによるからだ」と。そもそも「各テストの平均点は何点だったのか」と尋ねる人もいるでしょう。そこで論証10.3.1aに平均に関する情報を付け加えてみましょう。

〔論証10.3.1b〕

前提1　タカシは100点満点の英語のテストで50点をとった。

前提2　タカシは100点満点の統計学のテストで70点をとった。

前提3　英語テストと統計学テストの平均点はともに50点だった。

結論　ゆえに、タカシに関して言えば、統計学の成績の方が英語の成績より

も良かった。

この論証10.3.1bは、論証10.3.1aに比べると、より確からしいと言えます。なぜなら、タカシは英語テストでちょうど平均点をとったのに対し、統計学のテストでは平均点を20点も上回ったからです。これより、(各テストには外れ値がなく、平均を中心とするおおよそ左右対称な分布をしていると仮定すれば)「統計学の成績の方が良かった」という結論は正しいと思われます。それでは次の論証10.3.1cはどうでしょうか。

〔論証10.3.1c〕

前提1　タカシは100点満点の英語のテストで50点をとった。

前提2　タカシは100点満点の統計学のテストで70点をとった。

前提3　英語テストと統計学テストの平均点はそれぞれ40点と60点だった。

結論　　ゆえに、タカシの英語の成績と統計学の成績は同じくらいだった。

もしも成績の優劣が偏差(得点－平均点)で決まるとすれば、論証10.3.1cは確からしいでしょう。なぜなら、英語テストの偏差と統計学テストの偏差はともに10だからです(表10.3.1a)。

表10.3.1a

科目	タカシの得点	平均点	偏差
英語テスト	50	40	10
統計学テスト	70	60	10

ところが残念なことに、偏差だけで成績の優劣は決まるものではありません。**この論証の結論が真であるか否かは、各テストの得点データのばらつきの程度が分からなければ判断できないのです。**異なるデータ——英語テストの得点データと統計学テストの得点データ——に属する2つの観測値を比較する際には標準偏差(およびそこから派生した統計量)が必要になります。

標準偏差の重要性

もし英語テストにおいてはばらつきの程度が小さいのに対し、統計学のテストではばらつきの程度が大きいとすればどうなるでしょう。データのばらつきの程度は標準偏差（あるいは分散）で要約できたことを思い出しましょう。ここで英語テストの標準偏差を5、統計学テストの標準偏差を10と仮定します（表10.3.1b）。

表10.3.1b

科目	タカシの得点	平均点	偏差	標準偏差
英語テスト	50	40	10	5
統計学テスト	70	60	10	10

標準偏差の小さい英語テストにおいては、標準偏差の大きい統計学テストと比べて、より多くの観測値が平均点のまわりに集まっていることになります。したがって、たとえ同じ偏差10であっても、英語テストにおいて「平均点+10点」をとった人の数は、統計学テストにおいて「平均点+10点」をとった人の数より少なくなります。

これよりタカシは英語テストにおいて、「より少数のグループ」に入ることができたわけですから、「英語テストの成績の方が統計学テストの成績よりも良かった」と結論できるわけです。したがって、このように標準偏差が与えられたとすれば、論証10.3.1cの結論（「統計学テストと英語テストの成績は同じくらいだった」）は正しくないことになります。

この例で標準偏差の重要性を分かっていただけたでしょうか。一般に、もし得点データの分布が正規分布に近ければ、データの観測値の約70%は「平均 ± s（標準偏差1つ分）」の範囲に収まり、約95%は「平均 ± $2s$（標準偏差2つ分）」に収まることが知られています。

先の例で言えば、英語テストにおいて「平均40点 ± 5点（標準偏差1つ分）」の範囲（35～45点）に、受験者の約70%が入ることになります。また「平均40点 ± 10点（標準偏差2つ分）」の範囲（30～50点）には受験者の約95%が収まります。タカシの英語の点数50はちょうど「平均40点+10点（標準偏差2つ分）」ですから、かなり上位に位置していると言えるでしょう。これに対し、統計学テストではタカシの点数70はちょうど「平均60点+10点（標準偏差1つ分）」ですから、なかなか良い点数であるとはいえ、英語の点数ほど良いとは言えません。[7]

標準化：z値について

これまでの考察を経て、いよいよ「**標準化**」を解説する準備が整いました。典型的な標準化の手続きとしては、以下で解説するz値（z得点）を算出する手続きがよく知られています。**z値とは、観測値x_iから平均$\bar{x}$を引いて、それを標準偏差sで割った値を指します。**

z値（z得点）

$$z_i = \frac{x_i - \bar{x}}{s}$$

ある観測値のz値は、その観測値の偏差（観測値－平均）を標準偏差で割ることで得られますが、それはいったい何を意味しているのでしょう。まず思い出してほしいのは、偏差だけで観測値を評価することはできなかったことです。すでに私たちは、タカシの英語の得点の偏差と統計学の得点の偏差が同じであることから、英語と統計学の成績が同じくらいだったと結論することはできないと述べました。その結論が正しいか否かを確認するためには、英語テストと統計学テストにおいて、得点（観測値）がどの程度ばらついているのか、つまりそれぞれの標準偏差を知る必要がありました。

「偏差を標準偏差で割る」という標準化の手続きは、「**ある観測値が標準偏差いくつ分、平均から離れているのか**」を測ることを意味します。**この標準化によって、異なるばらつきをもつデータに属する2つの観測値**（英語の得点と統計学の得点）**を、同じ土俵のうえで比較できるようになるのです。**

---

[7]　もちろん現実の得点分布がすべて正規分布に近似すると考えるのは間違いです。そうした「きれいな分布」になるものは多くの人が受け、かつよく練られたテスト（センター試験など）を除いてそれほどないかもしれません。しかし、それでも「平均±標準偏差」というアイディアは有効です。たとえば、「チェビシェフの規則」と呼ばれる定理によれば、どんな分布についても、「平均±$2s$（標準偏差2つ分）」の区間内に全観測値の$\frac{3}{4}$（＝75%）が入り、「平均±$3s$（標準偏差3つ分）」の区間内に全観測値の$\frac{8}{9}$（≒89%）が入ります。より一般的には、「$\bar{x} \pm ks$ $(k > 1)$の区間内に観測データの少なくとも$\left(1-\frac{1}{k^2}\right)$が含まれる」と定式化されます。このチェビシェフの規則に関して特筆すべきは、分布の型について何も仮定されていないということです。したがって、分布の型が正規分布でないからといって、「平均±標準偏差」というアイディアが役に立たないということはありません。それは各観測値がデータ全体の中でどのあたりに位置しているのかについて有用な情報を与えてくれるのです。

「同じ土俵」とは「その観測値は、標準偏差いくつ分だけ平均から離れているのか」という基準を指します。とても重要なので繰り返しますが、あなたが平均点50点のテストで70点を獲得したとすれば、偏差は20点です。そのテストの標準偏差が10点であれば、あなたの得点のz値は $\frac{70-50}{10}=2$ 点です。この「2点」が意味するのは、あなたの得点が標準偏差2つ分だけ平均から離れているということです。もし同じテストであなたが80点だったとすれば、あなたの得点のz値は $\frac{80-50}{10}=3$点であり、このことはあなたの得点が標準偏差3つ分、平均から離れていることを意味します。同様に、あなたの得点が40点だったとすれば、z値は $\frac{40-50}{10}=-1$ 点であり、あなたの得点は標準偏差「マイナス1つ分」だけ平均点から離れていることになります。

これで次の論証をきちんと評価する準備が整いました。

〔論証10.3.1d〕

前提1　タカシは100点満点の英語のテストで50点をとった。

前提2　タカシは100点満点の統計学のテストで70点をとった。

前提3　英語テストと統計学テストの平均点はそれぞれ40点と60点だった。

前提4　英語テストと統計学テストの標準偏差はそれぞれ5点と10点だった。

結論　ゆえに、タカシに関して言えば、英語の成績の方が統計学の成績よりも良かった。

この論証10.3.1dがうまくいっているかを確かめるには、タカシの英語テストと統計学テストの得点をz値に変換したうえで、それぞれのz値を比べる必要があります。

$$\text{タカシの英語テストの}z\text{値}=\frac{50-40}{5}=2$$

$$\text{タカシの統計学テストの}z\text{値}=\frac{70-60}{10}=1$$

これより、「英語テストのz値＞統計学テストのz値」（2＞1）です。したがって、論証10.3.1dはうまくいっていると言えます。

偏差値とは何か

z値とは、平均0、標準偏差1になるように標準化された値です。(なぜそうなるのかは次の10.3.2節で説明します。) これを平均50、標準偏差10になるように加工した値は「**偏差値**」と呼ばれます。あの忌まわしき偏差値です！ **偏差値はz値を10倍して50を加えることによって得られます。**

> **偏差値**
> $$偏差値 = z_i \times 10 + 50$$

たとえば、先ほど見たタカシの英語テストのz値は2でしたから、それを偏差値に変換すると、$2 \times 10 + 50 = 70$となります。偏差値70と聞くと「凄いな」というイメージが湧くかもしれません。それに対し、統計学テストのz値は1でしたから、それを偏差値で表すと$1 \times 10 + 50 = 60$です。偏差値60もたいしたものですが、70に比べると相対的に低いということになります。この偏差値の違いを見れば、「英語の成績の方が統計学の成績よりも良かった」という論証10.3.1aの結論も直観的に分かるはずです。(すぐに分かるということは、それだけ私たちが偏差値に毒されていることの証拠ですが……。)

■ **練習問題10.3A**

ハナコは学期末試験で、国語の点数が60点、理科の点数が65点だった。学年全体の試験結果は、国語の平均点も理科の平均点も50点であった。また、国語の標準偏差は10点であるのに対し、理科の標準偏差は20点であった。このときハナコに関して、国語と理科ではどちらの方が学年順位が高いかを述べなさい。

■ **練習問題10.3B**

(a) キヨコの数学テストの点数は60点だった。数学テストの平均点は40点、その標準偏差は12点だったとすると、キヨコの数学の偏差値はいくつになるか。また、(b) キヨコの国語のテストの点数は70点だった。国語テストの平均点は50点、その標準偏差は16点だったとすると、キヨコの国語の偏差値はいくつになるか。

10.3.2　データの線形変換

線形変換とは

前節の中で「z値は平均0、標準偏差1になるように標準化された値であり、偏差値は平均50、標準偏差10になるように標準化された値である」と述べました。ここではなぜそうなるのかを解説します。そのために、まずはデータの**線形変換**を見ておきましょう。

データの線形変換とは、データの各観測値x_iについて、$y_i = a + bx_i$（aとbは任意の定数）に変換することです[8]。もとの観測値x_iをb倍したものにaを加えると、y_iに変換されると考えて下さい。（これ以降、添え字iをいちいち付けると煩くなるので省略します。）たとえば、あるテストの点数に「下駄を履かせる」場合に、すべての点数を一斉に線形変換することがあります。これは「得点調整」ともいわれます。

各観測値に a を加えたデータの平均は $\bar{x}+a$ になる

次のような事例を考えてみましょう。ある小学校で10点満点の漢字テストを生徒5人に実施しました。まだ教えていない漢字について出題してしまったことに気がついた教員は、各生徒の点数xに2点ずつ加点することにしました。加点後の点数をyとすると、この得点調整は線形変換 $y = 2 + x$で表すことができます。その結果をまとめたものが表10.3.2aです。

表10.3.2a

	生徒①	生徒②	生徒③	生徒④	生徒⑤
変換前 x	2	3	5	7	8
変換後 $y = 2+x$	4	5	7	9	10

変換後の平均点は、変換前の平均点からどう変化しているでしょうか。調べてみましょう。

[8]　統計学に特有の書き方です。これはたんなる1次式$y = ax + b$のことです。しかし、こうした（定数項を先に書く）書き方が一般的になっています。慣れるまで少し時間を要するかもしれません。

$$変換前の平均\bar{x} = \frac{2+3+5+7+8}{5} = \frac{25}{5} = 5$$
$$変換後の平均\bar{y} = \frac{4+5+7+9+10}{5} = \frac{35}{5} = 7$$

それぞれの点数に2点を加点した変換後の平均は、変換前よりも2点増えています。これは一つの例で示しただけですが、一般に次の事実が知られています。

xの各観測値にaを加えて変換すると、変換後のデータの平均は$\bar{x}+a$になる。
（xの各観測値からaを引いて変換すると、変換後のデータの平均は$\bar{x}-a$になる。）

各観測値に a を加えてもデータの分散と標準偏差は変化しない

それでは分散（標準偏差）についてはどう変化するでしょうか。同じ事例で考えてみましょう。（分散は「偏差の2乗の平均」であったことを思い出しましょう。）

$$変換前の分散s_x^2 = \frac{(2-5)^2+(3-5)^2+(5-5)^2+(7-5)^2+(8-5)^2}{5} = \frac{9+4+0+4+9}{5} = \frac{26}{5} = 5.2$$
$$変換後の分散s_y^2 = \frac{(4-7)^2+(5-7)^2+(7-7)^2+(9-7)^2+(10-7)^2}{5} = \frac{9+4+0+4+9}{5} = \frac{26}{5} = 5.2$$

これを見れば分かるように、一律に2点を加点しても分散は変化しません。分散が変化しないということは、当然、その正の平方根である標準偏差も変化しません。一般に、次のことが成り立ちます。

xの各観測値にaを加えて変換しても、変換後のデータの分散s^2および標準偏差sは変化しない。

各観測値を b 倍したデータの平均は $b\bar{x}$ になる

それではデータの各観測値を定数倍したときにはどうなるでしょうか。先ほどの漢字テストにおいて各生徒の点数を2倍したとします。

表10.3.2b

	生徒①	生徒②	生徒③	生徒④	生徒⑤
変換前 x	2	3	5	7	8
変換後 $y=2x$	4	6	10	14	16

変換後のデータの平均と分散（標準偏差）はどう変化するでしょうか。実際に計算して確かめてみましょう。

$$\text{変換前の平均}\bar{x} = \frac{2+3+5+7+8}{5} = \frac{25}{5} = 5$$
$$\text{変換後の平均}\bar{y} = \frac{4+6+10+14+16}{5} = \frac{50}{5} = 10$$

各観測値を2倍した変換後のデータの平均は、変換前のデータの平均のちょうど2倍になっています。一般に、次の事実が成り立ちます。

各観測値をb倍すると、データの平均もb倍になる。

各観測値をb倍したデータの分散はb^2倍になる

分散（標準偏差）についてはどうでしょうか。これも確かめてみましょう。

$$\text{変換前の分散}s_x^2 = \frac{(2-5)^2+(3-5)^2+(5-5)^2+(7-5)^2+(8-5)^2}{5} = \frac{9+4+0+4+9}{5}$$
$$= \frac{26}{5} = 5.2$$
$$\text{変換後の分散}s_y^2 = \frac{(4-10)^2+(6-10)^2+(10-10)^2+(14-10)^2+(16-10)^2}{5}$$
$$= \frac{36+16+0+16+36}{5} = \frac{104}{5} = 20.8$$

各観測値を2倍にしたデータの分散は、変換前の分散の4倍、すなわち2^2倍になっています。このことは、次のように一般化されます。

各観測値をb倍すると、データの分散はb^2倍になる。ゆえに、標準偏差は$|b|$倍になる。

この定数倍の分散については、**b倍するとb^2倍になる**ので注意を要します。標準偏差に関して、絶対値を付けているのは、たとえば各観測値を–2倍すると、標準偏差は–2倍ではなく2倍になるからです。標準偏差が負になることはありません。

ふたたび標準化について

私たちは、異なるデータに属する観測値を比較するときに、それらの観測値を

z値と呼ばれる標準化された値に変換して比較することを学びました。z値を作る標準化は、変数xをもつデータ（$x_1, x_2, \cdots, x_n$）から変数zをもつデータ（$z_1, z_2, \cdots, z_n$）への変換として捉えられます。

ここでもう一度、z値の計算の仕方を復習しておきましょう。z値は各観測値から平均を引いて、それを標準偏差で割ることによって求められました。

z値の定義式

$$z = \frac{x_i - \bar{x}}{s_x}$$

私たちは「z値の平均は0、標準偏差は1である」と述べましたが、なぜそう言えるのでしょうか。上で見た線形変換の概念を使って、このことを確認していきます。

まずは、z値の定義式における分子$x_i - \bar{x}$に着目しましょう。「xの各観測値から平均を引く」とはどのようなことなのでしょう。

前節で見た事実をふたたび書き出してみます。

「xの各観測値からaを引いて変換すると、変換後のデータの平均は$\bar{x} - a$になる」。

いまこのaの位置に$\bar{x}$を代入すると、「xの各観測値から$\bar{x}$を引いて変換すると、変換後のデータの平均は$\bar{x} - \bar{x}$になる」と書けます。もちろん$\bar{x} - \bar{x} = 0$ですから、各z値からなるデータの平均は0になります。

分散については、定数を引いても変化しませんから、xの各観測値から$\bar{x}$を引いても、s^2は変わりません。

今度は、z値の定義式における分母に注目しましょう。「標準偏差sで割る」とは、言い換えれば、各観測値を$\frac{1}{s}$倍するということです。分子は平均すると0でしたから、$0 \times \frac{1}{s} = 0$です。したがって、平均は0のままです。

分散については、先ほど見たように、b倍に対してb^2倍になるのでした。ここでは$\frac{1}{s}$倍ですから、分散は$\frac{1}{s^2}$倍になります。もともとのデータの分散はs^2ですから、$s^2 \times \frac{1}{s^2} = 1$になります。ゆえに、各$z$値からなるデータの分散は1です。

なぜz値が平均0、分散1の分布に従うのか分かっていただけたでしょうか。

■ **練習問題10.3C**

論理学の授業で学期末テストを実施したところ、平均は40点、分散は25点（標準偏差は5点）だった。このままでは多くの履修者が単位を取得できないため、担当教員は次のような得点調整を行うことにした。調整後の平均と分散（標準偏差）はいくつになるかを答えなさい。

(a) 受験者すべての点数に20点加算する。

(b) 受験者すべての点数を2倍にする。

(c) 受験者すべての点数を2倍してから5点を加算する。

■ **練習問題10.3D**

なぜ偏差値が平均50、標準偏差10の分布に従うのか説明しなさい。

10.3.3　補足：証明

線形変換に関する事実の確認

ここまではデータの線形変換について、「これらの事実は成り立つ（ことが知られている）」という言い方で、定数を足したり、定数を掛けたりした場合の、平均や分散（標準偏差）の変化について語ってきました。

以下では、それらの事実の証明を行います。証明に興味がない人はこの節をスキップしてもまったく問題はありません。

証明を行うにあたって、これまで述べてきた事実を正確に述べ直しておきましょう。

変数xと変数yとのあいだに$y = a+bx$という関係が成り立つとき、変数xの平均を$\bar{x}$、分散をs_x^2とし、変数yの平均を$\bar{y}$、分散をs_y^2とすると、

$$\bar{y} = a + b\bar{x}$$

$$s_y^2 = b^2 s_x^2$$

$$s_y = |b| s_x$$

が成り立つ。

$\bar{y} = a + b\bar{x}$ の証明

$y_i = a + bx_i$ とすると、yの平均は

$$\bar{y} = \frac{1}{n}\sum_{i=1}^{n} y_i = \frac{1}{n}\sum_{i=1}^{n}(a + bx_i) = \frac{1}{n}\left(\sum_{i=1}^{n} a + \sum_{i=1}^{n} bx_i\right)$$
$$= \frac{1}{n}\left(na + b\sum_{i=1}^{n} x_i\right) = a + b \cdot \frac{1}{n}\sum_{i=1}^{n} x_i = a + b\bar{x}$$

$s_y^2 = b^2 s_x^2$ の証明

$y_i = a + bx_i$ とすると、yの分散は

$$s_y^2 = \frac{1}{n}\sum_{i=1}^{n}(y_i - \bar{y})^2 = \frac{1}{n}\sum_{i=1}^{n}\left(a + bx_i - (a + b\bar{x})\right)^2 = \frac{1}{n}\sum_{i=1}^{n}(bx_i - b\bar{x})^2$$
$$= \frac{1}{n}\sum_{i=1}^{n}(b(x_i - \bar{x}))^2 = b^2 \cdot \frac{1}{n}\sum_{i=1}^{n}(x_i - \bar{x})^2 = b^2 s_x^2$$

10.4 相関分析

10.4.1 2変数のデータ

1変数のデータの限界

前節までは1つの変数をもつデータについて、代表値や散布度を計算することで、その特徴を分析するという試みを紹介してきました。そこでは研究室の学生たちのアルバイト代を変数とするデータの中心的な位置を、平均や中央値といった代表値を使って明らかにしたり、学生たちのテストの点数を変数とするデータのばらつきの程度を、分散や標準偏差といった散布度を用いて記述したりしました。

しかし、そこでは**アルバイト代とテストの点数がどう関係するのか**（あるいは関係しないのか）といった問いを扱うことができませんでした。なぜなら、その問いに答えるためには2つの変数をもつデータを記述する枠組みが必要になるからです。

2変数のデータ

しばしば私たちは、2つの変数の関係（と無関係）に興味をもちます。というのも、「アルバイト代が多いとテストの点数も高い傾向がある」、逆に「アルバイト代が多いと、テストの点数が低くなる傾向がある」、あるいは「アルバイト代の多寡とテストの点数の高低には何の関係もない」といった2変数間の関係（無関係）の分析は、学生たちに「アルバイトを推奨する／しない」といった行為の根拠になるからです。以下では、こうした2つの変数間の関係を分析する「**相関分析**」の基本的アイディアについて解説を行います。

いま2つの変数をもつ次のデータが与えられているとします（表10.4.1a）。

表10.4.1a

	学生1	学生2	学生3	学生4	学生5	学生6	学生7	学生8	学生9	学生10
論理学	40	40	50	60	60	70	80	80	90	100
統計学	50	50	60	70	80	60	80	90	80	90

このデータにおける2つの変数とは、(i)「論理学テストの点数」と（ii)「統計学テストの点数」です（100点満点）。この表10.4.1aでは10人の学生たちが得た両テストの点数が数値として記されています。それらの数値は、2つの変数がとる具体的な値（観測値）です。

表10.4.1aを眺めると、論理学の点数が良くない学生は統計学の点数も良くなく、かつ論理学の点数が良い学生は統計学の点数も良い傾向にあることが見て取れます。ここから論理学の点数と統計学の点数のあいだには「何らかの関係」があると考えるのは自然なことでしょう。

散布図：正の相関

この関係をよりはっきりと見て取るための便利な図があります。それが**散布図**（scatter diagram）です。（「**相関図**」とも呼ばれます。）（図10.4.1a）

散布図10.4.1aの横軸は論理学テストの点数、縦軸は統計学テストの点数です。図の中には各学生の両テストの点数がプロットされています。たとえば学生6の論理学テストは70点、統計学テストは60点ですから、(70, 60) の座標に点がプロットされています。同様に、学生8の場合は（80, 90）の座標に点がプロットされています。

この図から読み取れるのは、横軸の値が小さいと縦軸の値も小さく、横軸の値

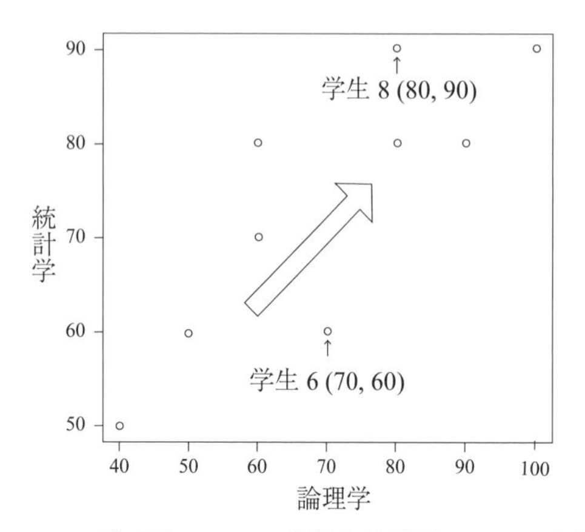

図 10.4.1a　論理学テストの点数と統計学テストの点数の散布図

が大きくなるにつれ縦軸の値も大きくなる傾向です。言い換えれば、論理学の点数が低い学生は統計学の点数も低く、論理学の点数が高い学生は統計学の点数も高くなるという傾向です。こうした傾向が見られるとき、論理学の点数と統計学の点数のあいだには**正の相関**があるといわれます。
「正の相関」は、散布図において点の集まりが全体的に「右上がり」になることで表されます（散布図の中の矢印）。

負の相関

次いで、10人の学生たちの論理学の点数と体育の点数に関するデータを見てみましょう（表10.4.1b）。

表10.4.1b

	1	2	3	4	5	6	7	8	9	10
論理学	40	40	50	60	60	70	80	80	90	100
体育	90	80	90	70	60	70	60	50	40	30

この表10.4.1bを眺めて気がつくことは、論理学の点数が低い学生は体育の点数が高く、論理学の点数が高くになるにつれ体育の点数が低くなるという傾向です（もちろんこのデータは架空のものです！）。この傾向も散布図で見たほうがよりはっきりとするでしょう（図10.4.1b）。

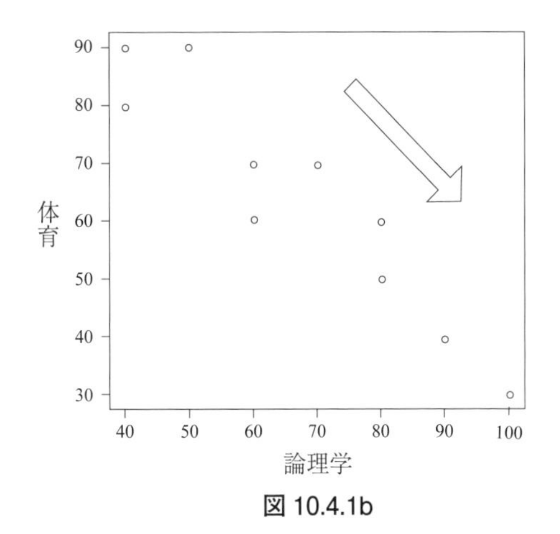

図10.4.1b

この散布図10.4.1bからは、横軸の値が小さい（論理学の点数が低い）ときに、縦軸の値が大きく（体育の点数が高く）、横軸の値が大きくなる（論理学の点数が高くなる）につれて、縦軸の値が小さくなる（体育の点数が低くなる）傾向が明確に見て取れます。こうした傾向が見られるとき、論理学の点数と体育の点数には**負の相関**があるといわれます。

「負の相関」は散布図において、点の集まりが全体的に「右下がり」になることで表されます（散布図中の矢印）。

無相関

最後に、10人の学生たちの論理学の点数と社会の点数に関するデータを見てみましょう（表10.4.1c）。

表10.4.1c

	1	2	3	4	5	6	7	8	9	10
論理学	40	40	50	60	60	70	80	80	90	100
社会	60	80	40	70	60	40	50	30	70	70

この表を眺めるかぎりでは、論理学の点数と社会の点数とのあいだには、正の相関もなければ負の相関もないように見えます。念のため散布図を描いておきましょう。

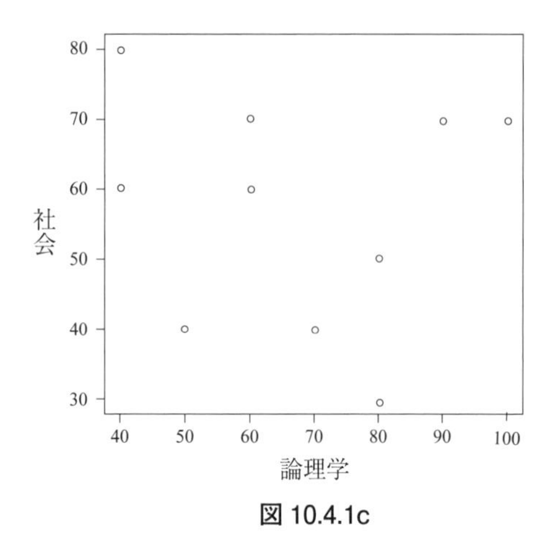

図 10.4.1c

2つの変数のあいだに相関がなければ、散布図上の点の集まりに関して「右上がり」の傾向も、「右下がり」の傾向も見られません。無相関のケースでは、図10.4.1cのように、むしろ各点は全体的に散らばっています。

10.4.2 共分散

相関係数と共分散

散布図は2つの変数の関係（相関）をはっきりと視覚化してくれる便利な道具ですが、関係の強弱を数値で表すことができれば、それにこしたことはありません。この要求を満たしてくれるのは**相関係数**（correlation coefficient）です。[9]

相関係数の定義式はやや複雑です。その理由は、定義式の中に**共分散**（covariance）と呼ばれる統計量が含まれるからです。

相関係数

変数x,yの相関係数r_{xy}は、xとyの共分散s_{xy}を、xの標準偏差s_xとyの標準偏差s_yで割った値である。[10]

---

[9] ふつう「相関係数」と言ったときには、考案者のカール・ピアソンの名にちなんだ「**ピアソンの積率相関係数**」のことを指します。

[10] xとyの共分散はs_{xy}という記号で表されるのが一般的です。より見やすいCov(x,y)という表記もありますが（covarianceの“cov”）、とくに標本（サンプル）の共分散が問題になるときはs_{xy}と表記されます。

相関係数 (r_{xy}) = 共分散 (s_{xy}) ÷ x の標準偏差 (s_x) ÷ y の標準偏差 (s_y)

これから一つひとつを順番に解説していくので少しばかり辛抱して下さい。

この定義式を見れば分かるように、相関係数を計算する前に、共分散と標準偏差の値を出しておく必要があります。しかし共分散とは何でしょう。

共分散とは

変数 x と y の共分散とは、相関係数と同様、x と y の関係の「度合い」を表す統計量の一つであり、具体的には、**x の偏差と y の偏差の積の平均**を指します。(関係の程度を表す指標として、なぜ共分散に加えて、相関係数が必要となるのかについては後で説明します。)

x の偏差とは、すでに見たように、変数 x の各観測値 x_i と x の平均 $\bar{x}$ との差 $(x_i - \bar{x})$ を指します。y の偏差は、変数 y の各観測値 y_i と y の平均 $\bar{y}$ との差 $(y_i - \bar{y})$ です。x と y の共分散は「x の偏差と y の偏差の積の平均」ですから、偏差同士の積である $(x_i - \bar{x}) \times (y_i - \bar{y})$ を観測値の個数 n 個分足し合わせて、それを n で割ります。

共分散

変数 x, y の共分散 s_{xy} は次のように定義される。(データは n 個の観測値の組 $(x_1, y_1), (x_2, y_2), \cdots, (x_n, y_n)$ からなるとする。)

$$s_{xy} = \frac{(x_1 - \bar{x})(y_1 - \bar{y}) + (x_2 - \bar{x})(y_2 - \bar{y}) + \cdots + (x_n - \bar{x})(y_n - \bar{y})}{n}$$

$$= \frac{1}{n}\sum_{i=1}^{n}(x_i - \bar{x})(y_i - \bar{y})$$

かなり面倒な計算ですね。相関係数にたどり着く前に息絶えてしまいそうです！　しかし、少し頑張って計算してみましょう。ここでは理解を確かなものにするために手計算しますが、概念をしっかりと理解してしまえば、あとはパソコンにやらせてもかまいません。(ただし、その手前の段階でパソコンに頼ってしまうのは避けましょう。)

あらかじめ述べておくと、**共分散は２つの変数のあいだに「正の相関関係」があれば正の値になり、「負の相関関係」があれば負の値になります。そして相関関係がなければ、ゼロに近い値になります。**このことを確認するためにいくつかの例題を解いてみましょう。

例題10.4.2A

5人の小学生が理科のテストと算数のテスト（両方とも20点満点）を受けた結果が次のようなデータとしてまとめられた（表10.4.2a）。理科の点数と算数の点数の共分散を求めよ。

表10.4.2a

	小学生1	小学生2	小学生3	小学生4	小学生5
理科の点数x	4	8	12	16	20
算数の点数y	8	4	16	12	20

◆例題10.4.2Aの解答と解説

手計算しやすいようにデータのサイズをわざと小さくしています。表10.4.2aを見ると――散布図を描くとよりはっきりとしますが――2つの変数xとy（理科の点数と算数の点数）のあいだには「正の相関」がありそうです。もしこの「予想」が正しければ、共分散は正の値になるはずです。

共分散を計算するためには、まず（0）理科と算数の平均をそれぞれ求めておく必要があります。というのも、偏差を求めるのに平均が要るからです。そのうえで（i）理科の偏差と算数の偏差をそれぞれ5人分計算し、（ii）それらの積を求め、さらに（iii）それらを足し合わせます。最後に、（iv）それ（偏差積の和）をデータサイズの5で割れば、共分散が得られます。こうして得られた共分散は「偏差積の平均」になっています。

（0）平均を求める

■ 理科の平均$\bar{x} = \frac{4+8+12+16+20}{5} = 12$

■ 算数の平均$\bar{y} = \frac{8+4+16+12+20}{5}=12$

（i）から（iv）までのステップは次のような表を使うと分かりやすいかもしれません（表10.4.2b）。

表10.4.2b

		ステップ (i)		ステップ (ii)
理科 x	算数 y	理科の偏差 $x_i - \bar{x}$	算数の偏差 $y_i - \bar{y}$	偏差の積 $(x_i - \bar{x})(y_i - \bar{y})$
4	8	−8	−4	32
8	4	−4	−8	32
12	16	0	4	0
16	12	4	0	0
20	20	8	8	64
				偏差の積の和 128 ステップ (iii)
				偏差の積の平均 $\frac{128}{5} = 25.6$ これが求める共分散！ ステップ (iv)

ステップ（i）から順に計算して、最後のステップ（iv）で共分散が算出されます（右端下のセル）。これより、理科の点数と算数の点数の共分散は25.6です。「予想」通り、正の値になりました。

例題10.4.2B

以下は、例題10.4.2Aの理科のデータに、同じ5人の小学生が受けた国語のテスト（20点満点）を加えたデータである（表10.4.2c）。理科の点数と国語の点数の共分散を求めよ。

表10.4.2c

	小学生1	小学生2	小学生3	小学生4	小学生5
理科の点数 x	4	8	12	16	20
国語の点数 z	16	12	8	12	7

◆ 例題10.4.2B の解答と解説

この表で見るかぎり、理科の点数と国語の点数とのあいだには「負の相関」がありそうです。もしこの予想が正しければ、共分散は負の値になるはずです。

計算自体は、先ほどの例題とまったく同じステップで行います。

(0) 平均を求める

- 理科の平均$\bar{x} = \frac{4+8+12+16+20}{5} = 12$
- 国語の平均$\bar{z} = \frac{16+12+8+12+7}{5} = 11$

(i)〜(iv) のステップは次の表10.4.2dを使って計算するとよいでしょう。

表10.4.2d

		ステップ (i)		ステップ (ii)
理科 x	国語 z	理科の偏差 $x_i - \bar{x}$	国語の偏差 $z_i - \bar{z}$	偏差の積 $(x_i - \bar{x})(z_i - \bar{z})$
4	16	–8	5	–40
8	12	–4	1	–4
12	8	0	–3	0
16	12	4	1	4
20	7	8	–4	–32
				偏差の積の和 –72 ステップ (iii)
				偏差の積の平均 $\frac{-72}{5} = -14.4$ これが求める共分散！ ステップ (iv)

これより、理科の点数と国語の点数の共分散は–14.4であることが分かりました。最初の予想通り、共分散は負の値になりました。

■ 練習問題10.4A

以下は、例題10.4.2Aの理科のデータに、同じ5人の小学生が受けた社会のテスト（20点満点）を加えたデータである（表10.4.2e）。理科の点数と社会の点数の共分散を求めよ。

表10.4.2e

	小学生1	小学生2	小学生3	小学生4	小学生5
理科の点数 x	4	8	12	16	20
社会の点数 k	7	14	10	8	11

10.4.3 相関係数

相関係数が必要である理由

いよいよ相関係数の登場です。しかし、2つの変数間の関係を記述するのに、なぜ共分散に加えて相関係数が必要なのでしょうか。

分散と同様、共分散の大きさは観測値の単位に依存してしまいます。たとえば、例題10.4.2Aにおいて「理科」と「算数」のテスト（20点満点）の点数の共分散を計算しましたが、その数値を、別の機会に同じ生徒たちが受けた「理科」と「算数」のテスト（100点満点）の点数の共分散と単純に比較することはできません。というのも、共分散は「偏差積の平均」ですから、観測値の単位が大きくなる（20点満点から100点満点になる）と——多くのケースで——偏差の積もそれに応じて大きくなるからです。これでは2変数のあいだに強い正の相関があるがゆえに共分散が大きくなっているのか、それともたんに観測値の単位が大きいがゆえに共分散も大きくなっているのか分かりません。

この問題点を解決してくれるのが相関係数です。xとyの相関係数はすでに前節の冒頭で触れたように、xとyの共分散をxの標準偏差とyの標準偏差で割った値です。これはふつう次のように書かれます。

相関係数

r_{xy}を変数x,yの相関係数、s_{xy}をxとyの共分散、s_xをxの標準偏差、s_yをyの標準偏差とすると

$$r_{xy} = \frac{s_{xy}}{s_x s_y}$$

この定義式のポイントは、xとyの共分散をxの標準偏差とyの標準偏差で割ることです。（「s_xとs_yの積（$s_x \times s_y$）で割る」と言っても同じことです。）これによって、xについてもyについても標準偏差を1に揃えることができ、xとyの単位の大きさに値が左右されることはなくなります。実際に、相関係数を計算することでこれを確かめてみましょう。

相関係数を計算する：「理科」と「算数」の場合

前節の例題10.4.2Aでは、小学生5人が受けた理科テストと算数テストの点数の共分散は25.6だということが示されました。この共分散の値から、「理科」と

「算数」の相関係数を計算するためには、理科の標準偏差と算数の標準偏差が必要ですから、それらをあらかじめ求めておきます。

■ 理科の標準偏差 $s_x = \sqrt{\frac{(4-12)^2+(8-12)^2+(12-12)^2+(16-12)^2+(20-12)^2}{5}}$

$$= \sqrt{\frac{64+16+0+16+64}{5}} = \sqrt{\frac{160}{5}} = \sqrt{32} \fallingdotseq 5.66$$

■ 算数の標準偏差 $s_y = \sqrt{\frac{(8-12)^2+(4-12)^2+(16-12)^2+(12-12)^2+(20-12)^2}{5}}$

$$= \sqrt{\frac{16+64+16+0+64}{5}} = \sqrt{\frac{160}{5}} = \sqrt{32} \fallingdotseq 5.66$$

理科の標準偏差と算数の標準偏差はともに5.66だと分かりましたので、これら（の積）で共分散25.6を割ります。

■ 理科と算数の相関係数 $r_{xy} = \frac{s_{xy}}{s_x s_y} = \frac{25.6}{5.66 \times 5.66} \fallingdotseq 0.8$

これで無事に両者の相関係数が0.8だと分かりました。

相関係数を計算する：「理科」と「国語」の場合

今度は同じく前節の例題10.4.2Bにおける「理科」と「国語」の相関係数を計算してみましょう。すでに共分散は–14.4であることが分かっているので、あとは理科と国語の標準偏差が分かればよいことになります。理科の標準偏差は先ほど計算したので、国語の標準偏差だけを計算します。

■ 国語の標準偏差 $s_z = \sqrt{\frac{(16-11)^2+(12-11)^2+(8-11)^2+(12-12)^2+(7-11)^2}{5}}$

$$= \sqrt{\frac{25+1+9+0+16}{5}} = \sqrt{\frac{51}{5}} \fallingdotseq 3.19$$

これで相関係数を算出できます。

■ 理科と国語の相関係数 $r_{xz} = \frac{s_{xz}}{s_x s_z} = \frac{-14.4}{5.66 \times 3.19} \fallingdotseq -0.8$

これより両者の相関係数は–0.8です。

相関係数の評価

相関係数の計算の仕方は分かりました。相関係数の値はすべて-1から1のあいだに収まります。（証明はしません。）しかし、その値をいったいどのように評価すればよいのでしょう。以下は、その評価の目安を示した表です（表10.4.3）。

表10.4.3

相関係数の値r		評価
正	負	
$0 < r \leq 0.2$	$-0.2 \leq r < 0$	ほとんど相関がない
$0.2 < r \leq 0.4$	$-0.4 \leq r < -0.2$	弱い（正／負の）相関がある
$0.4 < r \leq 0.7$	$-0.7 \leq r < -0.4$	中程度の（正／負の）相関がある
$0.7 < r \leq 1.0$	$-1.0 \leq r < -0.7$	強い（正／負の）相関がある

先ほど計算した理科テストの点数と算数テストの点数の相関係数は0.8でした。これは表10.4.3の左下のセル$0.7 < r \leq 1.0$の範囲に入っていることから、「理科の点数と算数の点数とのあいだには**強い（正の）相関がある**」と主張することができます。また、理科テストの点数と国語テストの点数の相関係数-0.8は、$-1.0 \leq r < -0.7$の範囲に入っていますので、「理科の点数と国語の点数とのあいだには**強い（負の）相関がある**」と結論できます。

相関係数とその評価について考える

さて、いま見たことを論理的な観点から捉え直してみましょう。私たちは与えられた2変数のデータから、いくぶん面倒な計算過程を経て、相関係数を算出しました。相関係数rは、$-1 \leq r \leq 1$の範囲で値をとります。一般に、rが1に近づくほど正の相関は強くなり、-1に近づくほど負の相関は強くなります。また、rが0に近づくほど（正または負の）相関は弱くなります。相関の強弱のこうした目安は表10.4.3にまとめられました。

注意しなければならないのは、**相関係数はたんなる数値であり、それを評価するのは私たちである**ということです。相関係数は、いったんその定義が認められれば、データから演繹的に導出されます。それに対して、「相関関係の強弱」は相関係数の値から演繹的に導出されるわけではありません。「強い相関」や「中程度の相関」や「弱い相関」といった概念は**質的概念**であり、それらは相関係数という**量的概念**と必然的に結びつくものではないからです。

先の表では、相関係数rが0.7よりも大きい場合は「強い正の相関がある」とされましたが、「なぜ0.8や0.9ではなく0.7なのか」といった問いに対しては、「そのように評価するのが慣例であるから」としか答えようがありません。もちろん私は、相関係数の質的な評価が「まったく恣意的だ」と言っているわけではありません。それは有用な「目安」として機能しています。しかしながら、相関係数がしかじかの値であるという前提から、「相関は強い／弱い／ほとんどない」といった結論を導く論証に、演繹的な妥当性を期待するのは誤りです。

相関関係についてのもっともシンプルな論証形式を次のようにまとめておきます。

〔論証形式10.4〕

前提1　2変数x, yからなるデータがある。

前提2　xの観測値は$x_1, x_2, \cdots, x_n$である。

前提3　yの観測値は$y_1, y_2, \cdots, y_n$である。

……いくつかの計算過程を経て……

前提4　xとyの相関係数はrである。（中間結論）

結論　xとyのあいだには強い（中程度の、弱い）相関がある／ほとんど相関がない。（主結論）

この論証形式に即して、上で述べたことをもう一度述べ直してみましょう。前提1, 2, 3から前提4を導くのは数学です。ここでは相関係数の定義とそれに関連する諸定義を認めれば、たとえば$r = 0.75$といった値は演繹的に導くことができます（「中間結論」）。しかし、その前提4から結論（「主結論」）を導出するとき、そこにはある種の「飛躍」が見られます。そこではある量的概念からある質的概念を導くリスキーな推論がなされているのです。

主にここでは、**0.75や0.4といった量の中に「強い」や「弱い」といった質的概念は含意されない**という意味で、前提から結論の導出は確実ではないと述べました。（たとえば心理学では0.75は「強い」と解釈されても、医学では0.75は「弱い」と解釈されるかもしれません。）

しかし、この種の論証がリスキーである理由はそれだけではありません。リスキーであることのもう一つの理由は、**相関係数に関する前提がすべて真であっても、相関の強弱に関する結論が偽であるかもしれない**からです。実際、相関係数が1に近い値をとっても、「ほとんど相関がない」と結論すべきケースは存在します。[11] ゆえに、相関係数から質的概念（相関の強弱）を導くときには、散布図を描くなどして、複数の観点から確認をとる必要があります。

■ 練習問題10.4B

練習問題10.4Aにおいて小学生5人が受けた理科のテストと社会のテストの点数における共分散は1.6であることが分かった。(a) この共分散の値から、「理科」と「社会」の相関係数を計算しなさい。また、(b) その値を表10.4.3に従って評価しなさい。

10.4.4　相関と因果

「データ一元論」としての記述統計学

多くの統計学の教科書では、相関について一通り解説した後に、**「相関と因果」**（correlation and causation）といったタイトルで短い考察が加えられます。きまってそこでは**相関関係と因果関係との混同**が戒められます。標準的な議論に入る前に、科学哲学／哲学史的観点から相関と因果の問題を考えてみたいと思います。

哲学的に見れば、**記述統計学は「データ一元論」の立場（実証主義）に立つ方法論**と見なすことができます。[12] それは「データの背後に、それ自体は直接的には観察できないけれども、それらのデータを生成しているメカニズムがある」という考え方を排除します。

因果がそうしたメカニズムの一つであるとすれば、記述統計学者にとって、因果は科学とは無縁の「形而上学的原理」にすぎないことになります。実際、記述統計学の完成者として知られるカール・ピアソン（1857–1936）は、因果を**「迷信の対象」**（fetish）と考えていたほどです。もし「説明」という語が、「原因」と「結果」というタームで現象を明らかにする知的営為を指すのであれば、ピアソンにとって「科学の目的は説明ではない」ことになります。（前章で紹介したジョン・スチュアート・ミルの時代から約半世紀が経っていることに注意して下さい。）

このことから、「そもそも**記述統計学は因果には関心を向けない**」と言い切る論者もいます。ゆえに、「相関」を「因果」と結びつけること自体が、記述統計

---

[11]　データの中に外れ値がある場合、そうしたことが起こりえます。また逆に、相関係数が0に近い値をとったとしても、「何らかの相関がある」と言いうるようなケースもあります。（たとえば「曲線相関」。）

[12]　大塚（2020: 18–19）を参照。「データ一元論」という表現は大塚から借りています。

学の「哲学」を理解していないのだと。[13]

因果の問題をこのような仕方で切り捨てることはおそらく可能でしょう。[14] それが望ましいか否かは別として、相関の話題から因果を排除すると、話がすっきりするという利点もあります。

「相関は因果ではない」という命題について

とはいえ、私たちが相関の中に因果を読み取ってしまう「思考の癖」をもつことは否定しがたい事実です。まずは、このことを確認しながら、「**相関は因果ではない**」(Correlation is not causation) というよく知られた命題が正しいことを確認しましょう。

以下では、「相関は因果ではない」という真理を示すためにしばしば引き合いに出される3つの事例、(i) **第3の変数**(交絡因子)、(ii) **逆の因果**、(iii) **たんなる偶然**について簡単に解説します。

(i) 第3の変数(交絡因子)

あなたはある小学校の1年生を対象にした体力テストの点数と学力テストの点数のデータを手にしています。それらを散布図にしてみると、**体力テストの点数が高い生徒ほど学力テストの点数も高い**傾向が見て取れました。2つの変数のあいだの相関係数を計算したところ0.7という値が得られたとします。これは体力テストと学力テストとのあいだに「**強い相関**」があることを示しています。

以上の結果からあなたは次のように考えました。子どもたちの体力が学力に影響を与えているに違いない、と。つまり子どもたちの体力アップは、学力アップの原因となっているはずだ、と。[15]

あなたの推論は、**変数X**(体力テストの点数)**と変数Y**(学力テストの点数)**とのあいだに相関が見られることから、2つの変数のあいだに因果関係が成立していると結論しています**。あなたの推論の問題点は、変数Xと変数Yの双方に作用しているかもしれない「**第3の変数Z**」の可能性を見落としている点です。たとえ

---

[13] 実を言えば、このことは記述統計学のみならず、推測統計学にも当てはまります。ただし、推測統計学は観測されるデータの背後に、それらのデータを生成する、それ自体は観察できない母集団・確率分布を想定する点において、データ一元論の記述統計学とは区別されます。とはいえ、通常は推測統計学も「因果」には言及しません。

[14] 哲学者のバートランド・ラッセルは、これとは別の仕方で、「科学にとって因果は不要である」と説きました。

[15] この例は中室・津川(2016)に負っています。

ばこの事例では、「親の教育熱心さ」が体力テストの点数と学力テストの点数の双方に影響を与えているかもしれません。たしかに小学1年生の段階では、親の教育熱心さ（体操教室やスイミングクラブに通わせたり、通信教材を購読していたりすること）が体力テストと学力テストに直接反映されると考えるのは自然です。こうした第3の変数は「**交絡因子**」(confounder）と呼ばれます（図10.4.4a）。

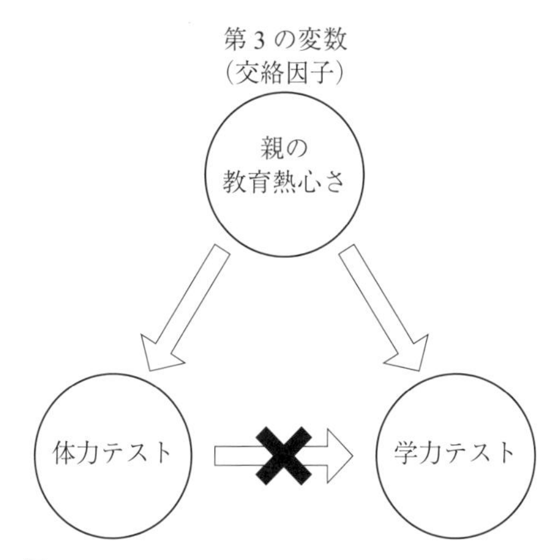

図 10.4.4a（図中の矢印は因果関係を表すとします。）

もしあなたが相関関係と因果関係を混同し、子どもの学力を上げるために、子どもに体力をつけさせようとしても無駄な努力に終わってしまうでしょう。

(ii) 逆の因果

あなたは、都道府県別の人口10万人あたりの警察官の数Xと犯罪発生率Yに関するデータを分析し、人口10万人あたりの警察官の数が多いほど、犯罪発生率も高いことに気がつきました。実際、2つの変数XとYのあいだには強い正の相関があることが分かりました。このことから、あなたは「警察官の存在が犯罪を増やす」という結論を導きました。

この推論も、相関関係と因果関係を混同しているように見えます。この事例の問題点は、「警察官の存在が原因となって犯罪発生率の上昇という結果が生じる」という因果関係のみをフォーカスし、その**逆の因果関係**、すなわち「犯罪発生率の上昇が原因で警察官の増員という結果が生じる」という可能性を見落としている点にあります。そして実際には、この「逆の因果」のほうが正しいかもしれません（図10.4.4b）。

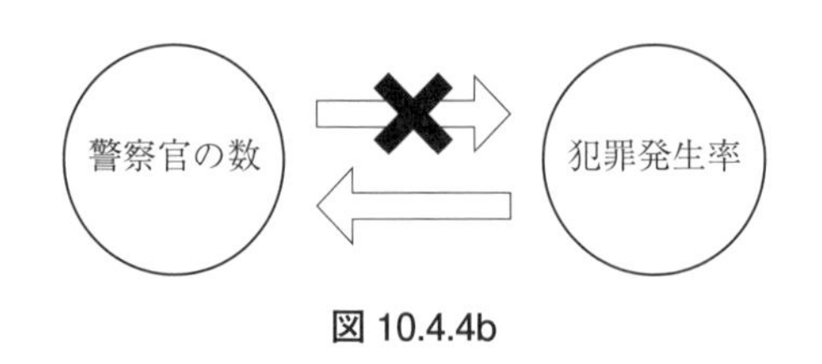

図 10.4.4b

因果関係とは違って、相関関係には「向き」がありません。これは相関係数の定義式を見ても明らかでしょう。（分子は偏差の積の平均ですが、一般に積については交換法則 $x \times y = y \times x$ が成り立ちます。分母も標準偏差の積ですから同じです。）つまり、「xが大きいほどyも大きくなる」と言っても、「yが大きいほどxも大きくなる」と言っても同じことなのです。これに対し、因果関係にとっては「向き」が重要です。一般に、「xが大きいがゆえにyも大きくなる」が言えるならば「yが大きいがゆえにxも大きくなる」とは言えません。つまり、因果関係は対称的な関係ではありません。

(iii) たんなる偶然

あるデータの分析により、「1年間の地震の発生回数」と「犬が人を噛む事故の件数」とのあいだには相関関係があることが分かりました。（地震発生件数が多い年ほど、犬が人を噛む事件も多くなる傾向が見られる。）このことから、「地震の発生が犬を凶暴にする」と結論するのは無理があるでしょう。相関関係は2つのまったく関連のない変数間にも成り立ってしまうのに対し、因果関係が関連のない変数間に成り立つことはありません。この事例では、たとえ相関関係があるとしても、それは「**たんなる偶然**」である可能性が高いでしょう。たんなる偶然で成り立っている相関関係（「見せかけの相関」）は因果関係ではありえません。

「第3の変数」、「逆の因果」、「たんなる偶然」の事例はどれも説得的であり、「相関は因果ではない」という命題を支持する根拠としては異論を差しはさむ余地はなさそうです。

因果関係への手がかり

それではどのようなデータが観測されたときに、変数xとyのあいだに因果関係が成立していると主張できるのでしょうか。あるいは、あえて次のように問うこともできます。相関関係にいったい何が加われば因果関係になるのか、と。

この問いは古くから哲学の難題の一つとして知られており、本書の範囲内で満足のいく解答が得られるような問いではありません。したがって、以下の議論は甚だ不完全なものですが、それでも因果関係に迫る何らかの「手がかり」にはなるはずです。

私の印象では、近年統計学者たちのあいだでも「因果アレルギー」とでも呼びうるメンタリティーが徐々に薄れてきているように見えます。統計学者たちにとって「相関には言及しても、因果については何事も主張しない」といった禁欲的な態度はすでに過去のものになりつつあるのかもしれません。[16]

因果関係に積極的に取り組もうとする統計学者は次のような対比を行います。[17]

（1）2つの変数xとyのあいだに、一方の変数の値が大きい（または小さい）ときに他方の変数の値も大きい（または小さい）といった直線的な関係がある。

（2）変数xの値を大きく（または小さく）したときに変数yの値も大きく（または小さく）なる。

（1）の関係が成り立つことは、（2）の関係が成り立つことを含意しないことは先ほど述べました。たとえば、あるクラスの子どもたちの体力テストと学力テストとのあいだに、体力テストの値が大きいときに学力テストの値も大きいことが成り立っていても、いざ子どもたちを鍛え上げて体力テストの値を大きくしたときに、彼の学力テストの値も大きくなるかどうかは分かりません。

（1）の関係は相関関係であるのに対し、ふつう（2）のような関係は**「処置－効果関係」**（treatment-effect）と呼ばれます。最近の論者は、処置－効果関係と因果関係とを積極的に同一視しようとする傾向にあります。

しかし、はたして因果関係は処置－効果関係のことであると言ってよいのでしょうか。これに懐疑的な人は、（2）は次の（3）にはまだ至っていないと説く

[16]　J. パールは従来の統計学に対して次のような不満を述べています。「とはいえ、これらのテクニック〔実験デザイン、パラメーター推定、仮説検定〕のねらいはつねにデータを記述することであり、データ生成のプロセスを記述することではない。多くの統計学の本には索引に “causal” や “causation” などの用語さえ載っていない。」そのうえで彼は断言します。「しかしながら、多くの統計的推論の中心にある根本的な問いは、因果的な問いである」（J. Pearl, M. Glymour, N. P. Jewell, Causal Inference in Statistics: A Primer, Wiley, 2016: xi–xii. 落海浩訳『入門 統計的因果推論』朝倉書店、2019年：iii 頁）。

[17]　立森久照「因果推論ことはじめ」、岩波データサイエンス刊行委員会編『岩波データサイエンス Vol. 3——［特集］因果推論——実世界のデータから因果を読む』岩波書店、2016年：10頁

でしょう。

(3) 変数xの値が大きく（または小さく）なったから／なったので／なったゆえに変数yの値も大きく（または小さく）なった。

「処置－効果」と「因果」を同一視することに慎重な人は、(3) こそが因果関係を表現する命題であり、(2) は (3) を必ずしも含意するものではないと主張します。

次のような事例を考えましょう。ある会社が2020年に、在宅勤務の割合を増やした結果、売り上げも増えたとします。この事例では、「在宅勤務の割合」という変数と「売り上げ」という変数とのあいだに、正の相関関係だけでなく、処置－効果関係も成り立っていると思われます。しかしながら、ここからただちに「在宅勤務の割合が増えたから売り上げも増えた」と結論することはできません。なぜなら、「他の変数が原因となって売り上げ増という結果が生じた」可能性を排除できないからです。もしかすると、新型コロナウイルスによる「巣ごもり需要」で売り上げが伸びただけかもしれませんし、あるいは2020年に発売した新製品が優れていたので売り上げが伸びたのかもしれません。あるいは、同業他社が評判を落としたことがその会社の売り上げ増を引き起こした可能性もあります。

ランダム化比較試験

処置－効果関係から因果関係を推論する方法として、現在もっとも有力視されているのは**「ランダム化比較試験」**（RCT: randomized controlled trial）です。RCTでは、ランダムに抽出されたメンバーから成る2つのグループを作り、一方のグループ（**処置群**）にはある介入を行い、他方のグループ（**対照群**）には介入を行わないという実験が行われます。たとえば、ワクチンの効果を確かめたいときに、つまり実際にワクチンを接種したがゆえにある感染症に感染しにくくなったことを検証したいときに、RCTの手法が使われます。この事例では、処置群にワクチンを与え、対照群にはプラセボ（生理食塩水など）を与えるという実験がなされます。その後、2つのグループの当該の感染症に関する感染状況が比較され、処置群の感染率が対照群の感染率と比べて「有意に」低いということが示されれば、そこから「ワクチン接種が感染を妨げる原因となった」という因果関係が推論されます。

RCTでとくに重要となるのは、**比較可能なグループを作る**ということです。すなわち、**ワクチンを接種したという属性を除いて、性別、年齢、既往歴といった他のすべての属性の分布がきわめてよく似た2つのグループを作る**ことです。これがうまくいけば、ワクチン接種以外の変数が原因となった可能性はおおかた排除できますから、かなりの確からしさで処置－効果関係から因果関係を推論できると考えられるのです。

「反事実」という概念

このような因果推論を支えている基本的なアイディアとは何でしょうか。興味深いことに、そのアイディアの記述には「**反事実**」(counterfactual) と呼ばれる形而上学的な概念が登場します。

「*x*の値が変化したゆえに*y*の値が変化した」という因果命題を検証するためには、*x*の値を変化させた**事実**が*y*にもたらす結果と、*x*の値を変化させなかった**反事実**が*y*にもたらす結果を比較しなければなりません。先ほどの例を使えば、ある会社が2020年に在宅勤務の割合を増やした**事実**が売り上げにもたらした結果と、同じ会社が同じ年に在宅勤務の割合を変えなかった**反事実**が売り上げにもたらした結果を比較するということです。もし、事実的状況において売り上げが増え、反事実的状況において売り上げが増えなかったとすれば、売り上げの増加という「**違い**」をもたらしたのは、在宅勤務の割合の増加しか考えられません。つまり売り上げ増加の原因は、在宅勤務の割合の増加しかないということです。というのも、反事実における会社は、在宅勤務の割合という一点だけを除いて、事実における会社とまったく同じ会社だからです。

ところが実際には、**事実と反事実との比較などできるはずもありません！** 2020年にある会社が在宅勤務の割合を増やしたということが事実であるならば、同時期に同じ会社が在宅勤務の割合をそのままにするということは起こらなかったこと（反事実）になります。反事実は定義上、起こらない（起こらなかった）ことであり、そもそも観察のしようがないのです。

このアイディアをよく理解できない人がいるかもしれないので、もう一つ分かりやすい例を出しましょう。あなたは「喫煙が原因で癌になった」と医者に言われました。この命題を厳密な意味で検証するためには、あなたが現におかれている事実的状況（喫煙してきた末に癌という結果が生じた）と、反事実的状況（喫煙してこなかった末に生じた結果）を比較しなければなりません。反事実的状況において、あなたが癌にならなかったとすれば、「違い」をもたらしたのは喫煙しか考えられないので、あなたの癌の原因は喫煙だということになります。ところが反事実的状況においても（つまり、あなたが喫煙していなくても）、あなたが癌になっていたとすれば、その原因は喫煙ではないことが示されたことになります。しかし、繰り返しますが、反事実的状況は実際に起こったことではないので観察不可能です。1970年代に因果推論を体系化した統計学者ドナルド・ルービンおよびその支持者たちは、これを「**因果推論における根本問題**」と呼びました。

ここでようやく私たちは、RCTに代表される現代の因果推論を下支えするアイディアを適切に表現することができます。それは「**反事実にできるだけ近い状況を現実世界の中で意図的に作り出す**」というアイディアです。このアイディアにもとづき、処置群がもし介入（処置）をされていなかったらどうなっていたかという状況（反事実に近い状況）を、対照群によって人為的に作り出し、そこから得られたデータを処置群のデータと突き合わせて因果関係を推論するのです。

ワクチンを投与された人たち（処置群）について、もし彼らがワクチンを投与されていなかったらどうなっていたのかを実際に観察することはできません。なぜならそれは反事実だからです。しかし、彼らとよく似た属性をもつ人たち（対照群）を集めて、ワクチンではなく、生理食塩水を投与すれば、反事実に近い状況を現実世界の中に作り出すことはできます。そして、その状況は実際に観察することができます。この対照群に関するデータは、いわば反事実の「観察されえないデータ」の代用品なのです。

最後に付け加えておくと、哲学では、因果と反事実との関連にはじめて（明確な仕方で）言及したのは、スコットランドの哲学者デイヴィッド・ヒューム（1711-1776）だとされます[18]。しかし、ヒューム自身はこの関連を掘り下げて考察することはありませんでした。20世紀に、これを「**反事実条件法理論**」（counterfactual theory）と呼ばれる哲学的因果論として復活させたのはアメリカの哲学者デイヴィド・ルイス（1941-2001）です。奇しくもルービンとルイスは、同じ1970年代に「反事実」と「因果」を結びつける理論を――前者は統計学において、後者は哲学において――互いに独立に構築することになりました。

ルイスは反事実的条件文（「もしcが起きなかったならば、eは起きなかっただろう」）を**可能世界**（possible worlds）という概念を用いて分析しました。先ほど考察したRCTのアイディアをルイス風に述べ直せば、「現実世界の中に、可能世界の代替

[18] 興味深いことに、ヒュームは彼のよく知られた規則性理論（regularity theory）と一緒に、反事実条件法理論（counterfactual theory）を提示しました（ヒューム 2004: 69）。しかし今日、これら二つの理論はまったく別の理論だと考えられています。

物を人為的に作り出す」ということになるかもしれません。それはともあれ、「因果推論」および「因果概念」は、統計学と哲学において、いまなお活発に議論されている主題であることを強調して、本章を終えることにします。

文献案内

統計学については日本語で読むことができる良書がたくさん存在します。とくにお薦めしたいのは心理学者が書いた教科書である山田・村井（2004）および南風原（2002）です。前者はとても分かりやすく、後者はかなり本格的です。統計学の「哲学」に関心がある人は、三中（2018）と大塚（2020）をぜひ読んでみて下さい。前者は科学哲学に造詣の深い生物学者による教科書であり、後者は哲学者による本邦初の「統計学の哲学」です。両書ともに多くの洞察を含んでいます。「相関と因果」および統計学者による因果推論に興味をもった人には、初学者向けに分かりやすく書かれた中室・津川（2017）と伊藤（2017）がお薦めです。

練習問題の解答と解説

■ 練習問題10.1の解答

(a) 度数分布表

階級	度数
15万円以上20万円未満	8
20万円以上25万円未満	6
25万円以上30万円未満	3
30万円以上35万円未満	2
35万円以上40万円以下	1
合計	20

階級は5万円ごとに区切りました。

(b) ヒストグラム

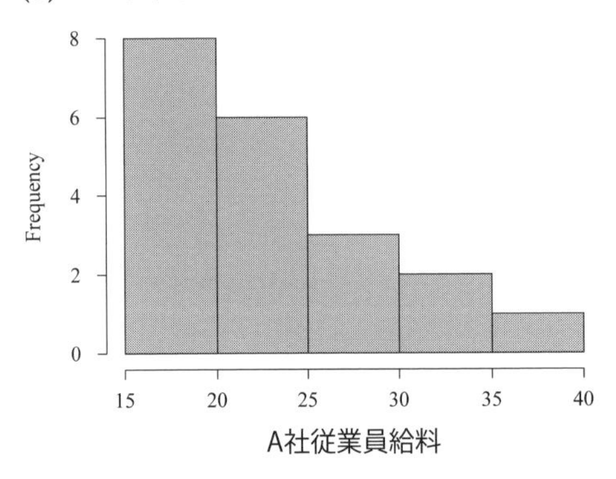

このヒストグラムを見るかぎりでは、「若手」が多い会社のようにも見えますし、かなり「ブラック？」な体質の会社のようにも見えます。

■ 練習問題10.2の解答

(a) このデータには、外れ値、すなわち他の観測値に比べて極端に小さい値5が含まれており、この外れ値が平均を押し下げています。その結果、調査対象となった6人中5人の得点が平均点60を上回るという奇妙な現象が生じています。したがって、平均点60は6人の得点データを代表する数値であるとは言いがたく、この平均点を根拠にして「心理学演習の履修者の点数はおおよそ60点だった」と結論することは確からしくありません。

(b) 平均の代わりに中央値を使って数値要約をします。最初に得点データを小さい順に並べ替えます。

5, 65, 65, 70, 75, 80

観測値の数は6つ（偶数）ですから、「真ん中」に来る65と70の平均をとって、67.5がデータの中央値です。この中央値67.5の方が、平均60よりも、このデータを要約する代表値として相応しいと言えます。

■ 練習問題10.3Aの解答

ハナコの国語のz値と理科のz値を計算して比較します。

国語の z 値$=\frac{60-50}{10}=1,$　　理科の z 値$=\frac{65-50}{20}=0.75$

国語のz値の方が理科のz値よりも大きいので、国語の学年順位の方が理科の学年順位よりも高いと言えます。（点数の分布が正規分布に近く、国語と理科の分布のかたちが似ていれば、この論証はほぼ演繹になります。）

■ 練習問題10.3Bの解答

キヨコの数学テストと国語テストの点数に関して、まずはそれぞれのz値を求めます。次にそれらのz値から偏差値を計算します。

キヨコの数学テストのz値 $=\frac{60-40}{12}\fallingdotseq 1.67$

キヨコの数学の偏差値$=1.67\times 10+50=66.7$

キヨコの国語テストのz値 $=\frac{70-50}{16}=1.25$

キヨコの国語の偏差値$=1.25\times 10+50=62.5$

これより (a) キヨコの数学の偏差値は66.7であり、(b) 国語の偏差値は62.5です。

■ 練習問題10.3Cの解答

(a) 調整後の平均は$40 + 20 = 60$（点）になります。また、調整後の分散は25点のままです。（標準偏差は5点のままです。）

(b) 調整後の平均は$40 \times 2 = 80$（点）になります。また、調整後の分散は$25 \times 2^2 = 100$になります。（標準偏差は$5 \times |2| = 10$（点）です。もちろん分散から$\sqrt{100} = 10$と計算してもかまいません。）

(c) 調整後の平均は$40 \times 2 + 5 = 85$（点）になります。また、調整後の分散と標準偏差は (b) のケースと同じになります。（定数を加えても、分散および標準偏差は変わりません。）

■ 練習問題10.3Dの解答

偏差値とは、z値を10倍して50を加えた値ですから、z値を線形変換したものです（偏差値 $= 50 + 10 \times z_i$）。いまz値の平均は0、分散は1ということが分かっています。データの線形変換の性質を使うと、各z値に50を加えると、その平均は50だけ増えるので$0+50 = 50$です。したがって、偏差値の平均は50です。（平均0を定数倍しても0なので、10倍という変換は無視できます。）標準偏差に関しては、z値を10倍すると、変換後の分散は10^2倍になります。ということは、変換後の標準偏差は$\sqrt{10^2} = 10$倍になります。（最初から標準偏差は$|10|$倍としてもかまいません。）z値の分散は1でしたから、結局のところ、偏差値の標準偏差は$1 \times 10 = 10$です。（なお、50を加える変換は、標準偏差に関しては無視できます。）

■ 練習問題10.4Aの解答

最初に相関の有無について予想を立てましょう。表を見るかぎりでは理科と社会とのあいだには相関はほとんど見られません。そのことを念頭におきつつ、共分散の計算に取り掛かりましょう。

（0）平均を求めます。

- 理科の平均$\bar{x} = \frac{4+8+12+16+20}{5} = 12$
- 社会の平均$\bar{k} = \frac{7+14+10+8+11}{5} = 10$

（i）〜（iv）のステップは次の表で計算します。

表10.4.2f

		ステップ(i)		ステップ(ii)
理科 x	社会 k	理科の偏差 $x_i - \bar{x}$	社会の偏差 $k_i - \bar{k}$	偏差の積 $(x_i - \bar{x})(k_i - \bar{k})$
4	7	−8	−3	24
8	14	−4	4	−16
12	10	0	0	0
16	8	4	−2	−8
20	11	8	1	8
				偏差の積の和8 ステップ(iii)
				偏差の積の平均 $\frac{8}{5} = 1.6$ これが求める共分散！ ステップ(iv)

これより理科の点数と社会の点数の共分散は1.6です。これは正の値ですが、0に近い値になっています。このことから、2つの変数のあいだに「相関関係はほとんどない」という当初の見立ては確からしいと言えるでしょうか。

残念なことに、10.4.3節で解説する**相関係数とは違い、共分散では、値がこの範囲にあれば「相関なし」と判定できるという基準がありません**。とはいえ1.6という値は、先の2つの例題で求めた、理科と算数の共分散25.6、および理科と国語の共分散−14.4と比べると、0に近い値になっていることは確認できました。

■ 練習問題10.4Bの解答

(a) すでに分かっている共分散1.6の値から、「理科」と「社会」の相関係数を計算しておきましょう。「理科」の標準偏差5.66はすでに計算済みですから、まずは「社会」の標準偏差を計算します。

「社会」の平均は $\bar{k} = \frac{7+14+10+8+11}{5} = 10$ でしたから、

■　「社会」の標準偏差 $s_k = \sqrt{\frac{(7-10)^2+(14-10)^2+(10-10)^2+(8-10)^2+(11-10)^2}{5}}$

$$= \sqrt{\frac{9+16+0+4+1}{5}} = \sqrt{\frac{30}{5}} = \sqrt{6} \fallingdotseq 2.45$$

次に、「理科」の標準偏差5.66、「理科」と「社会」の共分散1.6を使って相関係数を計算します。

■　「理科」と「社会」の相関係数$r_{xk} = \frac{s_{xk}}{s_x s_k} = \frac{1.6}{5.66 \times 2.45} \fallingdotseq 0.12$

(b) 理科の点数と社会の点数の相関係数は約0.12だと分かりました。ここで計算された相関係数の値0.12は、表10.4.3の左上のセル$0 < r \leq 0.2$の範囲に入りますから、「理科の点数と社会の点数のあいだには**ほとんど相関がない**」と評価されます。（これは予想通りの評価です。なぜなら練習問題10.4Aは「（直観的には）相関がほとんど見られない事例」を扱っていたからです。）

あとがき

最近、「論破」という言葉をよく耳にします。正確にどのような意味で用いられているのかは不明ですが、文字通りに取れば、相手の論証を議論によって打ち破るということでしょう。こうした言葉がブームになるのはたいへん結構なことです。なぜならそれは、意見を異にする相手の論証を「暴力」でねじ伏せたり、「感覚」や「感情」に訴えて撤回させたりするのではなく、あくまで「論理」によって物事を解決することを志向しているように見えるからです。

しかしながら、相手の論証を完全に打ち負かすような「ノックダウン・アーギュメント」は——純粋な演繹論理を除けば——きわめて稀です。とくに私たちの社会にとって重要な主題（自由・平等・正義・幸福といった主題、およびそれらに関連する多くの主題）に関して、唯一正しい論証など存在しません。そうした主題については、——明らかに「うまくいっていない」論証はあるにせよ——ある程度確からしく、かつ互いに対立し合う論証をつねに複数個提示できるからです。したがって、「論破」という言葉を好んで使っている人が、議論（討論）においても、スポーツと同様に「勝ち負け」が決まると考えているとすれば、それはやや素朴だと言わざるをえません。

このように述べると、「結局は論理ってたいしたことないんだね」という声が聞こえてきそうです。たしかに、「論敵」を完全にねじ伏せることなどできないという意味で、その力はかぎられているのかもしれません。それでも、論理にできること、そして論理にしかできないことが数多く存在することは強調されるべきでしょう。私たちが本書の中で見たように、自分の主張（結論）は何であるのか、意見を異にする相手の主張は何であるのか、それらをサポートする根拠（前提）は何であるのかを明確にする「論証分析」、自分や相手の論証の根拠は適切なものなのか、それはどれくらい強く主張をサポートするのかを見積もる「論証評価」は、それなしでは議論がはじまらないほど基礎的なものです。同様に、議論する相手が、そこで問題となっている諸概念をどのように理解しているのか、すなわち、いかに「定義」しているのかを把握することも、議論のすれ違いを防ぐために不可欠です。また、入手可能な選択肢の中で最良の仮説を選択する諸基準や、仮説から予測を導きそれを経験的にテストすることで当の仮説を確証するといった考え方に親しむことは、既存の論証を鵜呑みにしない批判的な態度を涵養します。さらに、与えられたデータから相関関係や因果関係を推論する方法を学ぶことによって、公共的な意思決定をめぐる議論に、より主体的な仕方で参加できるようになるはずです。このように、論理は、意見を異にする相手との生産的な対話を、様々なレベルで可能にしてくれるのです。

こうした論理の力が、私たちの民主主義にとってとりわけ重要であることは明らかでしょう。なぜなら民主主義は異なる諸意見を許容し、合意形成に努める体制だからです。（独裁や専制にとって論証は必要ありません。そうした体制はそもそも異なる意見を許さず、たとえそうした意見があったとしても暴力で黙らせればよいのですから。）むろん論証によってつねに合意形成がなされると考えるのはあまりに楽観的ですが、そこに到達するための下地を作るという意味で論理の貢献は決して小さくないのです。

この本を書くにあたって、多くの人たちのお世話になりました。まずは、「論理に関する教科書を出したい」という私の突然の申し出を快諾して下さった新曜社の高橋直樹さんと原光樹さんにお礼申し上げます。出版のあてもなく書き溜めた原稿を引き取ってくれたのは彼らに他なりません。次いで感謝の言葉を述べたいのは、このコロナ禍の中で忍耐強くリモート講義を受けてくれた九州大学の学生さんたちです。「はじめに」の中でも触れたように、本書は2020年度前期および後期に行った講義「哲学と論証」を下敷きにして作られた、コロナ禍の「副産物」です。慣れないZoomでの遠隔授業ではありましたが、熱心な受講者たちに恵まれました。とくに様々な質問や意見を出してくれた哲学・哲学史研究室の学生諸君に感謝申し上げます。最後に、妻の陽子と息子の正剛にもお礼の言葉を述べさせて下さい。妻からは、日常的な紛争（ようは夫婦喧嘩のことですが……）を解決する際には、論理だけでは十分でないことをいつも教わっています。小学2年生の息子は、私の論証――「ゲームをやる前に宿題を終わらせたほうがよい」という結論をサポートしようとする論証――に堂々と反論できるようになりました。私たちはつねに合意に達するわけではありませんが、怒鳴ったり泣き叫んだりする段階を越えて、「対話」ができるようになったことを嬉しく思います。

本書の続巻『論証の教室〔基礎編〕』では、「数学における論証（証明）」、「確率を含む論証」、「意思決定理論における論証」、「推測統計学における論証（仮説検定）」といったトピックスを扱っています。それほど間をおかずに出版される予定ですので、本書の内容に興味をもった人、あるいは本書の内容に物足りなさを感じた人はぜひ手に取ってみて下さい。

2022年1月10日

新型コロナウイルスの第6波に備える福岡にて

倉田　剛

参考文献

Copi, I. M., Cohen, C., McMahon, K. (2016) *Introduction to Logic*, 14th Edition, Routledge.

Hacking, I. (2001) *An Introduction to Probability and Inductive Logic*, Cambridge University Press.

南風原朝和 (2002)『心理統計学の基礎――統合的理解のために』有斐閣アルマ

Harman, G. (1965) "The Inference to the Best Explanation," *Philosophical Review*, 74: 88–95.

Hempel, C. (1965) *Aspects of Scientific Explanation and Other Essays in the Philosophy of Science*, The Free Press.

D. ヒューム (2004)『人間知性研究』斎藤繁雄・一ノ瀬正樹訳、法政大学出版局

Hurley, P. J. and Watson, L. (2017) *A Concise Introduction to Logic*, 13th Edition, Wadsworth.

伊勢田哲治・戸田山和久ほか編 (2013)『科学技術をよく考える――クリティカルシンキング練習帳』名古屋大学出版会

伊藤公一朗 (2017)『データ分析の力――因果関係に迫る思考法』光文社新書

伊藤邦武 (2016)『プラグマティズム入門』ちくま新書

Johnson, G. (2016) *Argument & Inference: An Introduction to Inductive Logic*, The MIT Press.

Josephson, J. R. and Josephson S. G. (eds.) (1996) *Abductive Inference: Computation, Philosophy, Technology*, Cambridge University Press.

加地大介 (2020)『論理学の驚き――哲学的論理学入門』教育評論社

Kyburg, Jr., H. E. and Teng, C. M. (2001) *Uncertain Inference*, Cambridge University Press: Ch. 1 (by Mark Wheeler).

Mill, J. S. (2006) *Collected Works of John Stuart Mill, Vol. 7: A System of Logic, Ratiocinative and Inductive*, Book I-III, Liberty Fund.

三中信宏 (2018)『統計思考の世界――曼荼羅で読み解くデータ解析の基礎』技術評論社

森田邦久 (2010)『理系人に役立つ科学哲学』科学同人

中室牧子・津川友介 (2017)『「原因と結果」の経済学――データから真実を見抜く思考法』ダイヤモンド社

野矢茂樹 (2006)『新版 論理トレーニング』産業図書

大塚淳 (2020)『統計学を哲学する』名古屋大学出版会

Pascal, B. (1985) *De l'esprit géométrique, Écrits sur la Grâce et autres textes*, Présentation D'André Clair, GF-Flammarion.（ブレーズ・パスカル「幾何学的精神について」佐々木力訳、『パスカル数学論文集』原亨吉訳、ちくま学芸文庫、2014 年、文庫版付録：337-395 頁）

Peirce, C. S. (1960) *Collected Papers of Charles Sanders Peirce*, Vol. I. *Principles of Philosophy* (CP1), and Vol. II. *Elements of Logic* (CP2), The Belknap Press of Harvard University Press.

Popper, K. (1972) *Objective Knowledge: An Evolutionary Approach*, Oxford, Clarendon Press.
Salmon, W. C. (1983) *Logic*, Third Edition (Foundations of Philosophy Series), Prentice-Hall, Inc.
Sinnott-Armstrong, W. and Fogelin, R. (2005) *Understanding Arguments: An Introduction to Informal Logic*, Ninth Edition, Concise, Cengage Learning.
Skyrms, B. (2000) *Choice & Chance: An Introduction to Inductive Logic*, Fourth Edition, Wadsworth.
戸田山和久 (2000)『論理学をつくる』名古屋大学出版会
戸田山和久 (2005)『科学哲学の冒険――サイエンスの目的と方法をさぐる』NHK 出版
アム・トムソン (2008)『論理のスキルアップ――実践クリティカル・リーズニング入門』斎藤浩文・小口裕史訳、春秋社
内井惣七 (1995)『科学哲学入門――科学の方法・科学の目的』世界思想社
上枝美典 (2020)『現代認識論入門――ゲティア問題から徳認識論まで』勁草書房
植原亮 (2020)『思考力改善ドリル――批判的思考から科学的思考へ』勁草書房
Von Wright, G. H. (1951) *A Treatise on Induction and Probability*, Routledge.
山田剛史・村井潤一郎 (2004)『よくわかる心理統計』ミネルヴァ書房
米盛裕二 (2007)『アブダクション――仮説と発見の論理』勁草書房

著者紹介

倉田　剛（くらた・つよし）

1970年生まれ。九州大学大学院人文科学研究院教授。慶應義塾大学文学部卒。パリ大学第1校メトリーズ課程、パリ大学12校DEA課程を経て東京大学大学院人文社会系研究科博士課程修了。博士（文学）。専門はオーストリア哲学、分析形而上学。単著に『日常世界を哲学する』（光文社新書、2019年）、『現代存在論講義Ⅰ・Ⅱ』（新曜社、2017年）、共著に『ワードマップ 現代形而上学』（新曜社、2014年）など。

新曜社

論証の教室〔入門編〕

インフォーマル・ロジックへの誘い

初版第1刷発行　2022年3月31日
初版第3刷発行　2024年3月31日

著　者　倉田　剛

発行者　塩浦　暲

発行所　株式会社　新曜社

101-0051　東京都千代田区神田神保町3－9
電話 (03)3264-4973(代)・FAX (03)3239-2958
e-mail : info@shin-yo-sha.co.jp
URL : https://www.shin-yo-sha.co.jp

組　版　Katzen House

印　刷　新日本印刷

製　本　積信堂

ISBN978-4-7885-1759-2 C3010

好評関連書

鈴木生郎・秋葉剛史・谷川卓・倉田剛 著
ワードマップ 現代形而上学 分析哲学が問う、人・因果・存在の謎
人の同一性とは、因果性とはなにか、自由と決定論の衝突、個物と普遍といった古典的問題から、人工物の存在論など最新の問題まで平易な地図となる入門書。
四六判304頁
本体2400円

倉田剛 著
現代存在論講義 I ファンダメンタルズ
論理学を武器としてきわめて明晰な議論へと新生した存在論―その最先端まで学生と教員の対話を織り交ぜた解説で導く本格入門書。
A5判202頁
本体2200円

倉田剛 著
現代存在論講義 II 物質的対象・種・虚構
目前の机のような「中間サイズの物質的対象」、生物・物質・人工物の「種」、現実世界と事物のあり方が異なる「可能世界」、キャラクターといった「虚構的対象」を論じる。
A5判192頁
本体2200円

J・W・ドーソンJr. 著／村上祐子・塩谷賢 訳
ロジカル・ディレンマ ゲーデルの生涯と不完全性定理
論理的に完璧な構築物と思われてきた数学のなかに「不完全性」を発見したゲーデル。この天才の生涯と思想を圧倒的な資料によって跡づけた、決定版ゲーデル伝。
四六判440頁
本体4300円

古田徹也 著
それは私がしたことなのか 行為の哲学入門
自然法則に支配され、運に翻弄される人間。意のままにならない世界で、我々はどこまで自由なのか。「私」という不完全な行為者の意思、責任、倫理を問う。
四六判282頁
本体2400円

（表示価格は税を含みません）

新曜社